IK[2]

Voor mijn moeder

Vorm je hersenen

Vorm je leven

Vorm de wereld

K²

Margriet Sitskoorn

De beste versie van jezelf

Ontwikkel je hersenen en bereik je doelen

met het EFFECT-programma

Vakmedianet

Foto auteur: Irene Sitskoorn Fotografie
Ontwerp omslag, binnenwerk en illustraties: AnneMarie Adriaans
Opmaak en grafische verzorging: Justus Bottenheft
Tekstadvies en redactie: Nienke van Oeveren, Boekredactie

ISBN 978 94 6276 035 6

Tweede oplage 4 januari 2016

Scan de QR-code voor websites, video's en apps

www.ik2.nl

Inhoud

Voorwoord

Dit boek is bedoeld om je te helpen je doelen te bereiken. Doelen die je voor jezelf, je werk, je bedrijf, je gezin en de wereld om je heen stelt. Doelen die je misschien al langer voor ogen had, maar die niet binnen handbereik kwamen of je steeds ontglipten omdat je je liet leiden door de verkeerde dingen, zoals de drukte van alledag, verleidingen om je heen of ingebakken gedrags- en gevoelspatronen. Hierdoor heb je misschien het idee gekregen dat je vaak het heft niet echt in eigen handen hebt, maar dat iets of iemand anders aan het stuur zit.

Het maakt voor het nut van dit boek niet zoveel uit welk doel je voor ogen hebt, of het nu gaat om een bedrijf opzetten, een opleiding volgen, je kinderen goed opvoeden of stoppen met roken. Zolang je eigen inzet maar belangrijk is en je je doel via een stappenplan kunt bereiken. Met iets dergelijks als de loterij winnen of de tijd terugdraaien kan ik je dus niet helpen. Met dit boek wil ik je inzichten en oefeningen geven die ertoe bijdragen dat je je niet langer een speelbal hoeft te voelen van de krachten om je heen, maar een spelmaker kunt zijn. Niet langer een marionet maar eerder de poppenspeler. Je zou kunnen zeggen dat dit boek gaat over leiderschap. Namelijk het goed leiden van je eigen gedrag en eventueel van het gedrag van de mensen voor wie je verantwoordelijk bent.

Het boek is allereerst ontstaan naar aanleiding van de persoonlijke vragen en problemen die mensen mij in lezingen en workshops stelden en voorlegden. Daarnaast vanwege de zorg die ik heb over allerlei gebeurtenissen in de wereld op groter en kleiner niveau. Alhoewel we veel horen over gezonde levensstijlen, rijkdom en hulp ten aanzien van anderen, lijkt het erop dat mensen steeds meer stress ervaren, meer schulden hebben en ongezonder leven. We lezen berichten over grote werkeloosheid en armoede, bedrijven die failliet gaan, problemen in bank- en verzekeringswezen, de wachtlijsten in zorginstellingen en andere problemen en dat het onderwijs achteruitgaat. Het lijkt erop dat wij op persoonlijk vlak maar ook als leiders, bestuurders en opvoeders niet de juiste beslissingen nemen om succes en een kwalitatief goed voortbestaan voor ons allen te bewerkstelligen.

Naast dit deprimerende rijtje is er ook leed op grotere schaal. Op verschillende plaatsen in de wereld wordt stevig gevochten met vele doden, gewonden en grotere groepen vluchtelingen dan ooit tot gevolg. Mensenhandel, kinderprostitutie, terroristische aanslagen, drugsoorlogen, milieuvervuiling en epidemieën lijken niet uit te roeien te zijn. En van de meeste verschrikkingen is er beeldmateriaal dat op ons netvlies gebrand staat.

Ondanks dat internet een tijdloze, plaatsloze wereld mogelijk maakt, waarin iedereen met elkaar in contact kan staan, ervaren velen nog steeds een grote scheiding tussen hen en de ander. Een kloof die men soms als zo onoverbrugbaar ervaart dat menigeen alleen zijn kant van de kloof kan zien en voor handhaving van zijn gedachtegoed het leven van een ander wil nemen of zijn eigen leven wil geven. Dit contrast maakt duidelijk dat alhoewel we technologisch enorm ontwikkeld zijn, we met onze emotionele en sociale ontwikkeling niet erg vooruit lijken te komen.

Spelleider

Menigeen vindt de wereld te snel, te onvoorspelbaar, te veeleisend geworden en vraagt zich af hoe hiermee om te gaan. Hoe word ik niet gek door de hoeveelheid informatie die me dagelijks overspoelt? Hoe ga ik om met de voortdurende veranderingen op allerlei vlakken? Hoe blijf ik gezond, ontwikkel ik mij verder, bereik ik meer op mijn werk, maak ik mijn bedrijf succesvol en voed ik mijn kinderen goed op in de huidige wereld? Aan de andere kant zijn er mensen die heel goed in de huidige wereld functioneren, en succesvoller en gelukkiger dan ooit zijn.

Ik wist in eerste instantie niet welke aanpak ik moest kiezen voor dit boek. Moest ik een boek over leiderschap voor bedrijfswereld en overheid schrijven, of een boek over opleiden en opvoeden? Een boek over ontwikkeling van de hersenen in het informatietijdperk of een boek over hoe de juiste beslissingen te nemen om gezond en gelukkig te worden en te blijven?

Na veel wikken en wegen werd het me duidelijk. Alle verschillende onderwerpen leken, hoe raar het ook klinkt, namelijk onder één noemer te vallen. Mensen voelen zich over het algemeen een speelbal van allerlei krachten om hen heen. Ze willen weten hoe ze weer spelleider kunnen worden. Of anders gezegd: hoe ontwikkel ik de juiste vaardigheden om succesvol te zijn in de nieuwe wereld? Hiermee bedoel ik succesvol in de breedste zin van het woord: privé en zakelijk, je lijf, denken, voelen en doen, dus ook succesvol voor mezelf als ik toegevoegde waarde heb in kleine en eventueel grotere kring. Hoe kan ik mezelf en anderen leren om vaker het goede te doen zodat we beetje bij beetje de domheid de wereld uithelpen en we met ons allen succesvoller worden? In één zin: Hoe haal ik het volledige potentieel uit mezelf en bereik ik mijn doelen? Dat ben ik gaan uitzoeken en dat heb ik in *IK*^{2} bij elkaar gezet en samengevoegd in het EFFECT-programma.

Leeswijzer

Het boek bestaat uit drie delen: een inzichtdeel, een ontwikkeldeel en een effectmeetdeel. De delen zijn ingedeeld in hoofdstukken. Ieder hoofdstuk begint met een citaat dat slaat op de inhoud van het hoofdstuk en met een alinea die

Dit boek gaat over leiderschap. Over het goed leiden van je eigen gedrag en eventueel dat van anderen voor wie je verantwoordelijk bent.

je direct vertelt wat je in het hoofdstuk leert. Vervolgens laat ik je aan den lijve ondervinden dat je een speelbal bent van allerlei krachten in jezelf en de buitenwereld. Het doel hiervan is dat je min of meer gelijk voelt waar de inhoud van het hoofdstuk over gaat en dit zal ervoor zorgen dat deze inhoud beter beklijft. Dan leg ik stap voor stap uit wat je moet weten en doen om een belangrijk deel van je hersenen en belangrijke vaardigheden te ontwikkelen en het heft steeds meer in eigen handen te nemen.

In het eerste hoofdstuk, *Een doel voor ogen*, begin je met het voorwerk voor de rest van het boek, hierin stel je namelijk je eigen doel. Het gaat in dit hoofdstuk om de eerste inzichten. Je leert hoe je het beste een doel kunt stellen om je kans op succes te verhogen en dat een doel stellen een goed begin maar niet voldoende is. Motivatie en het beschikken over de juiste vaardigheden om je doelen te bereiken zijn net zo belangrijk. Als je nog geen voorwerk wilt doen, maar eerst een stuk wilt lezen, kom dan later terug naar dit hoofdstuk en begin met hoofdstuk 2 over de VUCA-wereld.

In hoofdstuk 2, *De VUCA-wereld*, leg ik uit wat voor belangrijke veranderingen er zich hebben voorgedaan in de wereld van vandaag. De onrust, chaos en onmacht die we vaak voelen en het maken van verkeerde keuzes die het behalen van onze doelen belemmeren, komen vaak voort uit het feit dat we onze vaardigheden en hersenen niet genoeg aanpassen aan de veranderingen in onze omgeving.

In hoofdstuk 3, *Het CEO-brein*, wordt duidelijk dat de ontwikkeling van een specifiek deel van onze hersenen, de *prefrontale hersenschors*, ontzettend belangrijk is om te overleven in de nieuwe wereld. Deze prefrontale hersenschors is evolutionair gezien het meest recent ontwikkelde gebied van onze hersenen. Het gebied en de netwerken waar het deel van uitmaakt, worden gerelateerd aan vaardigheden als: je kunnen aanpassen aan verandering, goed kunnen plannen, leren van feedback, 'out of the box'-denken, visie hebben, complexe beslissingen nemen, prosociaal gedrag vertonen, je gemotiveerd voelen en je emoties kunnen controleren. Een andere benaming voor dit hersendeel is ook wel het *executieve* of *CEO-brein*. Allerlei onderzoeken laten zien dat de mate van ontwikkeling van de netwerken waar dit hersengebied deel van uitmaakt en de vaardigheden die aan deze netwerken gerelateerd zijn, een sterke voorspeller voor succes in het leven zijn. Of het nu gaat om je werk, je gezondheid, je opleiding, je relaties of je geluk.

In hoofdstuk 4, *Het recept voor succes*, leer je begrijpen dat je eigenlijk een beetje aan een prefrontale hersenschorsstoornis lijdt en dat je vaak gewoon een speelbal bent van allerlei krachten om je heen. Je krijgt inzicht in de factoren waarvan bewezen is dat ze tot succes en wijsheid leiden en je schat jezelf op deze factoren in. Ook leer je dat de combinatie van plasticiteit van de hersenen en blootstelling aan nieuwe ervaringen, informatie en training ervoor zorgt dat we onszelf en anderen kunnen ontwikkelen in de richting die we voor ogen hebben en dat we ons succesvol kunnen aanpassen aan een veranderende omgeving. Je zult inzien dat je letterlijk zelf de structuur en functie van je hersenen en die van de hersenen van de mensen om je heen kunt vormen. Dat de kansen en mogelijkheden, maar ook de verantwoordelijkheden die dit met zich meebrengen, groot zijn. Je vormt je hersenen, je leven en de wereld.

In hoofdstuk 5, *Valkuilen*, leer je waarom we vaak niet veranderen, ook al is het ons duidelijk dat we dat zouden moeten doen omdat onze huidige gedragspatronen tot problemen leiden en ons niet brengen wat we voor onszelf en anderen voor ogen hebben. Je zult de mechanismen die ervoor zorgen dat je je doelen niet behaalt, aan den lijve ondervinden. Ook leer je de krachten die je vaak sturen naar beslissingen waar je op een later moment spijt van krijgt, beter begrijpen en het hoofd te bieden. De kennis van en oefeningen in dit hoofdstuk zorgen ervoor dat je beslagen ten ijs komt op weg naar het bereiken van je doelen. Je leert de valkuilen herkennen, ontwijken en hopelijk zelfs voor zijn.

Na deze vijf inzichthoofdstukken – inzicht door theorie en inzicht in je eigen functioneren – volgen er in het ontwikkeldeel zes ontwikkelhoofdstukken.

Ik behandel in ieder hoofdstuk een algemene methode/manier waarvan wetenschappelijk bewezen is dat ze de prefrontale hersenschors stimuleren en de vaardigheden die samenhangen met wijsheid en succes ontwikkelen. Je leert waarom de desbetreffende methodiek zo belangrijk is en hoe je je deze eigen maakt. Ik zal het hebben over een verrijkte omgeving. Hoe je je aandacht optimaal kunt leren richten, het geheim van goed slapen, dat sporten niet alleen je lichaam vormt en je spieren versterkt maar hetzelfde doet voor je hersenen. Hoe de toekomst en vandaag verbonden zijn en hoe je dat in je gedrag kunt integreren om je doelen te bereiken. Hoe je de frontaalkwabben van kinderen kunt ontwikkelen. Vervolgens zal ik het hebben over het belang van tijd.

Het laatste deel, het effectmeetdeel, bestaat uit hoofdstuk 12, *Het effect*. Hierin komt ten slotte alles samen. Je doel, je pad, je motivatie, je valkuilen en je vaardigheden. Je zult zien dat je inmiddels enorm veel kennis hebt vergaard over de hersenen, het bereiken van doelen, de problemen die daarmee gepaard gaan en over jezelf. Je hebt tegen de tijd dat je dit laatste hoofdstuk leest, je CEO-brein ontwikkeld en je bent een stuk dichter bij het bereiken van je doel(en) gekomen. In dit hoofdstuk zal zelfs blijken dat je niet alleen aan je huidige doel hebt gewerkt, maar eigenlijk aan het behalen van allerlei doelen die je nog voor ogen hebt.

Je persoonlijk verbinden
Dit boek is geschreven om je te helpen je doelen te bereiken. Dit zal niet alleen gebeuren door de inzichten uit dit boek. Je zult je ontwikkelen door opdrachten en oefeningen. Door testen te doen en filmpjes te bekijken. Ik heb voor deze opzet gekozen omdat we uit onderzoek weten dat als je je op persoonlijk vlak verbindt aan informatie die je wilt leren, het leren aangenamer is en je de informatie beter begrijpt, langer onthoudt en beter integreert in je denken, voelen en gedrag. Hierdoor optimaliseer je je ontwikkeling en de kansen om je doelen te bereiken.

De meeste vragenlijsten die in het boek staan, zijn geen officiële psychologische vragenlijsten. Ze zijn bedoeld om je te laten nadenken over bepaalde dingen en om je enig inzicht te verschaffen in je eigen voelen, denken en doen. Mocht je dingen verder willen uitzoeken, dan kun je op zoek gaan naar officiële vragenlijsten of contact opnemen met bijvoorbeeld een psycholoog om je te laten testen.

Ik heb dit boek bewust behapbaar gehouden om de kans dat je het boek daadwerkelijk gebruikt en resultaat boekt, zo groot mogelijk te maken. De kennis in dit boek en de bijbehorende opdrachten stellen je in staat om je CEO-brein te ontwikkelen en daardoor je doelen te bereiken. Dat zal niet voor iedereen even snel gaan. Maar iedereen heeft baat bij het tijd besteden aan het ontwikkelen van zijn of haar executieve vaardigheden. Het boek is voor leiders, managers, docenten, opvoeders, bestuurders en iedereen die de verantwoordelijkheid voor zichzelf en een deel van de wereld op zich wil nemen. Het gaat over inzicht, zelfreflectie en ontwikkeling. Het boek is een stap naar het zodanig vormen van je hersenen dat je het volledige potentieel uit jezelf kunt halen. Om je in staat te stellen om jezelf op privévlak, beroepsmatig en maatschappelijk gerelateerd, met het belang van anderen voor ogen, succesvol te maken.

Het boek is bedoeld om je te ontwikkelen richting IK^2, de beste versie van jezelf.

MARGRIET SITSKOORN
November 2015

‘It’s hard to remember that this day will never come again. That the time is now and the place is here and that there are no second chances at a single moment.’

Jeanette Winterson

goodreads.com

Inleiding DEEL I

Dit deel van het boek is erop gericht om je inzichten te verschaffen over je eigen doelen en waarom het vaak zo moeilijk is om deze doelen te bereiken. Je leert over allerlei krachten die vanuit de buitenwereld op je inspelen en heel vaak je gedachten, gevoelens en daden bepalen zonder dat je er erg in hebt. Je verkrijgt tevens kennis over welke vaardigheden en eigenschappen je moet ontwikkelen om succesvol op allerlei fronten te zijn en aan welke delen van de hersenen deze eigenschappen en vaardigheden gekoppeld zijn. Het wordt duidelijk dat als je wilt veranderen, geen speelbal wilt zijn van alle krachten om je heen en meer wilt bereiken, je deze delen van de hersenen en de bijbehorende vaardigheden bewust moet ontwikkelen. Dit deel is ter ondersteuning van deel II van dit boek waarin je concreet leert wat je moet doen om de succesvaardigheden en de bijbehorende hersendelen te ontwikkelen.

DEEL I
KRIJG INZICHT: IK

Wat wil ik bereiken in het leven? Waarom is het zo moeilijk dat te bereiken? Wat moet ik ontwikkelen om succesvol te zijn en mijn doelen te behalen en op welke krachten uit de buitenwereld en vanuit mezelf moet ik bedacht zijn?

‘If you want to live a happy life, tie it to a goal, not to people or things.’

Albert Einstein

goodreads.com

Hoofdstuk 1 **Een doel voor ogen**

In dit hoofdstuk wordt je doel duidelijk. Je leert hoe je je doel het beste kunt formuleren om je kans op succes te vergroten, uit welke delen het pad naar je doel bestaat en je zult je alvast bewust worden van de obstakels die je verwacht op weg naar je doel tegen te komen. Vervolgens zul je je committeren aan je doel of een ander doel kiezen.

Welk pad?

Kijk naar de afbeelding en probeer puur door te kijken, dus niet door met je vingers de lijnen te traceren, te bepalen welk pad naar het doel leidt.

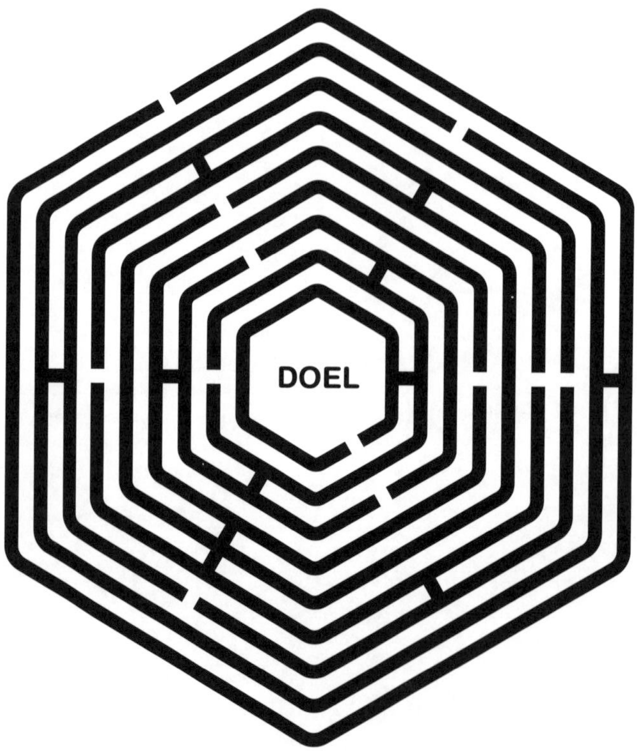

Welk pad leidt naar het doel?

....

De afbeelding hiernaast is gebaseerd op de Minsky-Papert-figuren die zijn ontworpen door de Amerikaanse onderzoekers Marvin Minsky en Seymour Papert. De meeste mensen zien niet echt welk pad naar het doel leidt. Figuren als deze laten ons de beperkingen van onze waarneming ervaren. Je kunt vaak niet alles zomaar in één oogopslag waarnemen. Soms moet je gewoon wat meer aandacht en tijd aan je informatievergaring besteden. De figuur is een metafoor: we weten niet altijd van tevoren hoe we ons doel moeten bereiken omdat we gewoonweg niet alles kunnen waarnemen en weten.

Informatie verzamelen

Als je een doel voor ogen hebt, ga je er vaak vanuit dat je het ook kunt bereiken. Het is echter niet altijd duidelijk welk pad je moet bewandelen om dit ook daadwerkelijk te bewerkstelligen en of je wel de juiste vaardigheden hebt om de reis tot een goed einde te brengen. Dit kan ervoor zorgen dat je soms het verkeerde pad kiest. Dat kan gebeuren omdat je dingen niet goed kunt overzien, je je keuze op verkeerde informatie baseert of omdat je je laat afleiden door van alles op weg naar je doel. Als dit gebeurt, ben je nog steeds veel energie kwijt, maar zijn je pogingen om je doel te bereiken over het algemeen gedoemd te mislukken. Al je inspanning leidt dan vaak tot meer van hetzelfde, doodlopende paden, schade aan je gezondheid, financiën en geluk en frustratie en teleurstelling. Het loont over het algemeen dus de moeite om, net zoals je zou doen als je met de auto op vakantie gaat, niet alleen energie te steken in het volgen van een weg, maar ook in het kiezen van de beste weg door eerst informatie te verzamelen en je van tevoren te wapenen tegen problemen. Dit hoofdstuk zal je daar ten aanzien van het formuleren van je doel bij helpen.

INZICHT

Je doelen bepalen

Neem even de tijd om na te denken over de volgende vragen. Ze gaan over de doelen en dromen in je leven en zullen jouw persoonlijke leidraad vormen voor de toepassing van de kennis in dit boek. Kies de vragen uit die er voor jou toe doen, beantwoord ze zo concreet mogelijk en vul ze waar nodig aan. Dit zal je een eerste inzicht geven in de doelen die je nastreeft en de redenen waarom ze niet per direct haalbaar zijn. Denk goed na over wat je echt wilt en probeer je niet te laten leiden door wat je denkt dat je hoort in te vullen. Voel je weerstand om dit te doen, vraag je dan af waar die weerstand vandaan komt of begin eerst met het lezen van hoofdstuk 2.

1 Hoe definieer jij succes voor jezelf? ____________________

Waarom vind je die dingen die je als succes definieert belangrijk?

2 Hoe definieer jij geluk voor jezelf?

Welke zaken zullen je helpen dit geluk te bereiken?

3 Wat wil je bereiken in het leven?

4 Wat wil je bereiken in je werk?

Is er iets wat je tegenhoudt? Zo ja, wat?

5 Wat wil je bereiken voor en met je vrienden/gezin?

Is er iets wat je tegenhoudt? Zo ja, wat?

6 Wat wil je bereiken voor de wereld?

Is er iets wat je tegenhoudt? Zo ja, wat?

7 Wat wil je bereiken ten aanzien van je (karakter)eigenschappen?

Is er iets wat je tegenhoudt? Zo ja, wat?

8 Wat wil je bereiken ten aanzien van je lichaam en gezondheid?

Is er iets wat je tegenhoudt? Zo ja, wat?

9 Wat wil je bereiken ten aanzien van je hobby's/recreatie/ontspanning?

Is er iets wat je tegenhoudt? Zo ja, wat?

10 Wat wil je bereiken ten aanzien van opleiding of eigen ontwikkeling?

Is er iets wat je tegenhoudt? Zo ja, wat?

11 Wat wil je bereiken ten aanzien van bezit?

Is er iets wat je tegenhoudt? Zo ja, wat?

12 Wat wil je op korte termijn bereiken? ....

Is er iets wat je tegenhoudt? Zo ja, wat? ....

13 Wat wil je bereiken ten aanzien van: ....

Is er iets wat je tegenhoudt? Zo ja, wat? ....

14 Wat wil je bereiken ten aanzien van: ....

Is er iets wat je tegenhoudt? Zo ja, wat? ....

Het kan zijn dat de dingen die je tegenhouden als doelen op zich te formuleren zijn. Zo kan het zijn dat je graag meer wilt sporten, maar dat je dit niet doet omdat je 's avonds als je wilt gaan sporten, moe bent of tijd met je gezin wilt doorbrengen. Je zou een doel dan kunnen formuleren als energieker zijn. Kijk de lijst die je net hebt ingevuld, hier even goed op na, want misschien geeft dit aan dat je nog meer of andere doelen moet formuleren. Verderop zullen we ingaan op de prioriteiten van je doelen.

Belangrijkste doel

INZICHT

Beoordeel nu de volgende variabelen op de mate van succes die je ten aanzien van jouw doelen al behaald hebt. Vul de variabelen eventueel aan met variabelen die je bij de bovenstaande vragen hebt toegevoegd.
De score die je kunt geven, loopt van 'totaal geen succes behaald', 'een beetje succes behaald', 'voldoende succes behaald' tot 'uiterst succesvol'.

Rank de variabelen vervolgens naar belangrijkheid. Dus zet een 1 voor de variabele die je het meest belangrijk vindt (bijvoorbeeld werk), een 2 die je daarna het belangrijkste vindt (bijvoorbeeld gezin) enzovoort. Door dit te doen, zie je waar het volgens je eigen normen prima gaat in je leven en waar je eventueel iets moet veranderen ten aanzien van je aandacht en inzet.

	Behaald succes	**Geen**	**Beetje**	**Voldoende**	**Veel**	**Ranking**
4	Werk	☐	☐	☐	☐	....
3	Gezin	☐	☐	☐	☐	....
5	Vrienden	☐	☐	☐	☐	....
6	Opleiding	☐	☐	☐	☐	....
8	Ontspanning	☐	☐	☐	☐	....
2	Gezondheid/lichaam	☐	☐	☐	☐	....
9	Bezit	☐	☐	☐	☐	....
1	Geluk	☐	☐	☐	☐	....
7	Eigenschappen	☐	☐	☐	☐	....
	Bijdrage aan de wereld	☐	☐	☐	☐	....
	....	☐	☐	☐	☐	....
	....	☐	☐	☐	☐	....
	....	☐	☐	☐	☐	....
	....	☐	☐	☐	☐	....

Nu je wat achtergrondinformatie over jezelf hebt, volgt de hamvraag: Wat is het belangrijkste doel in je leven? Waar wil je nu aan werken?

Mijn belangrijkste doel is GELUK ....

....

....

....

....

....

Drie componenten

Om je doelen te bereiken zijn er drie dingen ontzettend belangrijk, zoals Wilhem Hofmann van de Booth School of Business van de Chicago University het samenvat.

1 Formuleren en monitoren

Je moet op de eerste plaats weten wat voor gedachten, gevoelens en gedrag of extern resultaat je wilt bereiken, dus welk doel je precies nastreeft. Je moet je een beeld van dit doel vormen en dit voor ogen houden, en monitoren hoever je

Je kunt alleen doelen bereiken als je:

- het doel dat je nastreeft goed kunt formuleren
- over de goede motivatie beschikt
- de juiste vaardigheden hebt ontwikkeld

in het proces op weg naar je doel bent. Stel je voor dat je doel is om normaal te blijven praten als iemand niet meteen doet wat jij wilt. Je moet dan registreren wanneer een dergelijke situatie optreedt, je voorstellen dat je normaal praat en ook bijhouden of dit je in werkelijkheid steeds beter afgaat.

2 Motivatie
Daarnaast is het belangrijk dat je voldoende gemotiveerd bent om een bepaalde hoeveelheid energie te steken in het bereiken van je doel. Je moet dus niet alleen minder vaak uit je slof willen schieten, je moet ook bereid zijn aan die wens te *werken*.

3 Juiste vaardigheden
Ten slotte moet je over de juiste vaardigheden beschikken om het pad naar je doel uit te zetten en te lopen, en om te gaan met alle obstakels en verleidingen die je zult tegenkomen. Je moet bijvoorbeeld inzien dat je vooral begint te schreeuwen als het niet meteen gaat zoals jij wilt als je moe bent. Door dit inzicht kom je dan misschien tot de conclusie dat je je leven anders moet indelen, zodat je voortaan meer uitgerust bent, waardoor je beter in staat zult zijn om ook in frustrerende situaties normaal te blijven praten.

Doelen formuleren, gemotiveerd zijn en de juiste vaardigheden hebben, zijn alle drie onontbeerlijk om je doelen te bereiken.

Je kunt weten wat je wilt, maar zonder motivatie en de benodigde capaciteiten om je pad te monitoren en te bewandelen kom je nergens. Echter, met motivatie en capaciteiten maar zonder te weten wat je precies wilt, kom je ook niet bij je doel. Net zo goed als weten wat je wilt maar er geen motivatie voor kunnen opbrengen, je ook niet ver zal brengen.

De juiste formulering

Het blijkt dat hoe je je doelen formuleert heel erg bepalend is of je meer of minder kans hebt om die doelen ook daadwerkelijk te behalen. Laten we dus na een eerste formulering, je doel of doelen op de best mogelijke manier formuleren en zo je eerste slaagkans op het behalen ervan vergroten.
Hoe je dit kunt doen, kunnen we onder andere afleiden uit het werk van Gabriele Oettingen en Traci Mann. Gabriele Oettingen ontdekte samen met haar collega's dat mensen over het algemeen kiezen uit drie manieren om doelen voor zichzelf op te stellen:

1 Ze stellen zich de toekomst voor die ze willen bereiken en al het mooie dat daarbij komt kijken. Bijvoorbeeld: ik rijd na mijn promotie in een Audi R8 en zal daardoor meer waardering krijgen en op de mooiste plekken van de wereld komen.
2 Ze richten zich op alle beren op de weg die ze kunnen bedenken als ze nadenken over hoe ze hun doelen moeten bereiken. Dus: zo'n auto krijg ik nooit want een andere collega aast op dezelfde carrièremogelijkheid en mijn baas zal me beletten om salarisverhoging te krijgen omdat hij jaloers is.
3 Ze hanteren een combinatie van de vorige twee manieren en concentreren zich op het doel, terwijl ze ook de valkuilen op weg naar het doel voor ogen houden.

De eerste groep mensen kun je *optimisten* noemen, de tweede *pessimisten* en de derde zou je *realisten* kunnen noemen. De eerste twee methoden, optimisme en pessimisme, zijn volgens onderzoek niet sterk gerelateerd aan het bereiken van je doel, de derde methode echter wél. Vooral als je de obstakels goed omschrijft en vertaalt naar een concreet stappenplan, schrijft Oettingen. Je kunt bijvoorbeeld zeggen: hier op deze werkplek zal ik nooit de kans krijgen om genoeg geld te verdienen voor een Audi R8, dus ga ik mij laten bijscholen en ga ik op zoek naar ander werk. Dat is overigens nogal een groot plan, maar het idee van een concreet stappenplan geldt natuurlijk ook voor kleinere plannen. Ik wil bijvoorbeeld drie kilo afvallen en ik weet dat als ik een zak chips openmaak ik niet meer kan stoppen met eten. Dus ik begin niet eens aan die zak of ik ga altijd met een volle maag winkelen en haal geen chips meer in huis.

Door regels op te stellen zorg je ervoor dat je bepaalde verleidingen en problemen oplost, voordat je er letterlijk in je gezicht mee geconfronteerd wordt. Ik kom hier in het hoofdstuk 5, *Valkuilen*, nog op terug.

Om in staat te zijn je doelen en stappenplan voor ogen te houden, na te gaan hoever je al bent met het bereiken van je doel en te bepalen wat je nog moet doen, kun je het beste je doelen formuleren in termen van *iets willen* in plaats van in termen van iets niet willen, zoals Traci Mann en haar collega's beschrijven. Als je je doelen omschrijft in termen van iets willen, kun je namelijk duidelijk bepalen wanneer je je doel bereikt hebt. Het voordeel van een concreet eindpunt is dat je er een beter stappenplan aan kunt koppelen om dat eindpunt ook daadwerkelijk te bereiken. Zeg dus: 'Ik wil drie keer in de week sporten' in plaats van 'Ik wil niet iedere avond voor de tv hangen met een zak chips'.

Oettingen en Mann beschrijven ook dat je je einddoel kunt formuleren in termen van het behalen van een bepaalde standaard: 'Ik wil 10.000 euro ophalen voor dat goede doel', of in termen van het ontwikkelen van een vaardigheid: 'Ik wil beter worden in fundraising'. Het eerste soort doelen wordt *performance goals* genoemd en het tweede soort *mastery goals*. Het lijkt erop dat mastery goals er meer toe leiden dat je je blijft inzetten voor het behalen van je doelen en je uiteindelijk meer succes opleveren dan performance goals. Van het leren van een vaardigheid heb je natuurlijk je hele leven plezier, hoewel het formuleren van een eindpunt bij dit soort doelen over het algemeen weer wat moeilijker is. Je kunt nu het door jou gekozen doel op een juiste manier formuleren en alvast uitwerken.

INZICHT

Doel en stappenplan formuleren

Formuleer hieronder je doel op een realistische 'Ik wil'-manier. Schrijf concreet op wat je wilt bereiken, zodat je weet wanneer je doel bereikt is. Beschrijf ook wat het bereiken van je doel je in jouw ogen oplevert, wat je moet doen om je doel te bereiken (stappenplan) en wat de mogelijke problemen op weg naar je doel zijn (obstakels/verleidingen).

Doel: Ik wil ______

Ik heb mijn doel bereikt als ______

Wat levert dit doel mij op? (Wat is de reden dat ik dit doel heb gekozen?) ______

Wat moet ik doen om mijn doel te bereiken? ______

Welke obstakels en verleidingen verwacht ik op weg naar mijn doel? ....

....

....

....

....

....

....

Na het op de juiste manier vaststellen van je doel is het goed om je motivatie in te schatten, zodat je ziet of je je aan je doel committeert. Doe je dat niet, dan zal er een groot gat ontstaan tussen het stellen van je doel en het behalen ervan. Met andere woorden: je zult zeggen iets graag te willen, maar niet het gedrag vertonen dat je moet vertonen om je doel te bereiken.

Motivatie

INZICHT

Kijk naar je zojuist beschreven doel, stappenplan en verwachte obstakels en verleidingen. Kruis hieronder de stelling aan die het beste weergeeft hoe gemotiveerd je bent om je doel te bereiken.

Probeer bij het invullen jezelf niet voor de gek te houden. Als je niet erg gemotiveerd bent, vul dat dan in ieder geval voor jezelf in *want je kunt van tevoren bedenken dat het misschien niet erg realistisch is om een doel na te jagen waar je de motivatie niet voor kunt opbrengen om de dingen te doen die je moet doen om dat doel te bereiken. Je kunt jezelf zo een hoop frustratie besparen die zal komen met falen door iets te willen wat niet gaat lukken.*

1 Ik ben met geen stok vooruit te porren om te doen wat ik moet doen om mijn doel te bereiken. ____ ☐
2 Als het uitkomt, zal ik doen wat ik moet doen om mijn doel te bereiken, maar ik voorzie dat ik er vaak geen zin in zal hebben. ____ ☐
3 De helft van de tijd zal ik proberen te doen wat ik moet doen om mijn doel te bereiken, maar ik ga mijn leven er niet voor omgooien. ____ ☐
4 Ik neem me voor om alles te doen wat ik moet doen om mijn doel te bereiken, maar voorzie af en toe nog wel problemen. Af en toe is __ keer.[1] ____ ☐
5 Ik ben niet te stoppen en doe gewoon wat ervoor gedaan moet worden om mijn doel te bereiken. ____ ☐

1 Bedenk vooraf wat 'af en toe' is, want als dat bijna de helft van de tijd is, kruis dan stelling 3 aan. Het aantal keer invullen betekent niet dat je zoveel keer aan het zwakke moment mag toegeven, maar dat je soms, zeg drie keer, problemen voorziet maar dat je daar liever geen enkele keer aan toegeeft.

Als je stelling 1, 2 of 3 hebt aangekruist, moet je je serieus afvragen of het wel realistisch is om te denken dat je je doel gaat bereiken. Zoals Wilhem Hofmann beschrijft, is motivatie een van de drie factoren die noodzakelijk zijn om je doelen te bereiken, en stelling 1, 2 en 3 geven een gebrek aan motivatie aan. Je kunt óf een ander doel formuleren waar je wel de motivatie voor kunt opbrengen óf proberen je motivatie te verhogen.

Bij stelling 4 en 5 lijkt het wel goed te zitten met je motivatie. Kom je een obstakel of een verleiding tegen? Denk dan steeds weer aan wat je moet doen om je doel te bereiken en wat je hier hebt ingevuld. Het zal je sterken.

Als je stelling 4 of 5 hebt aangekruist, schrijf deze dan op een kaartje en steek dat bij je zodat je op momenten van zwakte de stelling kunt lezen en voelen dat je je gecommitteerd hebt aan je doel. Heb je stelling 4 opgeschreven? Houd dan bij of je het aantal keer dat je aan een moment van zwakte dacht te gaan toegeven, al hebt bereikt.

Objectieve beoordeling van je motivatie

Je hebt nu beoordeeld hoe je denkt dat je motivatie zal zijn. Dit noemen we een subjectieve beoordeling van je motivatie. Een meer objectieve weergave van je motivatie kun je bereiken door dagelijks bij te houden hoeveel tijd je daadwerkelijk aan je doel besteedt. Zeggen dat je heel gemotiveerd bent om een doel te bereiken, moet gepaard gaan met een substantieel deel van je tijd besteden aan dat doel bereiken.

Houd dus dagelijks bij hoeveel uur je besteed hebt aan het bereiken van je doel.

Doel: ______________________________

____

____

____

____

____

____

____

Aantal uur aan doel besteed week 1
Maandag ______________________________
Dinsdag ______________________________
Woensdag ______________________________
Donderdag ______________________________
Vrijdag ______________________________
Zaterdag ______________________________
Zondag ______________________________

Aantal uur aan doel besteed week 2
Maandag
Dinsdag
Woensdag
Donderdag
Vrijdag
Zaterdag
Zondag

Aantal uur aan doel besteed week 3
Maandag
Dinsdag
Woensdag
Donderdag
Vrijdag
Zaterdag
Zondag

Houd de uren voor meer weken eventueel in je agenda bij.

Ik heb nog een laatste inzicht voor je voor ik verder ga met het hoofdstuk over de VUCA-wereld. Een ander belangrijk aspect van motivatie is namelijk of je intrinsiek of extrinsiek gemotiveerd bent. Wil je vanuit jezelf iets veranderen of bereiken? Dan ben je intrinsiek gemotiveerd. Of denk je dat anderen iets van je verwachten waarvoor je een externe beloning krijgt, dan ben je extrinsiek gemotiveerd.

Soort motivatie

Ga voor jezelf na of je je doel nastreeft op basis van intrinsieke of extrinsieke motivatie of misschien wel beide, want ze zijn niet altijd goed van elkaar te onderscheiden. Omcirkel wat het beste bij jouw motivatie past. Kijk eventueel terug naar de antwoorden die je hebt ingevuld bij: wat levert het bereiken van dit doel mij op?

De motivatie voor mijn doel is:

- Intrinsiek
- Extrinsiek
- Gecombineerd

Een groot onderzoek van Koestner en collega's laat zien dat mensen die een doel nastreven op basis van intrinsieke motivatie, eerder het gedrag vertonen dat nodig is om hun doelen te bereiken. Mocht je dus een doel geformuleerd hebben op basis van intrinsieke motivatie, dan heb je het jezelf al een stuk makkelijker gemaakt.

Je doelen goed omschrijven en een goede motivatie hebben, zijn twee van de drie variabelen die Hofmann noodzakelijk acht om je doelen te bereiken. De derde variabele betreft het hebben van de juiste vaardigheden om je plannen tot een goed eind te brengen. Welke vaardigheden je moet ontwikkelen om succesvol te zijn en hoe het met je eigen vaardigheden staat, is het onderwerp van de volgende twee hoofdstukken.

The Red Queen's Race

'Well, in our country', said Alice still panting a little, 'you'd generally get to somewhere else if you run very fast for a long time, as we've been doing.' 'A slow sort of country!' said the queen. 'Now here, you see, it takes all the running you can do, to keep in the same place. If you want to get somewhere else, you must run at least twice as fast as that.'

Lewis Carroll

newscenter.berkeley.edu

Hoofdstuk 2 **De VUCA-wereld**

Dit hoofdstuk maakt duidelijk dat er zich allerlei belangrijke veranderingen voordoen in onze samenleving. Veranderingen die enorm veel van ons (en dus onze hersenen) vragen en er soms voor zorgen dat we wat er van ons gevraagd wordt niet meer aankunnen en alsmaar achter de feiten aan lopen. Het wordt inzichtelijk dat we bepaalde vaardigheden moeten ontwikkelen om te voorkomen dat die veranderingen ons leven op een negatieve manier beheersen.

INZICHT

Overvraagde hersenen

Ga op een stoel zitten, zet je beide voeten op de grond. Schrijf als je linkshandig bent met je linkerhand een 9 in de lucht; doe dit met je rechterhand als je rechtshandig bent. Leg je handen op je schoot. Draai nu als je linkshandig bent met je linkervoet een rondje boven de grond met de klok mee. Doe dit met je rechtervoet als je rechtshandig bent. Beide makkelijke taken toch?

Doe nu beide tegelijkertijd. Dus zit in de stoel, schrijf als je linkshandig bent met je linkerhand een 9 in de lucht, terwijl je met je linkervoet boven de grond een rondje met de klok mee draait; doe dit met je rechterhand en -voet als je rechtshandig bent.

Hoe ging het? Ik durf te voorspellen dat er iets fout ging. Of je voet maakte geen mooie rondjes meer en deed enigszins raar óf de 9 in de lucht werd vervormd en wilde de andere kant op. Dat deze twee makkelijke taken niet meer lukken, komt omdat je te veel van een bepaald gebied in je hersenen vraagt. Ik heb je expres deze twee taken laten doen omdat ze beide een beroep doen op je premotorische en motorische hersenschors.

Tenzij je enorm geoefend bent in het uitvoeren van twee onafhankelijke handelingen, omdat je bijvoorbeeld muzikant bent, overvraag je dit gebied. Als de hersenen overvraagd worden, kunnen ze hun taak niet goed meer uitvoeren. Deze opdracht is een metafoor voor de prijs die we betalen voor ons multitasken in de complexe wereld waarin we leven en waar we iedere dag weer overspoeld worden met informatie en taken.

Red-Queenhypothese

Het citaat uit *Alice in Wonderland* heb ik opgenomen als opening van dit hoofdstuk, omdat het twee belangrijke inzichten in zich draagt die de basis vormen voor het behalen van succes ten aanzien van de doelen die je jezelf gesteld hebt. Op de eerste plaats maakt het citaat duidelijk dat mens en omgeving voortdurend aan verandering onderhevig zijn. Dat is altijd al zo geweest; verandering bestaat al zolang er tijd bestaat. Deze verandering is de grondslag van ontwikkeling en in die zin noodzakelijk voor vooruitgang (al heeft verandering op zichzelf niet altijd een richting of een doel). Op de tweede plaats maakt het citaat duidelijk dat als je niet meeverandert met je omgeving of de tijdgeest, dit heel kwalijke gevolgen voor je kan hebben. Rondom de race van de rode koningin uit het boek van Carroll is zelfs een evolutionaire hypothese ontstaan die ook wel de Red-Queenhypothese wordt genoemd. Wil een organisme blijven voortbestaan en zich voortplanten in een steeds veranderende omgeving waar concurrerende organismen zich steeds aan deze veranderingen aanpassen, dan zal het organisme zich ook voortdurend moeten aanpassen en ontwikkelen.

Dit idee zal je ongetwijfeld niet als nieuw voorkomen. Het principe dat degene die zich het beste kan aanpassen aan de (veranderende) omgeving, de meeste kans heeft om te overleven en voort te planten, wordt vaak samengevat in Herbert Spencers uitspraak *Survival of the fittest* – alhoewel deze uitspraak oorspronkelijk sloeg op natuurlijke selectie. Het is begrijpelijk dat je bij het lezen van dit alles denkt: dat klinkt allemaal als *common sense*. Toch wil ik het benadrukken, want de ervaring leert dat we massaal aan deze inzichten voorbijgaan; bewust of onbewust denken we dat die cruciale aanpassing van ons aan de veranderende tijden allemaal wel vanzelf en snel genoeg zal gaan. Deze bewuste of onbewuste overtuiging leidt ertoe dat we vaak geen energie in de nodige verandering steken. Met als gevolg dat we ons in het gunstigste geval een speelbal voelen van allerlei krachten en in het ongunstigste geval – zoals de Red-Queenhypothese aangeeft – nergens komen of zelfs onze ondergang tegemoet gaan.

Ondergang door niet-aanpassing is helaas de realiteit van alledag. Bedrijven gaan bijvoorbeeld ten onder omdat ze te laat meegaan in technologische veranderingen (denk aan de ondergang van bedrijven als Kodak, Nokia en Blackberry). Mensen gaan ten onder omdat ze informatiestromen, verleidingen en alle beslismomenten niet meer aankunnen (denk aan burn-out, hartaandoeningen en verslavingen). Groepen gaan ten onder omdat ze vasthouden aan tradities en waarden die de identiteit van de groepen altijd bepaalden, maar die achterhaald en onhoudbaar zijn in een nieuwe tijd (denk aan de Zwarte-Pietdiscussie, het omroepstelsel en de discussie rondom de confederatievlag in de Verenigde Staten).

Snelle veranderingen

Vragen die zich meteen opdringen zijn: Als verandering zo belangrijk is en altijd al een constante over tijd is geweest, wat is er vandaag de dag dan anders dan voorheen? Is de verandering an sich anders dan in het verleden? Zo ja, hoe dan en waaraan moeten we ons aanpassen om voortbestaan en ontwikkeling veilig te stellen?

Ten aanzien van de eerste vraag kunnen we stellen dat het huidige tijdperk zich onderscheidt van eerdere periodes in de geschiedenis door onder andere de oneindige stromen informatie waar we elke dag, of we willen of niet, aan blootgesteld worden. Die uitgebreide informatiestromen zijn mogelijk omdat we meer dan ooit door de technologische vooruitgang in staat zijn om informatie op te slaan, door te geven en voor iedereen toegankelijk te maken. Hierdoor wordt het mogelijk om altijd en overal steeds nieuwe informatie tot je te nemen. Maar er is te veel informatie om allemaal te onthouden of zelfs maar om op te reageren. Dit leidt bij sommige mensen tot stress, vermoeidheid, aandachtsproblemen en angst. Daniel Levitin spreekt van *the age of information overload*, en beschrijft de gevolgen en mogelijke oplossingen van dit tijdperk prachtig in zijn boek *The organized mind: Thinking straight in the age of information overload.*

Al deze nieuwe informatie maakt het mogelijk om dingen snel en zelfs voortdurend te veranderen, vaak al voordat een verandering op haar waarde is getest. Hierdoor is de omslagsnelheid van alles groter, maar de toegenomen waarde niet per se. Dit alles kan het gevoel geven dat we in een permanente staat van instabiliteit leven. Nieuwe producten, technologieën, theorieën, regelgeving, mogelijkheden en beperkingen volgen elkaar razendsnel op. Vandaag in, is morgen uit. Vandaag waar, is morgen achterhaald. Vandaag mogelijk, is morgen te laat.

Laat ik enkele voorbeelden geven van ontwikkelingen die ons denken, voelen, doen en laten beïnvloeden. Gezien de enorme hoeveelheid aan nieuwe ontwikkelingen is deze opsomming niet uitputtend. Laat ik beginnen met *smart industry*. Dit is de benaming van de industrie waarvan flexibiliteit en snelheid in ontwikkeling van nieuwe producten en productietechnologieën de kernwaarden zijn. Nieuwe productietechnologieën zorgen er in combinatie met integratie van ICT voor dat ontwerpen, fabriceren en distribueren drastisch veranderen. Er is bijvoorbeeld sprake van vergaande digitalisering van product- en procesinformatie, waardoor grote hoeveelheden data verzameld en met elkaar in verband gebracht kunnen worden. Nieuwe fabricagetechnologieën zijn in opmars, zoals 3D-printing die het printen van wapens, kleding, kunstledematen tot het printen van huizen mogelijk maakt en industriële robotica waar robots bepaald werk sneller en beter kunnen verrichten dan mensen. Men spreekt van *network-centric production systems* waarbij mensen en productieapparatuur op andere manieren aan elkaar verbonden worden. Er wordt wel gesproken van de vierde industriële revolutie en van een nieuwe revolutie op het internet, namelijk van *internet of things*.
Internet of things staat voor allerlei nieuwe mogelijkheden voor ondernemers en consumenten in alle sectoren, omdat steeds meer producten slim worden (*thinking tools*) en met internet verbonden zijn. Via internet kunnen er in het huidige tijdperk veel meer apparaten met elkaar en met hun omgeving communiceren dan dat er mensen met elkaar communiceren. Deze apparaten verzamelen infor-

matie (digitalisering) en kunnen ons op de hoogte houden van de toestand van iets in het verleden, de actuele toestand en de mogelijke toekomstige toestand. Hierdoor kun je je activiteiten en processen sturen op de optimale informatie die je via internet kunt verkrijgen. Zo kan er bijvoorbeeld een boodschappenlijst worden gegenereerd en direct naar de winkel worden verstuurd om vervolgens boodschappen thuisbezorgd te krijgen als producten in je koelkast op zijn. Ook kan er op tijd gesignaleerd worden dat er bepaalde onderdelen in machines vervangen moeten worden voordat een proces door slijtage een productieproces stopzet. Of dat je een gezondheidsrisico loopt omdat bepaalde waarden in je bloed of urine gemeten worden en bij een kritiek niveau direct naar arts of apotheek worden doorgestuurd zodat behandeling meteen ingezet kan worden.

Er worden nieuwe productfuncties, diensten en verdienmodellen mogelijk, zoals octocopters die pakketten thuis bezorgen, *used based insurance* zoals *pay as you drive* en *pay how you drive*. En natuurlijk de verkoop van 3D-modellen voor 3D-printers. Al deze nieuwe ontwikkelingen worden weleens samengevat met de term *disruptieve technologieën*. In het gunstigste geval zorgen die voor disruptieve innovatie: innovaties waardoor er nieuwe markten en mogelijkheden ontstaan. Heel vaak zorgen ze echter ook voor grote problemen omdat bepaalde bedrijven, ideeën of productievormen niet meer levensvatbaar blijken te zijn als ze zich niet aanpassen. Er wordt ten aanzien van het nieuwe tijdperk ook wel gesproken over *the age of innovation*: een tijdperk waar kracht en kennis niet meer de dienst uitmaken, maar waar degenen die steeds innoveren de echte wereldbepalers zijn.

Naast disruptieve innovatie is er ook sprake van *sociale innovatie*. De manier waarop organisaties en individuen samenwerken, verandert. We waren natuurlijk al het menselijk kapitaal in ons eigen leven (althans dat zouden we moeten zijn), maar in het huidige tijdperk is de werknemer meer dan ooit het kapitaal van een organisatie geworden. Statische kennis bestaat niet meer. We moeten dynamische kennis ontwikkelen want we leven in een wereld waar onze gevechten over het algemeen niet meer met spierkracht uitgevochten worden, maar met hersenkracht. Of het nu gaat om politieke *battles*, competitie tussen bedrijven of militaire mogendheden, of het verkrijgen van een bouwvergunning in een natuurgebied.

Hoewel ik altijd veel waarheid in spreekwoorden en gezegden zie, is de uitspraak 'jong geleerd, oud gedaan' ten aanzien van statische kennis (dus niet ten aanzien van aanpassen aan verandering) een beetje uit de tijd. Voorheen leerde je een vak en met de kennis die je geleerd had, kon je jarenlang vooruit. Nu is dat anders. Er zijn zoveel veranderingen en de veranderingen vinden zo snel plaats dat werken en leren nu volledig met elkaar verweven zijn, althans dat zouden ze moeten zijn. In die zin ontwikkelen bedrijven zich (in combinatie met andere veranderingen in de maatschappij) steeds meer naar *people-centric systems*. Werken, leren, inno-

Alles is 24 uur per dag verkrijgbaar, mogelijk en dwingend aanwezig. Bied daar maar eens weerstand aan.

veren en ondernemen zijn onlosmakelijk met elkaar verbonden. Die vier-eenheid gaat niet alleen op voor het bedrijfsleven, maar ook voor je persoonlijke leven. Om een goed bestaan te kunnen hebben in deze enerverende wereld, zul je je moeten verdiepen in nieuwe informatie en vaardigheden. Daardoor blijf je je ontwikkelen, zodat je steeds nieuwe dingen kunt ondernemen en verzinnen die op hun beurt weer verder kunnen bijdragen aan je leven en de samenleving. Er zal dan ook nog meer geïnvesteerd dienen te worden in *human capital development*: we moeten scholing, kennisoverdracht en data delen actiever nastreven. Dit is niet altijd makkelijk, want vertrouwen en het schaden hiervan is een *big issue* geworden in onze big-datamaatschappij, waar vrijwel alle informatie over je opgeslagen lijkt te worden in grote databases die makkelijk met elkaar verbonden kunnen worden voor verder onderzoek.

Niet alleen arbeidskwaliteit en het optimaal benutten van talent zijn allesbepalend, ook de kwaliteit van leven krijgt meer aandacht dan ooit. Er is sprake van flexwerken, een leven lang leren, van zorgverlof en van drastische carrièreshifts. Steeds meer bedrijven gaan over op *Results Only Work Environments*, waar medewerkers zelf de vrijheid krijgen om te beslissen waar en wanneer ze werken en waar ze afgerekend worden op resultaten in plaats van op gewerkte uren. Mensen krijgen ook in bredere zin andere verantwoordelijkheden, binnen en buiten het bedrijfsleven. Ze zijn niet alleen verantwoordelijk voor de indeling van hun tijd in een wereld waar werk en privé steeds meer in elkaar overvloeien, ze functioneren tevens in bedrijven waar de invulling van hiërarchie en leiderschap verandert. Ook thuis krijgen ze steeds meer autonomie en verantwoordelijkheid omdat ze bijvoorbeeld meer dan ooit moeten kiezen welke energiemaatschappij, zorgverzekeraar of internetbedrijf ze nemen, en waar en wanneer ze flexwerken.

En dat is nog niet alles. De globalisering blijft toenemen en het ontstaan van de deeleconomie via de vele deelplatforms op internet zet alles nog verder op zijn kop. In het PIM-trendrapport *Welkom in het tijdperk van de homo socius* wordt gesproken van een nieuwe werkelijkheid. Een werkelijkheid waarin delen, zoals het delen van ervaringen, meningen, kennis en bezit, belangrijker is dan bezitten. We kunnen enorm profiteren van de inzet van anderen en anderen laten profiteren van onze eigen kennis en ons harde werken. Via Wikipedia, Twitter, opensource-software, diverse community's en Facebook is allerlei expertise (en nonsens) van anderen snel te verkrijgen.

Er zijn nieuwe manieren van sociaal ondernemen ontstaan, zoals crowdfunding en cocreatie. Vanuit de hersenen gezien, is willen delen een heel belonende primaire behoefte die een grote invloed heeft op economie en samenleving. Het is de tegenkracht tegen hebzucht, verspilling en het wij-zij-denken die, vergis je niet, ook nog steeds grote vernietigende krachten zijn. Het is me nog niet geheel duidelijk of de deeleconomie nu gebaseerd is op de behoefte te willen delen of op de behoefte goedkoop iets te krijgen en alles wat je bezit te vercommercialiseren, dus op hebzucht of op een combinatie van die twee.

Hieraan gerelateerd vindt er steeds meer specialisatie van kennis plaats en moeten we door de complexiteit van dingen steeds meer samenwerken, of het nu gaat om een harttransplantatie, het internationaal opsporen van terroristen of het ontwikkelen van een vaccinatie of medicijn tegen een zeer besmettelijke ziekte. Verder lijken we te leven in een wereld waar alles mogelijk lijkt te zijn en keuzestress een serieuze realiteit is geworden – zie bijvoorbeeld de documentaire en het daarop gebaseerde boek *Vrijheid gelijkheid broederschap* van Maarten van den Heuvel. *Actor centered learning*, het beantwoorden van moeilijke ambigue vragen waarin je eigenbelang een rol speelt (bijvoorbeeld, wat is voor mij de beste balans in zorgen voor het milieu en zorgen voor een goed inkomen), is veel belangrijker geworden dan *veridical decision making*, oftewel beslissingen waar een duidelijk niet-ambigu antwoord op mogelijk is, onafhankelijk van jezelf (bijvoorbeeld welk afval moet in de plastic bak).

We lijken alles te kunnen bezitten en iedereen te kunnen zijn, als we maar hard genoeg werken of het geluk afdwingen (al begrijp ik nog steeds niet wat met dat laatste precies bedoeld wordt). We hoeven zelfs ons uiterlijk niet meer voor lief te nemen. We kunnen sleutelen aan vrijwel alles wat ons niet bevalt. Gezicht, borsten, billen, borstkast. Het is een jonge, strakke, snelle maatschappij en dat vraagt tijd en geld. Via pillen, snijden, spuiten en trainen. Tijd en geld die we vaak door alle andere eisen, verplichtingen en verleidingen van en in de maatschappij niet hebben.

Verslavingen liggen overal op de loer. Achter de spelcomputer, in de supermarkt, bij de onlinewinkels en in het nooit ophoudende werk. Alles is 24 uur per dag verkrijgbaar, mogelijk en dwingend aanwezig. Bied daar maar eens weerstand aan! Daar zijn tegenkrachten voor nodig. Krachten in de vorm van vaardigheden, zoals het onderdrukken van ongewenste responsen, aanpassingsvermogen, langetermijn- in plaats van kortetermijndenken, sociaal vermogen en zelfreflectie, om er maar een paar te noemen. Onze hersenen zijn ertoe in staat maar vaak nog niet genoeg voor ontwikkeld, daarom is weerstand aan al die verleidingen bieden moeilijk.[2]

Alles lijkt niet alleen sneller en complexer te zijn geworden, ook onze communicatie is op een wezenlijke manier veranderd. In dit digitale tijdperk gaan we, zoals Daniel Levitin als voorbeeld geeft, niet zitten om zorgvuldig een brief te formuleren en vervolgens naar de brievenbus te lopen om de informatie die we

2 Zie voor meer uitleg over dit onderwerp: M.M. Sitskoorn, *Passies van het brein*.

willen overbrengen een of dag twee later bij de ander te laten bezorgen. Nee, we mailen, appen, twitteren, facebooken alles wat zo'n beetje bij ons opkomt, want we ervaren hierin weinig obstakels.

Alles kan snel, lijkt weinig moeite te kosten en dringt direct de levens van anderen en van onszelf binnen. Iedere seconde van de dag. Moe of niet moe. Belangrijk en onbelangrijk wisselen elkaar in razendsnel tempo af en zijn in eerste instantie en soms zelfs helemaal niet meer van elkaar te onderscheiden. We moeten er op een of andere manier voor zorgen dat we al deze data betekenis geven. Doordat we voortdurend met iedereen over de hele wereld in contact staan, veranderen onze ideeën over tijd en plaats. We kunnen hier in een vergadering zitten en tegelijkertijd via een scherm contact hebben met mensen aan de andere kant van de wereld waar het nacht is, en ondertussen ook nog met iemand chatten die zich op weer een andere plaats bevindt. In die zin wordt wel gezegd dat we leven in een tijdloze, plaatsloze wereld, zoals beschreven in de bestseller *The world is flat* van Thomas Friedman. De jongste generaties zien de wereld vooral door een beeldscherm in plaats van direct de wereld in te kijken, iets wat oudere generaties nog gewend zijn te doen. Dit moet wel verschillen tussen mensen en de werking van hersenen opleveren en daardoor van hun denken, voelen en doen. Interessante boeken over dit onderwerp zijn *The new brain* van Richard Restak en *The shallowers* van Nicholas Carr.

Kern van onze identiteit
Al deze en nog veel meer veranderingen hebben ertoe geleid dat begrippen als privacy, seksualiteit, plaats, tijd, sociale groep, informatie, kennis en feiten (d)evalueren naar nieuwe omschrijvingen en ervaringen. Dat vat ik even in één zin samen, maar als je er wat dieper over nadenkt, betreft het hier heel wat. Deze begrippen vormen namelijk de kern van onze identiteit. Vragen die aan deze veranderende begrippen gerelateerd zijn, zijn bijvoorbeeld:

- Wie ben ik?
- Waar hoor ik bij?
- Wat is wel en niet van mij?
- Wat is fictie en wat is realiteit?
- Wat definieert mij?

We denken weinig na over deze vragen en krijgen er slechts gebrekkig antwoord op. Toch voelen we dat ze wezenlijk zijn. Omdat de antwoorden niet duidelijk zijn of uitblijven en de vragen van wezenlijk belang zijn, leidt dit bij sommigen tot onzekerheid, onmacht, lethargie, agressie en de kop in het zand steken. Dat gedrag zorgt ervoor dat je nog meer onder druk komt te staan en die druk zorgt er in het algemeen voor dat je minder logisch kunt nadenken. Hierdoor kom je in een vicieuze cirkel terecht van ineffectief gedrag en negatieve gevolgen.

Zij die goed met de VUCA-wereld kunnen omgaan, kunnen nieuwe situaties duiden en anderen de weg wijzen met visie en innovatie.

VUCA-wereld

In de Verenigde Staten wordt deze veranderende, nieuwe, stressvolle wereld samengevat met een overkoepelende term *VUCA World*. VUCA is een acroniem voor *Volatility, Uncertainty, Complexity, Ambiguity*. De term blijkt zijn oorsprong te vinden in de jaren negentig in het Amerikaanse leger. De afzonderlijke woorden hebben elk een eigen betekenis, maar vloeien ook enigszins in elkaar over. Ik leg ze een voor een uit.

Volatility (beweeglijkheid) staat voor de aard en dynamiek van verandering, de snelheid waarmee deze plaatsvindt (zie bijvoorbeeld Charles en Jayne May in *Are you VUCA ready?*). Een mooi voorbeeld hiervan is het failliet gaan van de DSB Bank na de oproep van Pieter Lakeman naar aanleiding van de woekerpolissen. Hij riep klanten van de DSB Bank op om al hun geld op te nemen en het heft in eigen handen te nemen. De aandelen kelderden en het was snel gedaan met de bank.

Uncertainty (onzekerheid) staat voor het onvoorspelbare van gebeurtenissen van nu en in de toekomst, en de mate waarin we ons van zaken en gebeurtenissen bewust zijn. Veelgestelde vragen in het huidige tijdperk, die onzekerheid weergeven, zijn: Welke impact zullen het terrorisme of de vluchtelingenstroom op mijn leven hebben? Behoud ik mijn baan nog wel in de huidige economie?

Complexity (complexiteit) staat voor de hoeveelheid variabelen die bij zaken op hetzelfde moment een rol kunnen spelen, en de verwarring die door deze complexiteit ontstaat. Een voorbeeld hiervan is dat we meer informatie kunnen vergaren dan ooit tevoren en dit alles met een grote snelheid. Tegelijkertijd moeten we deze informatie op haar waarde scannen en in verband met elkaar brengen. Hierdoor nemen de overzichtelijkheid en complexiteit van dingen vaak alleen maar toe en zijn veel dingen juist moeilijker te bevatten geworden.

Als laatste staat *Ambiguity* (meerduidigheid) voor het gebrek aan duidelijkheid, de dubbelzinnigheid van condities, de verwarring tussen oorzaak en gevolg, en de vage realiteit die daarvan het gevolg kan zijn.

De kenmerken van de VUCA-wereld hebben geleid tot de ondergang van vele producten en bedrijven. Kodak verloor een enorm marktaandeel door de digitale camera. WhatsApp en Skype bleken KPN gevoelige klappen uit te kunnen delen en onze manier van communicatie drastisch te veranderen, net zoals Facebook en Instagram dat hebben gedaan. Papieren kranten moeten grote moeite doen om zich op tijd aan te passen aan het digitale nieuws en veel winkels kunnen niet omgaan met digitale verkoop, om maar wat voorbeelden te noemen. Je begrijpt meteen dat de destructieve krachten van VUCA niet alleen in het bedrijfsleven zijn terug te vinden. Ze laten zich ook gelden in de zorgsector, het onderwijs en andere gebieden in de samenleving.

Degenen die goed met de VUCA-eigenschappen van deze wereld om kunnen gaan, zijn beter in regeren en vooruitzien. Zij zullen klaar zijn voor wat komen gaat, beter gebruikmaken van de mogelijkheden die de VUCA-wereld te bieden heeft en een eigen pad kunnen uitzetten. Het zijn mensen die de nieuwe situaties kunnen duiden en anderen de weg wijzen met visie en innovatie. Zij maken dat wij ons comfortabel kunnen voelen in een wereld van verandering.

Nieuwe vaardigheden

Al deze veranderingen vragen veel van onze hersenen. Oude vaardigheden, zoals aandacht vasthouden en switchen, moeten verbeterd worden. Nieuwe vaardigheden, zoals het effectief selecteren en kritisch evalueren van informatie uit de ongelooflijke hoeveelheid beschikbare informatie en het vertalen van deze informatie naar toepassing in organisatie en leven, moeten ontwikkeld worden. Dit vergt flexibiliteit, creativiteit en innovatief vermogen, maar ook vaardigheden als op tijd ontspannen en je niet alleen maar laten leiden door prikkels van buitenaf.

Men spreekt vandaag de dag ook wel over '21st century skills'.[3]

---

3 http://21stcenturyskills.nl

In het boek *21st century skills - Learning for life in our times* van Bernie Trilling en Charles Fadel worden die 21e-eeuwse vaardigheden goed omschreven en met voorbeelden onderbouwd. Zij pleiten ervoor dat alle kinderen deze vaardigheden in het onderwijs zouden moeten leren. Zij delen de 21e-eeuwse vaardigheden in drie categorieën in, namelijk: 1) leer- en innovatievaardigheden, 2) digitale alfabetiseringsvaardigheden en 3) carrière- en levensvaardigheden.

Onder de *leer- en innovatievaardigheden* vallen:
- kritisch denken en probleemoplossend vermogen;
- communicatie en samenwerking;
- creativiteit en innovatie.

Onder *digitale alfabetiseringsvaardigheden* vallen:
- Informatie-alfabetiseringsgraad: weten hoe je effectief en efficiënt aan informatie kunt komen. Hoe je deze informatie kritisch en bekwaam kunt evalueren en deze accuraat en creatief kunt gebruiken.
- Media-alfabetiseringsgraad: weten hoe je het beste gebruik kunt maken van de mediamogelijkheden en bronnen die beschikbaar zijn om te leren en hoe je zelf effectieve en overtuigende producten door het gebruik van allerlei media kunt ontwikkelen om je boodschap over te brengen. Je moet dus kennis hebben van het hoe en waarom van informatie, die door de verschillende media verspreid wordt en zelf allerlei vormen van moderne media kunnen gebruiken om je eigen boodschap te verspreiden en doelen te bereiken.
- Informatie- en communicatietechnologie (ICT): weten hoe je de nieuwe technologie effectief kunt toepassen.

Als laatste maar zeker zo belangrijk vallen onder de *carrière- en levensvaardigheden*:
- flexibiliteit en aanpassingsvermogen;
- initiatief en richting geven aan jezelf;
- sociale en crossculturele interactie;
- productiviteit;
- verantwoording kunnen afleggen;
- leiderschap tonen;
- verantwoordelijkheid nemen.

In het boek van Trilling en Fadel wordt duidelijk uitgelegd welke vaardigheden studenten moeten leren ten aanzien van deze verschillende categorieën. Het moge duidelijk zijn dat deze vaardigheden niet alleen belangrijk zijn voor de komende generatie, maar voor ons allemaal.

We zullen
sommige
vaardigheden
moeten aanleren
en andere
moet afleren.
Oude patronen
doorbreken.

Het CEO-brein

Het voorafgaande stuk heeft wel duidelijk heeft gemaakt dat er inderdaad sprake is van grote veranderingen die een enorme invloed op ons leven, onze gezondheid en ons geluk hebben en dat we ons ergens zullen moeten aanpassen om de boel bij te benen of iets anders te bewerkstelligen. Maar de vraag is: Hoe passen we ons aan? Kunnen we dat wel? Of zijn we gedoemd tot stress, wanhoop en verval? Nee, dat zijn we natuurlijk niet. Maar we zullen wel wat moeten ondernemen als we ons sneller willen aanpassen. Maar wat? Kort gezegd, we moeten onze prefrontale hersenschors ontwikkelen.

De *prefrontale hersenschors* is een evolutionair gezien jong gebied in de hersenen met verbindingen door heel het brein. Het gebied wordt gerelateerd aan vaardigheden als flexibiliteit, planning, leren van feedback, creativiteit, logica, complexe beslissingen nemen, zelfreflectie, prosociaal gedrag en controleren van emoties, om maar enkele van deze frontaalkwabgerelateerde vaardigheden te noemen. Dit deel van de hersenen noemen we ook wel het *executieve brein* of *CEO-brein.* De mate van ontwikkeling van dit hersengebied en de vaardigheden die erbij horen, zijn namelijk een sterke voorspeller voor bedrijfsmatig en persoonlijk succes. Zij die dit gebied en de bijbehorende vaardigheden goed ontwikkelen, zijn degenen die zich zeer succesvol kunnen aanpassen aan de krachten van het huidige tijdperk. Zij zijn degenen die kunnen excelleren. Voor hen is de nieuwe wereld niet verwarrend, vermoeiend en verwoestend, maar een wereld vol kansen en ontwikkeling.

Van speelbal tot spelleider

Wetenschappers over de hele wereld zijn bezig met het zoeken naar methoden, die het executieve brein en de vaardigheden die eraan gekoppeld zijn, de *executieve vaardigheden*, ontwikkelen. In dit boek vat ik een deel van deze kennis samen zodat je er op een snelle manier optimaal gebruik van kunt maken en je jezelf van speelbal tot spelleider kunt ontwikkelen. Een leider die zichzelf en anderen bij de hand kan nemen, of als het moet in de kraag kan vatten, en zo de weg baant naar ontwikkeling, een betere organisatie, beter zijn/haar kinderen op het leven kan voorbereiden en zichzelf goed kan ontwikkelen. Het is tijd dat we in deze *smart world* vol met *smart industry smart brains* ontwikkelen, zodat we ons kunnen ontwikkelen naar *smart thinking, smart feeling* en *smart acting.* Dit maakt *smart organisations, smart kids* en *smart lives* mogelijk. Het is tijd om je CEO-brein te ontwikkelen.

In het volgende hoofdstuk zal ik verder ingaan op het CEO-brein, de vaardigheden die erbij horen en de eigenschappen waarvan door onderzoek is bewezen dat je ze het beste kunt ontwikkelen om succesvol te zijn. Maar eerst een inzichtoefening die het pad dat je gaat volgen wat kan effenen. Het moge duidelijk zijn dat door alle veranderingen om ons heen veel mensen uit hun comfortzone worden gehaald. Dit roept allerlei emoties en gedragingen op die ons vaak belemmeren ons aan de nieuwe situatie aan te passen of om dit überhaupt zelfs maar te proberen. Ook dit boek zal je regelmatig uit je comfortzone halen. Misschien is dat zelfs in hoofdstuk 1 al gebeurd. Om je hierbij te helpen, wil ik je vragen de volgende opdracht uit te voeren, al zal die in eerste instantie zeker wat weerstand oproepen. Maar ik verzeker je dat je er vrijwel dagelijks iets aan zult hebben.

Uit je comfortzone

INZICHT

Wanneer werd jij voor het laatst uit je comfortzone gehaald? Bedenk wat jouw reacties zijn als je uit je comfortzone wordt gehaald. Ga je flauwe grappen maken? Weiger je bepaalde dingen te doen? Word je luidruchtig of juist heel stil?

Om een aanzet te geven, heb ik hieronder wat opties neergezet die je aan kunt kruisen als je jezelf erin herkent. Er is verder ruimte opengelaten om de genoemde reacties met je eigen specifieke reacties aan te vullen. Mocht je er niet uitkomen, dan kun je altijd iemand uit je omgeving vragen het gedrag te typeren dat je vertoont als je dingen moet doen die je niet gewend bent of niet graag wilt doen.

Als ik uit mijn comfortzone wordt gehaald dan:

☐ schiet ik wat er voorgesteld wordt af
☐ ga ik flauwe grappen maken
☐ trek ik me terug uit de situatie
☐ denk ik: het zal mijn tijd wel duren
☐ weiger ik bepaalde dingen te doen
☐ word ik luidruchtig
☐ word ik heel stil
☐ doe ik of ik het beter weet en zoek ik naar argumenten die het voorstel of idee blokkeren
☐ stop ik met luisteren
☐ probeer ik met intimideren de boel te blokkeren
☐ maak ik de ander belachelijk
☐ zoek ik bondgenoten om me te rechtvaardigen
☐ ______________________________
☐ ______________________________
☐ ______________________________
☐ ______________________________
☐ ______________________________
☐ ______________________________

Het doel van deze opdracht is om jezelf een stap voor te kunnen zijn. Ontwikkelen en veranderen betekent per definitie dat je uit je comfortzone wordt gehaald. Of dat nou door een natuurlijke ontwikkeling is (van kruipen naar lopen), of door een ontwikkeling die sterk van buitenaf wordt opgelegd, bijvoorbeeld door ontwikkelingen in de technologie is de informatievoorziening veranderd of door een reorganisatie zijn je taakomschrijving en je collega's anders en daar moet je je aan aanpassen.

Als je weet hoe je reageert als je comfortzone niet langer houdbaar is, kun je die kennis gebruiken om je nu eens niet tegen te laten houden uit angst of onmacht, maar je reactie te herkennen en je eroverheen te zetten.

‘It is change, continuing change, inevitable change that is the dominant factor in society today. No sensible decision can be made any longer without taking into account not only the world as it is, but the world as it will be. This, in turn, means that our statesmen, our businessmen, our everyman must take on a science fictional way of thinking.’

Isaac Asimov

Hoofdstuk 3 **Het CEO-brein**

Dit hoofdstuk maakt duidelijk wat koude en warme executieve vaardigheden zijn, waarom ze zo belangrijk zijn en wat het CEO-brein is. Ook maak je een inschatting van het niveau van je eigen executieve vaardigheden, zodat je meer inzicht in je eigen functioneren krijgt.

Kabouterraadsel

INZICHT

Kijk eens naar het bovenstaande plaatje. Je ziet vier kaboutertjes op een trap staan. Ze hebben allemaal een mutsje op. Twee hebben een grijs mutsje op en twee kaboutertjes een muts met strepen. De kabouters kunnen alleen maar naar voren kijken, ze mogen niet praten en ook niet op een andere manier met elkaar communiceren. Het kaboutertje dat boven aan de trap staat, staat achter een gesloten deur waar niemand doorheen kan kijken. Niemand kan dat kaboutertje dus zien en dat kaboutertje kan zelf ook niemand zien.

De kabouters weten dat er twee grijze en twee streepjesmutsen zijn. Ze weten niet welke muts ze zelf op hebben, maar ze kunnen wel de mutsen zien van de kaboutertjes voor hen. Er wordt tegen de kaboutertjes gezegd dat het kaboutertje dat het eerst weet welk soort mutsje hij op heeft, van zijn tree af moet springen en 10.000 euro wint. Welk kaboutertje kan als eerste met de meeste zekerheid weten welke mutsje hij opheeft? Kabouter 1, 2, 3 of 4 en waarom?

Zie het antwoord aan het eind van dit hoofdstuk (p. 83).

Het bovenstaande raadsel is een moeilijke puzzel waar je over na moet denken. Het is echter ook een raadsel dat niet echt te maken heeft met dingen die jij graag persoonlijk wilt hebben of bereiken en in die zin is de taak niet werkelijk gekoppeld aan je gevoel. We noemen de vaardigheden die je nodig hebt om dit soort taken goed te volbrengen ook wel koude CEO- of koude executieve vaardigheden. Wanneer een taak een beroep doet op allerlei cognitieve vaardigheden en ook nog eens direct gekoppeld is aan emoties omdat de taak te maken heeft met iets wat je eigenlijk graag wilt hebben of bereiken, dan spreken we over warme CEO- of warme executieve vaardigheden (zie p. 72).

Marsmallowexperiment

Stel je eens voor, je bent als kind in een kamertje gezet omdat je aan een testje moest meedoen. Een proefleider komt binnen en legt een marshmallow voor je neer: 'Deze marshmallow is voor jou: je mag hem opeten, maar als je even wacht met opeten totdat ik terug ben, ik moet maar eventjes weg, dan krijg je twee marshmallows.' Wat zou jij gedaan hebben?

De kinderen die dit gevraagd is in het kader van een experiment, deden van alles. Sommigen konden niet eens wachten totdat de onderzoeker was uitgepraat en stopten de marshmallow meteen in hun mond. Anderen wachtten eventjes, maar aten de marshmallow op zodra de onderzoeker weg was. Weer anderen roken of likten er eerst aan, of namen steeds een stukje, ongetwijfeld in de hoop dat dit niet zou opvallen. Bij de kinderen die wel konden wachten, zag je verschillende strategieën. De één keek voortdurend naar iets anders of telde op z'n vingers, terwijl de volgende heel bewegelijk was of juist muisstil voor zich uit bleef staren.

De marshmallowvraag lijkt een arbitraire vraag te zijn, maar dat is hij niet. Er blijkt veel te kleven aan je vermogen om als kind de marshmallow te laten liggen en dus niet te gaan voor directe bevrediging maar voor maximale opbrengst waar wilskracht voor nodig is. Dat weten we omdat dit onderzoek letterlijk op deze manier in de jaren zestig door Walter Mischel werd uitgevoerd en vervolgonderzoek bij de destijds onderzochte kinderen ongelooflijke resultaten liet zien. Mischel voerde het marshmallowonderzoek oorspronkelijk uit om te kijken welke technieken kinderen allemaal toepasten om de verleiding te weerstaan. Zoals te verwachten was, bleek dat sommige kinderen de marshmallow meteen opaten, terwijl anderen konden wachten totdat de proefleider terugkwam.

Jaren later werd een deel van de destijds onderzochte kinderen, die nu van middelbare leeftijd waren, gevolgd en opnieuw onderzocht. Men ontdekte dat er een verband was tussen de tijd dat de kinderen destijds konden wachten totdat ze de marshmallow opaten en hun schoolsucces. De kinderen die 15 minuten konden wachten met het opeten van de marshmallow, hadden veel hogere SAT-scores (SAT is een Amerikaanse test die bekijkt of je kunt worden toegelaten tot een universiteit) dan de kinderen die na 30 seconden de marshmallow al opaten.

Ook andere onderzoekers, zoals Angela Duckworth, toonden aan dat wilskracht een betere voorspeller voor schoolsucces lijkt te zijn dan IQ- en schooltestscores. Vooral de combinatie van wilskracht en een doel hebben en dat doel duidelijk formuleren, bijvoorbeeld ik wacht zodat ik straks twee marshmallows heb, is zoals we al in het vorige hoofdstuk zagen, een heel goede combinatie om je doel ook te bereiken.

Ik snap dat je waarschijnlijk vrij makkelijk in staat zult zijn om de marshmallow te laten liggen. Maar in het marshmallowexperiment zit natuurlijk een metafoor verscholen. De marshmallow staat voor datgene wat je niet kunt weerstaan. Datgene waardoor je je doel niet kunt bereiken. De marshmallow kan staan voor de drank die sterker is dan je wil, of het werk dat je altijd voor laat gaan, of de uitvluchten die je steeds verzint om de ander niet altijd eerlijk te hoeven behandelen, of die collega die in je genotscenario voorkomt, maar die als je aan dat scenario toegeeft op de lange termijn toch echt voor meer problemen dan geluk gaat zorgen. De marshmallow staat voor toegeven aan iets op de korte termijn, terwijl je dat beter niet kunt doen omdat ander gedrag je op de lange termijn meer goeds op zal leveren.

Mijn marshmallow

Denk even terug aan het doel dat je probeert te bereiken. Omschrijf de marshmallows die het bereiken van dit doel belemmeren, dus de kortetermijnverleidingen waaraan je neigt toe te geven en die het bereiken van het langeretermijndoel dwarsbomen.

Mijn marshmallows zijn ....

....

....

....

....

....

....

....

....

Op YouTube kun je allerlei leuke filmpjes over het marshmallowexperiment[4] vinden die meteen duidelijk maken dat het wachten op iets beters, groters of fijners heel erg moeilijk is als er iets voor je neus staat wat je direct genot geeft. Hoe dit minder moeilijk kan zijn, leg ik verder uit in het hoofdstuk 5, *Valkuilen*. Eerst leg ik uit wat executieve vaardigheden zijn en waarom ze cruciaal zijn om je doel te bereiken. Ook maak ik duidelijk wat kabouters en marshmallows met je CEO-brein te maken hebben.

Executieve vaardigheden

In het vorige hoofdstuk werd duidelijk dat de VUCA-wereld heel veel van ons vraagt. Dat hoefde ik misschien niet eens duidelijk te maken, want je leeft iedere dag in die VUCA-wereld; dus heb je de kracht ervan ongetwijfeld aan den lijve ondervonden. Willen we succesvol zijn in deze snel veranderende wereld met zijn informatie-overload, dan zullen we plezier moeten krijgen in een nieuw soort spel, namelijk de uitdaging van verandering. We zullen verder moeten kijken dan we gewend zijn of waar we ons comfortabel bij voelen, meer aan zelfreflectie moeten doen en gedachten als: 'Het zal mijn tijd wel duren', of 'Wat ik altijd gedaan heb, is een investering geweest die nog steeds haar geld/nut moet opleveren' durven loslaten. We zullen vaardigheden moeten ontwikkelen als planning, flexibiliteit, selecteren van de juiste informatie, leren van feedback, onderdrukken van allerlei impulsen, zelfregulatie, ontspannen en 'out of onze box'-denken. Al dit soort vaardigheden worden in de neuropsychologie onder een gemeenschappelijke term geschaard: *executieve vaardigheden*.

Executieve of CEO-vaardigheden is dus een verzamelterm voor een *range* vaardigheden. We kunnen grofweg zeggen dat ze ons in staat stellen onze emoties, gedachten en gedrag op een dusdanige manier te monitoren en te reguleren dat

4 Bijvoorbeeld www.youtube.com/watch?v=QX_oy9614HQ.

Executieve vaardigheden zorgen ervoor dat we de juiste beslissingen nemen, volhouden als het tegenzit of saai wordt, onze impulsen onderdrukken, niet meteen onze primaire emoties uiten en leren van feedback, om er maar een paar te noemen.

we ons succesvol kunnen aanpassen aan een veranderende omgeving en op die manier onze doelen kunnen bereiken, terwijl we ons gezond en gelukkig voelen. Executieve vaardigheden zorgen ervoor dat we de juiste beslissingen nemen, volhouden als het tegenzit of saai wordt, dat we onze impulsen kunnen onderdrukken, niet altijd meteen onze eerste primaire emoties uiten en leren van feedback, om enkele voorbeelden te geven.

Drie kernexecutieve vaardigheden

Er zijn vele definities en indelingen van de executieve vaardigheden. Over het algemeen komen er op basis van een artikel van Akira Miyake en medeauteurs drie belangrijke elementen in vrijwel alle omschrijvingen van executieve vaardigheden terug. Zo concluderen ook de National Scientific Council on the Developing Child en de National Forum on Early Childhood Policy and Programs in een rapport. Dit rapport is te vinden op de site van Center on the Developing Child van Harvard University.[5] De kernexecutieve vaardigheden zijn: werkgeheugen, het vermogen om impulsen te onderdrukken en cognitieve en mentale flexibiliteit. Per element geef ik de definitie van de Council en een toelichting met voorbeelden.

1 Werkgeheugen

'Het vermogen om over een tijdspanne informatie te onthouden. Hierdoor ontstaat er een soort mentaal kladblok waar we belangrijke informatie kunnen plaatsen die we dan gedurende de dag meteen kunnen gebruiken.'

Je werkgeheugen zorgt ervoor dat je informatie beschikbaar houdt en er iets mee doet met een bepaald doel voor ogen. Door je werkgeheugen hoef je niet alleen te koersen op dat wat je op het moment ziet, voelt of hoort, dus alleen je directe waarneming, maar kun je alles wat je weet en geleerd hebt gebruiken om iets wat in de toekomst ligt te bereiken. Je hebt je werkgeheugen bijvoorbeeld nodig om een som in je hoofd uit te rekenen, om terug te keren naar een onderwerp in een gesprek als je even iets anders tussendoor moest doen, om bij te houden wat je al gedaan hebt als je bijvoorbeeld informatie opzoekt op het internet tijdens het schrijven van een rapport of het maken van een nieuw gerecht en om te onthouden wat je nog moet doen als je een nieuwe webshop wilt openen.

---

5 http://developingchild.harvard.edu/resources/reports_and_working_papers/working_papers/wp11/

Je werkgeheugen zorgt ervoor dat er logica in je leven is, want het houdt bij wat eerder gebeurd is en het kan dat in relatie brengen met wat er nu gebeurt of nog te gebeuren staat. Je werkgeheugen koppelt dus je verleden, het heden en je toekomst aan elkaar en houdt je doelen voor ogen en stuurt ze bij. Het kan zaken reorganiseren zodat je ze beter begrijpt, nieuwe informatie integreren met bestaande informatie zodat je steeds beter in staat bent om dingen goed uit te voeren. Voorts stelt je werkgeheugen je in staat om totaal nieuwe dingen te bedenken omdat je ineens links kunt leggen tussen allerlei zaken die voorheen niet gerelateerd leken te zijn. Zonder je werkgeheugen zou je nergens iets van begrijpen en niet echt iets kunnen creëren. Het is een vaardigheid die we veronachtzamen maar hoog op je lijstje van ontwikkeling zou moeten staan.

Tegenwoordig zien we, mede onder invloed van de Amerikaanse wetenschapper Elkhonon Goldberg, steeds meer in dat ook de vaardigheid om de juiste informatie te selecteren uit alle informatie die tot je komt, een belangrijk aspect van het werkgeheugen is. Selecteren is een onontbeerlijke vaardigheid in onze huidige VUCA-wereld en ook het updaten van informatie als er veranderingen optreden in onze wensen of omgeving en er dus nieuwe eisen ontstaan, is een belangrijke, onderscheidende vaardigheid. Bedenk eens hoe vaak per dag je een beroep doet op je werkgeheugen, dat is amper te tellen. Alles wat je wilt doen of bereiken, of dat nou je voorbereiden op een vergadering is, een trainingsschema op de sportschool afwerken, of ervoor zorgen dat de kinderen op tijd van school naar sporten en vriendjes gaan en weer opgehaald worden, doet in meer of mindere mate wel een beroep op je werkgeheugen. Mensen met een goed werkgeheugen zijn beter in staat om zich aan te passen aan datgene wat er gevraagd wordt en ze kunnen meer ballen in de lucht houden (wat *switchen* tussen taken en informatie vergt) zonder zich overvraagd te voelen.

2 Het vermogen om impulsen te onderdrukken (inhiberen)
'De vaardigheid die we inzetten om onze gedachten en impulsen te beheersen en te filteren. Hierdoor kunnen we verleidingen weerstaan, afleiders negeren, gewoontes doorbreken en even stoppen en nadenken voordat we iets doen.'

Je zult het belang van deze vaardigheid meteen inzien. Zij stelt ons namelijk in staat om niet alleen maar kortetermijnwezens te zijn die zich continu laten leiden door de sterkste prikkel in de omgeving en in onszelf, en gelijk overal aan toegeven, maar dit alles te negeren en de lange termijn een kans te geven. Doordat we impulsen kunnen onderdrukken, flappen we er niet zomaar alles uit, slaan we er niet op los als iemand ons beledigt en doen we het niet meteen met de buurman of de buurvrouw als we daar zin in hebben.

Verleidingen en impulsen houden je weg van je doelen

3 Cognitieve en mentale flexibiliteit
'Het vermogen om vloeiend te schakelen en je aan te passen aan veranderende eisen, prioriteiten of de kijk op iets. Het zorgt ervoor dat we verschillende regels in verschillende omstandigheden kunnen toepassen.'

Wie deze executieve vaardigheid beheerst, kan zich beter aanpassen aan een veranderende omgeving, zal eerder nieuwe kansen zien maar ook beter op gevaar kunnen anticiperen en zal, dat moge duidelijk zijn, succesvoller zijn dan iemand die star dezelfde dingen blijft doen en zijn omgeving niet in ogenschouw neemt. Denk bij deze vaardigheid bijvoorbeeld aan het aanpassen van je taalgebruik, afhankelijk van het feit of je tegen je kinderen of vakgenoten spreekt, of je enthousiaste verhaal over het recente succes op je werk even uitstellen als je collega belt met de droevige mededeling dat hij net ontslagen is en in plaats daarvan troostende woorden spreken en ondersteunend zijn. Onder deze vaardigheid valt ook dat je kunt inzien en toegeven dat je fout zat ten aanzien van iets en dat je niet altijd denkt dat de buitenwereld of iemand anders de oorzaak is van tegenslag in je leven.

Vaak zijn deze executieve vaardigheden ondersteunend aan elkaar. Ze helpen je in gezamenlijkheid je doelen te bereiken.

Zeer Actieve Psychologie (ZAP)

INZICHT

In 2002 is de Universiteit van Twente samen met de Erasmus Universiteit met behulp van financiering van de stichting SURF een project gestart om studenten allerlei fenomenen uit de psychologie te laten ervaren. Dat project is mijns inziens bijzonder goed geslaagd. Er zijn diverse programma's ontwikkeld waardoor het mogelijk is om op internet allerlei testjes zelf te doen en zo inderdaad verschillende psychologische fenomenen te ervaren en concepten geduid te krijgen. De ontwikkelde programma's zijn ZAPs genoemd. ZAP staat voor Zeer Actieve Psychologie. Een deel van deze ZAPs doet een beroep op je executieve vaardigheden. Alhoewel het project in 2004 beëindigd is, is de website met de ZAPs nog steeds voor algemeen gebruik beschikbaar. Ga dus naar zap.psy.utwente.nl[6] en ga naar de verschillende ZAPs om direct wat te ervaren op het gebied van de drie kernexecutieve vaardigheden. Ten aanzien van je inhibitievermogen zou je bijvoorbeeld eens de Stroop-test of het Simon-effect kunnen doen. Ten aanzien van je werkgeheugen is de Brown-Peterson-taak geschikt en als je wat cognitieve flexibiliteit zou willen testen zou je naar de website www.mathisfun.com kunnen gaan om de

6 http://zap.psy.utwente.nl/

Tower of Hanoi te proberen.[7] Op www.cognitivefun.net[8] vind je ook nog een paar leuke executieve vaardigheidstesten om te proberen, zoals go/no-go-taken (inhibitie), de Corsi-blokkentest, de Backward Digit Span-taak en N-Back-taken (werkgeheugen).

Als je deze testen doet, schrijf dan hier op welke scores je hebt behaald. Ik kom op deze scores terug in het laatste hoofdstuk van dit boek.

Taak	Score

Als je werkgeheugen, je vermogen om impulsen te onderdrukken en je mentale flexibiliteit goed ontwikkeld zijn, zul je beter in staat zijn om te bereiken wat je wilt. Stel jezelf voor dat je vaker wilt gaan sporten. Je werkgeheugen stelt je in staat om dit doel voor ogen te houden en te blijven houden, ook al word je door andere dingen afgeleid. Je vermogen om impulsen te onderdrukken zorgt ervoor dat je niet op de bank gaat zitten met Franse kaas en een wijntje, maar dat je je sterk genoeg voelt om ook daadwerkelijk naar de sporthal te gaan. Je mentale flexibiliteit zorgt ervoor dat als je niet genoeg tijd hebt om naar de sporthal te gaan, je in ieder geval een halfuurtje gaat hardlopen in plaats van niets te doen.

Bewust doelgericht gedrag

Executieve vaardigheden worden ook wel gerelateerd aan bewust doelgericht gedrag in tegenstelling tot automatisch gedrag. Met je executieve vaardigheden ben je namelijk in staat om te doen wat de situatie (het regent) in combinatie met je eigen plannen en motivatie (ik verlang al tijden naar dansen in de regen) van je vereist (ik ga naar buiten) en niet zozeer te reageren met een automatische respons (schuilen of binnen blijven). Natuurlijk zijn er weinig taken die je alleen maar op de automatische piloot doet of alleen maar verricht met je executieve vaardigheden. De meeste taken bestaan uit een beetje van dit en een beetje van dat. Dus doe je ook vaak een beroep op een combinatie van beide. Als je alles bewust

7 www.mathsisfun.com/games/towerofhanoi.html
8 http:/www.cognitivefun.net/

doelgericht zou moeten doen, zou dat gigantisch veel energie kosten en over het algemeen ook meer tijd. Als je echter alles op de automatische piloot doet, zou je gedrag volkomen voorspelbaar en rigide zijn en zou je je niet kunnen aanpassen aan nieuwe situaties.

Ik denk dat het niet zo moeilijk is om in te zien dat het belang van executieve vaardigheden enorm is. Niet alleen voor jou en je privéleven maar voor iedereen en alle facetten van onze samenleving. Voor overheid en zorgsector, voor charitatieve instellingen en bedrijfsleven. Zo liet M.E. Smith zien hoe de verandermanagementstrategieën en de mate van aanpassing in de bedrijfscultuur gerelateerd zijn aan de financiële situatie van een bedrijf door de tijd heen. Dit deed hij aan de hand van een meta-analyse, een groot onderzoek dat de data van allerlei kleinere onderzoeken gezamenlijk analyseert, uitgevoerd op de data van 49 grote bedrijven. Het vermogen van een bedrijf om te veranderen en te reageren op de dynamica van de externe markt en op marktbewegingen te anticiperen wordt ook wel *change agility* genoemd. Deze verandervaardigheid is er duidelijk één die alleen maar kan bestaan bij de gratie van executieve vaardigheden en bleek sterk gerelateerd te zijn aan de superieure groei in netto-inkomsten en de waarde van de aandelen van een bedrijf. Dat een hogere mate van change agility tot succes leidt, zal mogelijk niet alleen voor het bedrijfsleven gelden, maar ook voor allerlei andere sectoren in onze samenleving.

Indeling van Goldstein en Naglieri

Welke executieve vaardigheden zijn noodzakelijk om het doel of de doelen te bereiken die je aan het begin van dit boek hebt gedefinieerd? Om deze vraag te beantwoorden vind ik de indeling van Sam Goldstein en Jack Naglieri heel handig. Zij verwoorden executieve vaardigheden als de mate van efficiëntie waarmee iemand kennis verkrijgt en problemen op verschillende gebieden oplost. Zij beschrijven in *Handbook of Executive Functioning* executieve vaardigheden aan de hand van meer subcomponenten dan de zojuist beschreven drie en definiëren negen belangrijke onderdelen van executief functioneren. De negen onderdelen zijn:

1. Aandacht, waaronder het richten, vasthouden, loslaten en verdelen van aandacht
2. Je emoties reguleren
3. Flexibel zijn als er dingen veranderen
4. Ongewenst gedrag onderdrukken
5. Taken en zaken starten
6. Organiseren
7. Plannen
8. Jezelf monitoren
9. Gebruikmaken van je werkgeheugen

Deze vaardigheden spreken voor zich. Lees ze nog eens terug, ik verwacht dat je meteen kunt bedenken waarom ze zo ontzettend belangrijk zijn als je iets wilt bereiken. Bij het reguleren van je emoties wil ik expliciet benadrukken dat hier ook onder valt hoe je om kunt gaan met stress. Je zult tegenslagen en vervelende mensen tegenkomen bij vrijwel alles wat je doet, waardoor datgene wat je op korte termijn of lange termijn ambieert soms niet meteen en soms wel nooit bereikt kan worden. Hierdoor zullen er ongetwijfeld negatieve emoties opborrelen. Maar je hersenen, vooral delen van de prefrontale hersenen inclusief de *anterieure cingulate hersenschors*, zijn in staat deze emoties te reguleren en daardoor je stress te verminderen. Deze vaardigheid draagt enorm bij aan geluk in je leven en aan een vreedzame samenleving.

Drie extra vaardigheden

Ik zou graag nog enkele, volgens mij, cruciale executieve vaardigheden aan deze reeks van Goldstein en Naglieri toevoegen, omdat hun reeks niet echt rekening houdt met de invloed van anderen op jou en van jou op anderen. Over het algemeen voeren we onze plannen namelijk niet uit in een geïsoleerde maar in een sociale omgeving. We willen carrière maken, of een sociaal plan voor onze gemeenschap laten slagen, of een zaak beginnen in het buitenland, om maar enkele voorbeelden te noemen. Als we dit soort doelen willen bereiken, zijn factoren als samenwerking, competitie, leiding geven en informatie van mensen krijgen en aan mensen geven, van belang. In een sociale omgeving is het uitvoeren en bereiken van je plannen niet alleen afhankelijk van wat jij wilt en doet, maar ook van wat anderen willen en doen. Om dit een beetje te kunnen inschatten, moet je een reëel beeld van jezelf maar ook een reëel beeld van de ander hebben.

1 Een reëel zelfbeeld vormen

De eerste vaardigheid die ik toevoeg, is het hebben van een goed zelfbeeld. Dit is nodig voor het maken van reële plannen en het uitzetten en kunnen volgen van het pad dat nodig is om deze plannen ook daadwerkelijk te realiseren. Dit kan ik snel duidelijk maken met een waargebeurd verhaal. Misschien heb je in mijn boek *Het maakbare brein* over Sujit Kumar, de kippenjongen van Fiji, gelezen.

De kippenjongen

Sujit is na de dood van zijn moeder en de moord op zijn vader als klein kind door zijn opa jarenlang in het kippenhok gehouden zonder aan noemenswaardig menselijk contact blootgesteld te zijn. Toen hij na verloop van tijd door een welzijnswerker werd gevonden en bevrijd, is hij, omdat er niet echt andere voorzieningen voorhanden waren, naar een bejaardentehuis gebracht. Daar is hij vervolgens meer dan twintig jaar aan een bed vastgebonden, verwaarloosd en mishandeld. Toen hij na al deze verschrikkelijke jaren werd gered door Elizabeth Clayton, die hem toevallig ontdekte, is hij door haar opgenomen en met ongelooflijk veel liefde omringd.

Hoewel Sujit sindsdien door de zorg van velen een enorme ontwikkeling heeft doorgemaakt betreffende motoriek, emoties en sociale vaardigheden, bleef het altijd nog de vraag of hij een zelfbeeld ontwikkelde. Aangezien Sujit niet kan praten en geen gebarentaal kan gebruiken of over een andere manier beschikt om vragen te beantwoorden, was de vraag: hoe komen we hierachter? Om te kijken of een dier een zelfbeeld heeft, wordt in de diergedragskunde vaak gebruikgemaakt van de spiegeltest die in 1970 is ontworpen door Gordon Gallup. Bij de spiegeltest laat je een dier in de spiegel naar zichzelf kijken, soms nadat je ongemerkt een stip op het hoofd van het dier hebt gezet. Als het dier de relatie legt tussen zijn eigen bewegingen en datgene wat hij in de spiegel ziet, bijvoorbeeld door de stip op zijn eigen hoofd aan te raken, dan geeft dat een indicatie voor de gedachte dat het dier begrijpt dat de spiegel een reflectie van zichzelf is en dat de reflectie geen ander dier is. Sommige mensapen en waarschijnlijk ook sommige olifanten, dolfijnen en zelfs een vogelsoort, de Euraziatische ekster, hebben een zekere mate van zelfbeeld.

Afgaande op de reactie van Sujit op zijn eigen spiegelbeeld, denken we niet dat Sujit een zelfbeeld ontwikkeld heeft. Hij is gefascineerd door de spiegel, maar reageert niet op zijn eigen spiegelbeeld alsof hij naar zichzelf kijkt. Zo aait en kust hij bijvoorbeeld zijn eigen spiegelbeeld en als je een stip op zijn voorhoofd tekent zonder dat hij het merkt, probeert hij nooit om die stip op zijn voorhoofd aan te raken. Ook lijkt hij niet echt verbaasd over die stip te zijn. In andere gedragingen zien we eveneens geen indicatie dat er bij Sujit sprake zou zijn van een zelfbeeld. Dit ontbreken van een zelfbeeld is een van de oorzaken voor het uitblijven van bepaalde ontwikkelingen bij Sujit, zoals het oplossend vermogen of het maken van plannen en het werken aan iets toekomstigs. Sujit lijkt altijd in het moment te leven en zich te laten sturen door de krachten van dat moment. Deze krachten komen vooral neer op het willen ervaren van genot en het vermijden van pijn. Op basis van deze krachten wil hij iets op het moment, bijvoorbeeld eten bij honger of het zien van eten, of iets willen vermijden, zoals iemand die boos is of een brandend vuur. Het ontbreken van een zelfbeeld zorgt er mede voor dat hij altijd afhankelijk van anderen zal blijven.

2 Vermogen tot theory of mind

Een zelfbeeld hebben en dan het liefst een *reëel zelfbeeld* is dus belangrijk. Maar met alleen weten hoe jezelf in elkaar zit en wat je kunt, kom je nog steeds niet ver. Je kunt ook maar beter in staat zijn om in te schatten hoe iemand anders een beetje in elkaar zit. Dit is dan ook de tweede executieve vaardigheid die ik aan het lijstje toevoeg. Wat zijn de intenties van de ander? Wat kan en gaat hij of zij doen en hoe zal deze persoon reageren op wat jij doet of wat er verder nog in de omgeving speelt? Wat zijn hiervan de gevolgen voor de ander en voor jou?

Je moet als het ware in het hoofd van de ander kunnen kijken en de gevoelens, intenties en gedachten die daar in omgaan kunnen lezen om ze vervolgens te integreren in je eigen plannen en acties. Wat denkt de ander als ik zeg dat ik van haar houd? Wat gaat dat bedrijf of land doen nu ze weten dat ik bijna geen geld meer heb of deze troepen in gereedheid breng? Wat zal haar zet zijn als ik mijn toren hier zet op het schaakbord en hoe beïnvloedt dat het schaakspel verder? Het zijn allemaal belangrijke vragen die gerelateerd zijn aan het falen of succes van de plannen die je hebt. Het inschatten van de ander is een vaardigheid die een moeder, CEO van een bedrijf, generaal of politicus succesvol maakt en zorgt voor een goede sociale interactie tussen mensen in het algemeen. We noemen dit inschatten van wat de andere persoon denkt, voelt, doet en verwacht, theory of mind. (Sommige onderzoekers plaatsen *theory of mind* onder het kopje cognitieve flexibiliteit maar ik wil het hier extra benadrukken dus behandel het apart.)

Ook de ander zal een theorie over jouw denken, doen en voelen formuleren en daar in zijn of haar acties rekening mee houden. Dus je zult ook nog eens een theory of mind over de theory of mind die de ander over jou heeft, moeten vormen. Sommige mensen zijn hier heel sterk in. Er doet een mooie anekdote over Winston Churchill de ronde die laat zien hoe belangrijk theory of mind is.

Winston Churchill

Op een avond werd er een diner gegeven door Winston Churchill voor belangrijke hoogwaardigheidsbekleders van het Brits Gemenebest. Op een gegeven moment werd Churchill benaderd door een van de stafleden die hem vertelde dat een van de eerbiedwaardige gasten een antiek zilveren zoutvat in zijn zak had gestoken. Wat moest

Churchill doen? Als hij de gast er direct mee zou confronteren, zou hij hem publiekelijk voor schut zetten en mogelijk een politieke rel veroorzaken, als hij ermee zou wachten tot na het diner, zou de diefstal waarschijnlijk ontkend worden en was het zoutvat mogelijk verdwenen.

Churchill deed iets waarvoor een behoorlijke portie theory of mind nodig was. Hij stak het zilveren pepervat in zijn eigen zak en aan het eind van de maaltijd liep hij naar de betreffende hoogwaardigheidsbekleder. Voor diens ogen maar uit het zicht van de anderen, haalde hij het pepervat uit zijn zak en zei: 'Het is heel jammer maar ik denk dat ze ons gezien hebben. We kunnen alles maar beter terugzetten.' En hij zette het pepervat op tafel, waarna zijn gast vervolgens hetzelfde deed. Geen politiek schandaal en zelfs het gestolen voorwerp terug.

Waarschijnlijk heeft de dief heel goed doorgehad dat Churchill wel wist hoe de vork echt in de steel zat, maar begreep hij ook dat hij door de actie van Churchill de mogelijkheid kreeg om zich zonder publiekelijk gezichtsverlies uit de situatie te redden. Alles bij elkaar een hoop theory of mind dus.

De executieve vaardigheden die je moet beheersen om complexe voorvallen succesvol het hoofd te bieden zijn anders dan die je nodig hebt bij geïsoleerde acties, zoals het oplossen van de Rubik's Kubus of het bouwen van een tuinhuisje. Bij het soort plannen waarin we iets van een ander gedaan willen krijgen, is theory of mind een onmisbare executieve vaardigheid.

3 Prosociaal gedrag

Aan theory of mind kunnen we een andere belangrijke vaardigheid relateren: prosociaal gedrag. Bij prosociaal gedrag houd je niet alleen je eigenbelang maar ook het belang van anderen voor ogen. Je hebt respect voor anderen, bent in staat anderen te helpen zonder daarvoor iets terug te vragen, je brengt anderen geen schade toe ook al zou het je veel geld, eer of spullen opleveren, je ziet in dat in een gezonde samenleving niet alleen jouw wensen van belang zijn. Je verzint geen smoezen om te kunnen doen wat je wilt, terwijl je weet dat je anderen uitbuit, benadeelt of klein houdt. Prosociaal gedrag is voor veel mensen moeilijk (al zijn de meeste mensen van mening dat ze er goed in zijn, een gebrek aan een juist zelfbeeld dus). Het gebrek aan prosociaal gedrag ligt ten grondslag aan mensenhandel, discriminatie, crisis, milieuvervuiling, burenruzie en pesten, om maar wat te noemen. Vandaar dat ik deze ook toevoeg aan de negen executieve vaardigheden van Goldstein en Naglieri.

Je hebt nu een aardig theoretisch inzicht in de belangrijkste executieve vaardigheden die nodig zijn om goed te kunnen functioneren, dus het is tijd om wat meer inzicht te krijgen in je eigen executieve vaardigheden. Ik ga je vragen enkele vragenlijsten in te vullen waarbij het natuurlijk wel van belang is dat je over enige zelfkennis beschikt en eerlijk antwoordt.

Twaalf executieve vaardigheden

Je twaalf executieve vaardigheden beoordelen

INZICHT

Om je te helpen jezelf goed te beoordelen heb ik een tabel toegevoegd met de executieve vaardigheden waarin ik enkele voorbeelden geef van de problemen die kunnen ontstaan als je de desbetreffende vaardigheid niet goed beheerst. Deze tabel is gebaseerd op een tabel van Dawson en Guare die opgenomen is in het *Handbook of Executive Functioning* van Sam Goldstein en Jack Naglieri. Voel je vrij de tabel uit te breiden met problemen die volgens jou veroorzaakt worden door het minder goed beheersen van een bepaalde vaardigheid.

Executieve vaardigheden en problemen die bij gebrekkige vaardigheden kunnen ontstaan:

Vaardigheid	Problemen bij gebrekkige vaardigheid
1 *Aandacht kunnen richten, vasthouden, verdelen en loslaten*	Vaak afgeleid worden. Niet zelf bepalen waar je je aandacht op richt, maar dat laten bepalen door prikkels uit de omgeving of uit jezelf. Moeite hebben met het afmaken van taken. Blijven hangen in dingen die geen zin meer hebben en alleen maar negativiteit brengen (gedachten, gevoelens). Problemen met je aandacht richten, vasthouden en loslaten, kan leiden tot verslavingen omdat je je aandacht niet weg kunt dirigeren van verleidelijke dingen.
2 *Het kunnen reguleren van emoties*	Snel van streek zijn. Kort lontje hebben. Angstig worden door kleine voorvalletjes. Blijven hangen in negatieve emoties. Woede-uitbarstingen hebben. Je niet over dingen heen kunnen zetten. Wisselvallig zijn in emoties.
3 *Flexibel kunnen zijn als dingen veranderen*	Verandering als een aanval zien. Veel weerstand bij verandering voelen. Door blijven gaan met iets, ook al is het (gedeeltelijk) zinloos geworden. Rigide zijn. Moeite hebben met taken die een open eind hebben. Slechts één oplossing voor een probleem kunnen bedenken.
4 *Het kunnen onderdrukken van ongewenst gedrag*	Impulsief zijn. Ongepaste opmerkingen maken. Meteen op alle prikkels uit de omgeving reageren. Wettelijk, sociaal en/of financieel in de problemen komen. Niet nadenken over gevolgen van acties.
5 *Taken en zaken kunnen beginnen*	Dingen niet op tijd afhebben. Altijd maar zaken uitstellen. Alles op het laatste moment doen. Kortetermijnplezier voor laten gaan op dingen, die gedaan móeten worden.
6 *Dingen kunnen organiseren*	Geen structuur hebben. Een rommelig bureau/omgeving hebben. Vaak dingen niet kunnen vinden. Dingen niet op een vaste plek leggen. Aan dingen beginnen zonder de juiste voorbereiding.

Vaardigheid	Problemen bij gebrekkige vaardigheid
7 *Dingen kunnen plannen*	Een groot doel niet in subdoelen kunnen opbreken. Niet weten wat het belangrijkste is om nu te doen. Doelen niet bereiken. Chaotisch overkomen. Zelf chaos ervaren. Moeite hebben met een dagindeling maken.
8 *Jezelf kunnen monitoren*	Doelen niet bereiken. Niet weten wat je allemaal nog moet doen. Jezelf niet afvragen of geen eerlijk antwoord geven op de vraag 'Hoe gaat het?' Slordigheidsfouten maken. Vaak moe zijn. Dingen afraffelen.
9 *Je werkgeheugen kunnen gebruiken*	Vaak dingen vergeten die je nodig hebt. Deadlines vergeten. Moeite hebben met toepassen van dingen die geleerd zijn. Vergeten wat je allemaal moet doen. Moeite hebben met het selecteren van de informatie die je nodig hebt. Aanwijzingen vergeten. Moeite hebben met het uitvoeren van verschillende taken.
10 *Het kunnen vormen van een reëel zelfbeeld*	Jezelf overschatten. Jezelf onderschatten. Opscheppen. In de problemen komen omdat je niet kunt nakomen wat je zei te kunnen doen. Vaak teleurgesteld zijn. Vaak anderen de schuld geven als iets niet goed gaat, veel 'ja, maar'-excuses gebruiken. Dingen te makkelijk inschatten. Moeite hebben met het stellen van realistische doelen. Nergens aan beginnen omdat je denkt dat je niks kunt.
11 *Het vermogen tot theory of mind hebben*	Je niet kunnen verplaatsen in de gedachten en gevoelens van een ander. Over anderen heen walsen. Alleen uitgaan van je eigen gezichtspunt of gevoel. Niet snappen waarom mensen van streek zijn.
12 *Prosociaal gedrag laten zien (het belang van anderen voor ogen houden)*	Jezelf altijd het beste of meeste toebedelen. Beslissingen nemen die jezelf ten goede komen maar anderen schade berokkenen. Kortetermijnwinst voor jezelf laten prevaleren boven langeretermijnwinst voor anderen.

Geef jezelf hierna een score op de twaalf executieve vaardigheden van 'kan ik helemaal niet', 'kan ik slecht', 'kan ik redelijk' tot 'kan ik goed'.

Beoordeling van je executieve vaardigheden door jezelf	**Niet**	**Slecht**	**Redelijk**	**Goed**
1 Aandacht kunnen richten, vasthouden, verdelen en loslaten	☐	☐	☐	☐
2 Emoties kunnen reguleren (incl. omgaan met stress)	☐	☐	☐	☐
3 Flexibel kunnen zijn als dingen veranderen	☐	☐	☐	☐
4 Ongewenst gedrag kunnen onderdrukken	☐	☐	☐	☐
5 Taken en zaken kunnen starten	☐	☐	☐	☐
6 Dingen kunnen organiseren	☐	☐	☐	☐
7 Dingen kunnen plannen	☐	☐	☐	☐
8 Jezelf kunnen monitoren	☐	☐	☐	☐
9 Je werkgeheugen kunnen gebruiken	☐	☐	☐	☐
10 Een reëel zelfbeeld kunnen vormen	☐	☐	☐	☐
11 Het vermogen tot theory of mind hebben	☐	☐	☐	☐
12 Prosociaal gedrag laten zien (het belang van anderen voor ogen houden)	☐	☐	☐	☐

Laat vervolgens om je zelfinzicht wat verder te onderzoeken (meningen kunnen namelijk nogal eens verschillen) iemand die je goed kent en in wie je vertrouwen hebt, je ook een score geven op de 12 executieve vaardigheden. Hij of zij mag zich bij het invullen laten leiden door hoe hij/zij vindt dat je deze vaardigheden over het algemeen beheerst.

Beoordeling van je executieve vaardigheden door de ander	**Niet**	**Slecht**	**Redelijk**	**Goed**
1 Aandacht kunnen richten, vasthouden, verdelen en loslaten	☐	☐	☐	☐
2 Emoties kunnen reguleren (incl. omgaan met stress)	☐	☐	☐	☐
3 Flexibel kunnen zijn als dingen veranderen	☐	☐	☐	☐
4 Ongewenst gedrag kunnen onderdrukken	☐	☐	☐	☐
5 Taken en zaken kunnen starten	☐	☐	☐	☐
6 Dingen kunnen organiseren	☐	☐	☐	☐
7 Dingen kunnen plannen	☐	☐	☐	☐
8 Jezelf kunnen monitoren	☐	☐	☐	☐
9 Je werkgeheugen kunnen gebruiken	☐	☐	☐	☐
10 Een reëel zelfbeeld kunnen vormen	☐	☐	☐	☐
11 Het vermogen tot theory of mind hebben	☐	☐	☐	☐
12 Prosociaal gedrag laten zien (het belang van anderen voor ogen houden)	☐	☐	☐	☐

Kijk of er verschillen zijn en of je je in de mening van de ander kunt vinden. Pas je eigen beoordeling op basis hiervan eventueel aan.

Schrijf je doel hierna op en koppel de informatie die je door het invullen van de vragenlijst hebt verkregen terug naar je doel.

- Bepaal welke van de genoemde executieve vaardigheden vooral nodig zijn om je doel te bereiken. Doe dit door hieronder bij 'Vaardigheden nodig voor doel' 'niet', 'een beetje' of 'echt' aan te kruizen.

- Kruis vervolgens in de tabel aan of je deze vaardigheden volgens jezelf hebt (na het oordeel van de antwoorden van de ander die de vragen heeft ingevuld in ogenschouw te hebben genomen). Als je de vaardigheid beheerst moet je het vierkantje onder 'kan ik' achter de vaardigheid aankruisen.

- Bekijk of je een probleem kunt verwachten bij het bereiken van je doel door te kijken of je de vaardigheid nodig hebt én beheerst. Als je deze een beetje of echt nodig hebt maar niet beheerst, moet je bij 'probleem' het vierkantje aankruisen.

- Loop de aangekruiste probleem-vierkantjes na en zie ten aanzien van welke executieve vaardigheden je problemen kunt verwachten bij het behalen van je doel. Het lijkt zo in tekst wat ingewikkeld, maar het zal zich vanzelf wijzen.

Doel: ____________________

	Vaardigheden nodig voor doel	**Niet**	**Beetje**	**Echt**	**Kan ik**	**Probleem**
1	Aandacht kunnen richten, vasthouden, verdelen en loslaten	☐	☐	☐	☐	☐
2	Emoties kunnen reguleren (incl. omgaan met stress)	☐	☐	☐	☐	☐
3	Flexibel kunnen zijn als dingen veranderen	☐	☐	☐	☐	☐
4	Ongewenst gedrag kunnen onderdrukken	☐	☐	☐	☐	☐
5	Taken en zaken kunnen starten	☐	☐	☐	☐	☐
6	Dingen kunnen organiseren	☐	☐	☐	☐	☐
7	Dingen kunnen plannen	☐	☐	☐	☐	☐
8	Jezelf kunnen monitoren	☐	☐	☐	☐	☐
9	Je werkgeheugen kunnen gebruiken	☐	☐	☐	☐	☐
10	Een reëel zelfbeeld kunnen vormen	☐	☐	☐	☐	☐
11	Het vermogen tot theory of mind hebben	☐	☐	☐	☐	☐
12	Prosociaal gedrag laten zien (het belang van anderen voor ogen houden)	☐	☐	☐	☐	☐

Door het invullen van de lijsten beoordeel je zelf (of een ander) hoe je op deze taken scoort. We noemen dit een subjectieve beoordeling. Deze vragenlijsten zijn dus geen officiële testen. Ze zijn slechts bedoeld om je enig inzicht te geven in je executief functioneren en je te laten inschatten waar je problemen kunt verwachten. Door middel van een onderzoek door een neuropsycholoog kan op een objectieve manier vastgesteld worden hoe goed je bent in allerlei executieve vaardigheden. In deel II van dit boek bespreek ik de mogelijkheden om jezelf te verbeteren op executieve vaardigheden.

Koude en warme executieve vaardigheden

Het kabouterraadsel en marshmallowexperiment waar we dit hoofdstuk mee zijn begonnen, doen allebei een beroep op executieve vaardigheden. Er is echter een belangrijk verschil tussen beide taken. En dit verschil is als leidraad genomen om de executieve vaardigheden in twee belangrijke soorten op te delen. Het kabouterraadsel doet een beroep op *koude executieve vaardigheden*. Koude executieve vaardigheden worden omschreven als die vaardigheden die gebruikt worden om een doel te bereiken in een relatief contextvrije, niet-emotionele omgeving waar analytische vermogens belangrijk zijn. Koude executieve vaardigheden heb je bijvoorbeeld ook nodig bij het oplossen van een puzzel of het onthouden van getallen om mee te rekenen.

Het marshmallowexperiment doet een beroep op *warme executieve vaardigheden*. Warme executieve vaardigheden evalueren, sturen en beheersen stimuli en opdrachten met een persoonlijke emotionele lading. Als kind wil je ontzettend graag de marshmallow opeten, maar je weet dat als je even wacht je er twee krijgt. Je verstand lijkt te zeggen: wachten! Maar tegelijkertijd lijkt alles in je lichaam en je gevoel gericht te zijn op opeten. Emotie, motivatie, direct genot, inhibitie en langetermijnbeloning zijn de belangrijkste ingrediënten van dit dilemma. Deze mix creëert de omstandigheden waarin we een beroep moeten doen op onze warme executieve vaardigheden om niet voor directe genotbevrediging te bezwijken.

Bij warme executieve vaardigheden gebruik je dus je executieve vaardigheden om je doelen te bereiken, terwijl er sprake is van emotie, motivatie en kortetermijnbeloningen (geld, seks, eten, aandacht of status bijvoorbeeld). Soms moet je om je doelen te bereiken kortetermijngenot, zoals het meteen opeten van de marshmallow, negeren. Het gaat hier vaak om persoonlijke langeretermijnbelangen die met van alles en nog wat strijdig kunnen zijn. Je wilt afvallen maar iedere dag moet je allerlei verleidingen weerstaan om je doel te bereiken, of je spaart voor iets duurs waardoor je kleinere hebbedingen even niet kunt kopen.

Ook voor volwassenen zijn er taken die de warme executieve vaardigheden testen. Een van deze taken is ontwikkeld door Antoine Bechara en Antonio Damasio en heet de *Iowa Gambling Task*. Er zijn inmiddels talloze varianten op deze taak gemaakt. Bij de oorspronkelijke taak krijg je 2000 dollar aan nepgeld en moet je steeds een kaart trekken van een van vier stapeltjes kaarten voor je. Op elke kaart die je trekt, staat of je geld wint of verliest. Bij twee van de stapeltjes kaarten win je per direct hoge bedragen, maar wordt de winst later tenietgedaan door nog grotere verliezen. Je verliest gaandeweg het spel dus geld. Bij de andere twee stapeltjes kaarten is er in eerste instantie sprake van kleinere winst, maar tevens van verlies dat kleiner is dan de winst. Uiteindelijk win je dus geld als je van deze twee stapeltjes kaarten trekt.

Gezonde volwassenen ontdekken hoe het spel in elkaar zit en trekken dan vooral van de stapels met kleine winst maar nog kleiner verlies. Patiënten met een beschadiging in de ventromediale prefrontale hersenschors, het binnenste beneden gelegen deel van de frontale hersenschors, blijven echter van de stapels nemen die ze eerst veel winst opleverden maar uiteindelijk verlies. Ze blijken niet in staat te zijn om hun gedrag bij te stellen op basis van de grote verliezen die volgen op de aanvankelijk grote winst. In andere woorden: deze patiënten hebben moeite om de latere resultaten te integreren in hun gedrag, waardoor dit gedrag minder adaptief wordt.

Adaptief gedrag

Antoine Bechara liet verder nog zien dat we al van tevoren kunnen voorspellen of patiënten adaptief gedrag gaan vertonen of niet. Patiënten met een beschadiging in de ventromediale prefrontale hersenschors en gezonde proefpersonen laten beiden eenzelfde zweetreactie zien als ze een winnende of een verliezende kaart trekken. Echter, gezonde proefpersonen laten gaandeweg ook een verhoogde zweetreactie zien voordat ze een kaart trekken van de twee verliezende stapels. Je zou dit kunnen zien als een anticipatoire respons; een soort *gut feeling* waardoor je je gedrag laat leiden (eigenlijk een ventromediale prefrontale hersenschorsfeeling, maar dat bekt niet zo lekker). Patiënten met een beschadiging in de ventromediale prefrontale hersenschors laten deze anticipatoire respons niet zien. Zij lijken geen waarschuwend negatief gevoel te krijgen als ze van deze foute stapels trekken, wat mogelijk verklaart waarom ze hun risicovolle gedrag na aanvankelijke winst blijven volhouden.

We kunnen deze kennis vertalen naar wat minder pathologisch maar nog steeds wat kwakkelend prefrontaal gedrag in ons eigen leven. We kunnen het niet-adaptieve gedrag van patiënten op de *Iowa Gambling Task* als metafoor nemen voor het niet-leren van fouten in ons dagelijks leven. Bijvoorbeeld: we hebben al her-

Het bezit van executieve vaardigheden 'don't suck the joy out of your life, they suck the drama, conflicts with yourself and others, failure and sickmaking habits out of your life'.

haalde malen ervaren dat als we in een discussie, thuis of op het werk, ons vooral laten leiden door onze eigen emoties en de behoefte om gelijk te krijgen, dat ruzie en niet-oplossend gedrag het gevolg zullen zijn. Toch blijven we meer van hetzelfde doen, dus krijgen we meer van hetzelfde. Of we weten dat als we blijven gaan voor het gemak van prefabfood, we te veel zout en suiker en te weinig echte voedingsstoffen binnenkrijgen. Toch passen we ons gedrag er niet op aan, want we ervaren direct genot van het gemak van prefab, en van het zout en suiker dat in het voedsel zit. We vertonen dus net als de patiënten met een beschadiging in hun ventromediale prefrontale hersenschors gedrag waarvoor we op de langere termijn de prijs moeten betalen.

Antonio Damasio en zijn collega's toonden aan dat patiënten met een beschadiging in de ventromediale prefrontale hersenschors vaak gedrag vertonen dat valt onder de noemer (verkregen) *sociopathie* of een *antisociale persoonlijkheidsstoornis* (zie voor de kenmerken van een antisociale persoonlijkheidsstoornis bijvoorbeeld www.mentaalvitaal.nl[9]). Zij vertonen geïrriteerd en agressief gedrag, hebben moeite om zich aan de geldende normen aan te passen, zijn vaak impulsief en gevoelloos en hebben problemen met het plannen van zaken, waardoor ze vaak in de problemen komen. Deze patiënten hebben dus problemen met allerlei executieve vaardigheden.

Executieve vaardigheden en je doel

Sommige onderzoeken laten zien dat warme executieve vaardigheden, die zorgen voor het evalueren, verwerken en reguleren van stimuli met een emotionele lading, eerder belangrijk zijn voor succes in de buitenwereld en dat koude executieve vaardigheden, het kunnen evalueren, verwerken en reguleren van emotievrije stimuli, eerder gerelateerd zijn aan intelligentie. Andere onderzoeken laten juist weer zien dat dit niet zo eenduidig te concluderen is. Er is namelijk ook bewijs dat een lagere intelligentie gerelateerd is aan een slechter vermogen om een kleine directe beloning te negeren voor een latere grotere beloning. Dit bleek ook uit de SAT-scores bij het marshmallowexperiment. In het dagelijks leven is er meestal geen strikte scheiding tussen warme en koude executieve taken, maar zijn beide nodig om een doel te bereiken en een taak tot een goed einde te brengen.

Om een doel te bereiken is bijna altijd dezelfde volgorde van stappen nodig:

1 Je moet je doel bepalen en formuleren.
2 Je moet een pad naar je doel toe uitstippelen met daarin opgenomen *a)* de stappen die genomen moeten worden en *b)* de problemen die je verwacht.

9 http://www.mentaalvitaal.nl/Meer-lezen-over/Stoornis/Antisociale-persoonlijkheidsstoornis/Symptomen

3 Je moet dit plan stap voor stap uitvoeren.
4 Bij onverwachtse gebeurtenissen moet je je plan (of je doel) kunnen bijstellen.
5 Je moet bepalen wanneer je doel bereikt is.

Al deze stappen zijn alleen mogelijk als je beschikt over goede koude en warme executieve vaardigheden.

Executieve vaardigheden zorgen ervoor dat we de langere termijn voor ogen kunnen houden en ons niet alleen maar laten leiden door kortetermijnbehoeftes en -verleidingen (ik zal hier in hoofdstuk 5, *Valkuilen*, verder over uitweiden). Ze laten ons ontsnappen aan de dwang van het heden, het verleden en zelfs van de toekomst, omdat je meer het heft in eigen handen zult krijgen en daardoor in de toekomst minder een marionet van de omgeving zult zijn die alleen maar op een automatische manier kan reageren. Executieve vaardigheden zorgen ervoor dat we dingen kunnen creëren en kunnen laten gebeuren, onze doelen kunnen bereiken, zelfs tegen de verdrukking in. Natuurlijk brengt dit ook weer druk van de toekomst met zich mee. Bijvoorbeeld als je wilt afstuderen (toekomst), zul je nu voor je tentamen moeten leren, wat je soms zult ervaren als een druk in het heden. Het is echter ook weer een taak van de executieve vaardigheden om verstandig met deze druk om te gaan, zodat stress, burn-out en andere kwalen vermeden worden.

De prefrontale hersenschors

Geheugen van de toekomst

Zo'n dertig jaar geleden introduceerde de Zweedse neurowetenschapper David Henschen Ingvar de term *het geheugen van de toekomst*. Dit is misschien een contradictio in terminis, want wil je je iets kunnen herinneren, dan zal het toch eerst gebeurd moeten zijn en dus niet in de toekomst maar in het verleden moeten liggen. Toch beschrijft deze term prachtig wat ik hier wil uitleggen. Ingvar bedoelt met het geheugen van de toekomst ons vermogen om ons onze plannen voor de toekomst en de bijbehorende acties te herinneren (een vorm van werkgeheugen) en zo de mogelijkheid te hebben om daadwerkelijk een toekomst voor te stellen, erop te anticiperen en hem te creëren. Het begrip komt dicht in de buurt bij wat Isaac Asimov noemt in de stelling die ik aan het begin van dit hoofdstuk heb opgenomen: *a science fictional way of thinking*. Ingvar beschreef verder in het artikel waarin hij de term geheugen van de toekomst introduceert dat deze vaardigheden gerelateerd zijn aan de (pre)frontale hersenschors en dat mensen met beschadigingen in dit hersengebied eigenlijk hun toekomst verliezen omdat ze onverschillig en inactief worden. Ze kunnen niet langer een toekomst voorzien en naar dit beeld handelen, zoals bij de kippenjongen Sujit Kumar het geval is.

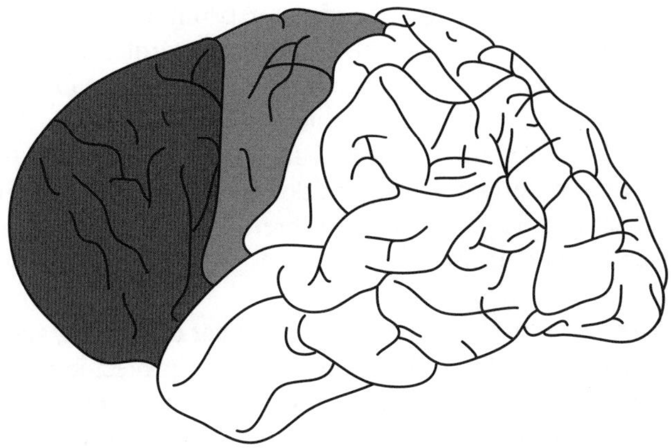

Je prefrontale hersenschors (donkergrijs) kun je zelf enorm ontwikkelen

Ik zou hier de misschien botte stelling willen poneren (zoals ik ook al eerder in *Passies van het brein* heb gedaan), dat we eigenlijk allemaal in meerdere of mindere mate lijden aan een stoornis van onze prefrontale hersenschors. Op individueel niveau blijkt dat uit het feit dat we het allemaal moeilijk vinden om zo af en toe (en de gradatie verschilt natuurlijk per persoon) niet toe te geven aan onze kortetermijnverlangens, of die nu vet, weer een nieuwe gadget of de skileraar betreffen, en zo onze langetermijndoelen ondermijnen (op gewicht blijven, geld sparen of je partner niet willen kwetsen). Op wereldniveau blijkt onze prefrontaalstoornis bijvoorbeeld uit het verkopen van woekerpolissen, het toelaten en zelfs gebruikmaken van vrouwenhandel en kinderprostitutie, of het direct dan wel indirect verdienen bijvoorbeeld via beleggingen, aan wapenhandel of milieuvervuiling.

De prefrontale hersenschors ingedeeld

De executieve vaardigheden lijken gerelateerd te zijn aan de meest complexe kenmerken van menselijk gedrag en worden vooral gerelateerd aan, maar niet beperkt tot het voorste gebied van de hersenen, de prefrontale hersenenschors en de verbindingen die dit gebied heeft met de achterste (posterieure) en binnenste (mediale/subcorticale) gebieden van de hersenen, zoals ik al in het hoofdstuk 2, *De VUCA-wereld*, uitlegde. De prefrontale hersenschors is het voorste deel van de frontale hersenschors en ligt voor de (pre)motorische hersenschors. De frontale hersenschors beslaat ongeveer een derde van de totale hersenschors en is daarmee het grootste gebied van de hersenen.

Er zijn verschillende manieren om de prefrontale hersenschors in te delen. Een manier die veel gebruikt wordt, is volgens celbouwkundige oftewel cytoarchitectonische kaarten. De hersenschors wordt hier ingedeeld in morfologisch te onderscheiden gebieden die genummerd zijn. De meest gebruikte kaart is de kaart van de Duitse neuroloog Korbinian Brodmann en daarom worden de 52 gebieden, waar Brodmann de hersenschors in verdeelde, ook wel *Brodmann-gebieden* genoemd.[10] Wetenschappers verschillen van mening welke Brodmann-gebieden precies tot de prefrontale hersenschors behoren. Onderzoek laat zien dat er een enorme variatie tussen mensen bestaat als het om de morfologie van de prefrontale hersenschors gaat. Met andere woorden: geen brein is hetzelfde, al doen we soms als onderzoekers en behandelaars of dat wel zo is.

Je zou de prefrontale hersenschors ook kunnen indelen naar aanleiding van naar welke andere hersengebieden die dit deel van de hersenen projecteert of naar welke biochemische stoffen hierbij betrokken zijn. Voor het doel van dit boek is het handig om de prefrontale hersenschors eenvoudig in te delen in een bovenste deel (ook wel het dorsale deel genoemd), een onderste deel (ook wel het ventrale deel genoemd) en een orbitofrontaal deel (een deel dat boven en achter de oogkassen, de orbitae, ligt). Het laterale deel krijgt vooral veel informatie van de zintuigen. De dorsolaterale prefrontale hersenschors lijkt vooral bij koude executieve vaardigheden betrokken te zijn terwijl bij warme executieve vaardigheden vooral de ventromediale en orbitofrontale delen van de prefrontale hersenschors een rol spelen. Het aller-voorste puntje van de prefrontale hersenschors noemen we de rostrale prefrontale hersenschors. Dit gebied lijkt vooral belangrijk te zijn bij het coördineren van verschillende taken, bij multitasking dus.

Om de benaming van de verschillende gebieden te kunnen begrijpen enkele verklarende woorden:

Dorsaal = boven (bij viervoetige aan de rugzijde).
Ventraal = onder (bij viervoetige aan de buikzijde).
Rostraal = naar de richting van de neus.
Lateraal = zijkant, buitenzijde.
Mediaal = midden, binnenzijde.

Vaak wordt de anterieure cingulate hersenschors in een adem genoemd met de prefrontale hersenschors omdat ook dit deel van de hersenen belangrijk is voor de executieve vaardigheden. (Al hoort het strikt genomen niet bij de (pre)fron-

10 https://nl.wikipedia.org/wiki/Gebied_van_Brodmann

tale hersenschors.) Dit gebied lijkt onder andere als een verbinding te fungeren tussen de frontaalkwab en het limbische systeem (een systeem dat onder andere betrokken is bij zaken als emotie en genot) en het speelt een belangrijke rol bij het ontdekken van fouten en conflicten in een reactie.

Binnen- en buitenkant

Bij het dorsale en ventrale deel van de prefrontale hersenschors, heb je delen die aan de binnenkant, oftewel *mediaal* liggen, en delen die aan de buitenkant liggen, oftewel het *laterale* gedeelte van de hersenschors. De orbitofrontale delen overlappen met de mediale delen van de prefrontale hersenschors en hebben heel veel verbindingen met het systeem in de hersenen dat belangrijk is voor het ervaren en reguleren van emoties en gebieden die belangrijk zijn voor het langetermijngeheugen. De termen orbitale prefrontale hersenschors en ventromediale prefrontale hersenschors worden soms voor hetzelfde gebied van de hersenen gebruikt.

De delen van de prefrontale hersenschors werken natuurlijk niet in isolatie maar altijd als onderdeel van allerlei netwerken, waarbij ook de achterste en binnenste delen van de hersenen betrokken zijn. De prefrontale hersenschors is uitermate goed verbonden met gebieden die te maken hebben met emotie, straf en beloning, motoriek, zintuiglijke informatie en de integratie hiervan, maar ook met gebieden die onze meest basale functies aansturen, zoals ademhaling en hartslag. Dat maakt dit gebied daarom ook zo goed uitgerust om ons gevoel, denken en doen en laten te reguleren, ons op nieuwe ideeën te brengen, ons op de toekomst te richten en ons van onszelf en al deze dingen bewust te zijn en waar nodig veranderingen door te voeren.

Ontwikkeling

De prefrontale hersenschors is evolutionair gezien het laatst ontwikkelde gebied in de hersenen. Het is ontwikkeld bovenop de eerder ontwikkelde hersengebieden die dus allemaal ook nog hun krachten doen gelden ten aanzien van ons voelen, denken en doen. Deze krachten kunnen tegenstrijdig zijn. Dit ervaar je dagelijks als je zegt het een te willen (geduldig zijn), maar het andere doet (uit je slof schieten). Die evolutionair oudere gebieden, zoals de thalamus, de amygdala en de nucleus accumbens, om er maar enkele te noemen, zijn meer bekwaam in de rigide, snelle en standaardverwerking van informatie en het aansturen van standaardreacties, zoals vechten, vluchten, vermijden of benaderen, op prikkels die ontvangen worden. Ze bewerkstelligen dit door ons sterke emoties en verlangens te laten voelen die ons dus vaak tot stereotypische automatische (re)acties aanzetten. De evolutionair oudere hersengebieden zijn ook meer gericht op de korte termijn dan op de langere termijn.

Door de ontwikkeling van de hersenschors en met name de prefrontale hersenschors hebben de hersenen de mogelijkheid gekregen om zich flexibeler, adaptiever, socialer en meer op de lange termijn te richten. Om iets anders te doen dan onze oudere hersengebieden ons ingeven en de werking van deze oudere gebieden zelfs te reguleren. Deze kennis maakt een duidelijke reactie op een dogma dat ik heel vaak hoor verkondigen, mogelijk: Criminaliteit, misbruik van anderen en domheid zit nu eenmaal in de mens en dat zal nooit veranderen. Het eerste deel van die zin is waar. Ja, het zit in de mens. Maar het tweede deel van de zin is onzin. Want, het andere, het goede en wijze, het sterker zijn dan destructieve krachten, zit óók in ons. En wat minstens zo belangrijk is: we kunnen onze gevoelens en gedragingen veranderen. In de boeken *Het maakbare brein* en *Passies van het brein* ga ik daarop dieper in.

Waarom we ons soms zo gevangen voelen zitten in dilemma's als: 'ik wil nu dit genot' (drank, geld, seks enzovoort), of 'ik voel nu dit' (agressie, gekwetst ego, stress, verwachting), ook al kan ik bedenken dat het voor de langere termijn slecht voor me is en ik er dus eigenlijk mijn gedrag, gevoelens en gedachten niet door zou moeten laten leiden, is goed te verklaren door het feit dat de hersenen niet als een totaal nieuw model gemaakt zijn, maar gaandeweg de tijd doorontwikkeld zijn met behoud van de oude systemen. De kortetermijnkrachten van de oudere en de langeretermijnkrachten van de nieuwere delen oefenen nog allemaal hun invloed uit. Dit verklaart waarom je soms zo gespleten kunt denken, voelen en handelen, en waarom het soms zo moeilijk is om de doelen die je toch echt zelf gesteld hebt, te realiseren.

Michelangelo

Volgens een intrigerende hypothese was Michelangelo zijn tijd ver vooruit en zou hij al in het begin van de zestiende eeuw geweten hebben hoe belangrijk de prefrontale hersenschors en de bijbehorende vaardigheden zijn voor de mensheid. Hij zou deze kennis in een geheime code verwerkt hebben in 'De schepping van Adam', zijn beroemde fresco op het plafond in de Sixtijnse Kapel van het Vaticaan. Het fresco is een weergave van het bijbelse scheppingsverhaal uit het boek *Genesis*, over hoe God Adam, de eerste mens, met zijn adem tot leven wekt. De arts Frank Lynn Meshberger beschreef en onderbouwde in 1990 in *Journal of the American Medical Association* dat er naast Adam en God, een derde belangrijke entiteit op het schilderij is afgebeeld, die we eeuwenlang over het hoofd hebben gezien. Meshberger laat overtuigend zien hoe God en de engelen samen met de mantel van God een anatomisch correct beeld van de menselijke hersenen weergeven, inclusief enkele *sulci* (de groeven in het hersenoppervlak), de hersenstam, de basilaire slagader, de hypofyse, het optische chiasma, de pons, het ruggenmerg en het cerebellum (zie afbeelding).

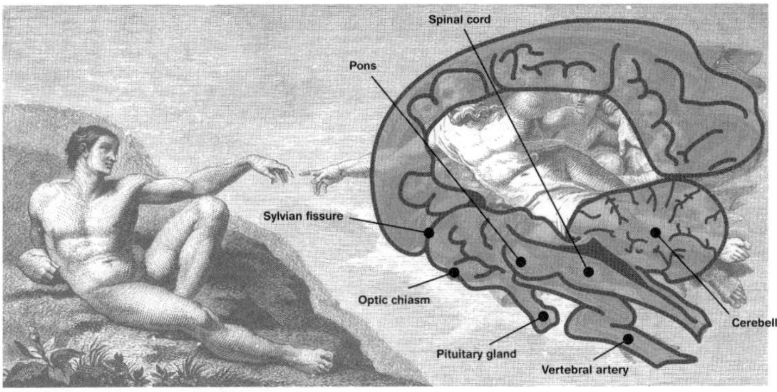

De geheime code van Michelangelo in de schepping van Adam[11]

Volgens Meshberger wekt God Adam niet werkelijk tot leven, zoals algemeen werd aangenomen, Adams ogen zijn namelijk al open en hij ziet er zeer levend uit. Nee, Adam lijkt via de vinger en de arm van God die door de mantel, een beeldmetafoor voor de frontaalkwab, lijkt te steken, iets anders van God te krijgen. Namelijk de gave van het intellect (ik zou hier zeggen het executieve functioneren), het echt menselijke, datgene waardoor je het heden kunt ontstijgen, waardoor je kunt creëren en proactief kunt zijn. God maakt Adam een *homo sapiens verus*, een waarachtig wijs mens.

Meshberger baseert zijn conclusie mede op de inhoud van een sonnet waarin Michelangelo het intellect beschrijft als het goddelijke deel dat we hebben gekregen van God. God geeft Adam het intellect via zijn vingertop, die de vingertop

11 Bron: http://plazilla.com/page/4295039637/de-geheime-code-van-michelangelo-in-de-schepping-van-adam

van Adam net niet raakt. Door het verkrijgen van het intellect wordt de mens in de mogelijkheid gesteld om 'het hoogste en het beste te plannen' en om 'alle gekregen dingen uit te proberen', zoals Michelangelo in zijn sonnet beschrijft.

After the divine part has well conceived

Man's face and gesture, soon both mind and hand,

With a cheap model, first, at their command,

Give life to stone, but this is not achieved

By skill. In painting, too, this is perceived:

Only after the intellect has planned

The best and highest, can the ready hand

Take up the brush and try all things received.

Sonnet, onderdeel fresco 'Het laatste oordeel' (Michelangelo, Sixtijnse Kapel)

De ruimte tussen de vingertoppen van God en Adam zou je kunnen zien als een synapsspleet. De uitlopers van zenuwcellen (axonen) geleiden impulsen van de ene cel naar de andere cel en brengen zo informatie tussen cellen over. De uitloper van de ene cel raakt de andere cel hierbij echter niet direct aan, want ze worden gescheiden door een gat die de synapsspleet wordt genoemd. Volgens Meshberger refereert Michelangelo hieraan in zijn schildering met de ruimte tussen de vingers van God en Adam. Hoe kwam de kunstenaar aan die kennis? Michelangelo ontleedde volgens overlevering dode lichamen en had daardoor grote kennis van het menselijk lichaam en waarschijnlijk dus ook van de hersenen, wat de precisie van de dubbele boodschap in het schilderij misschien zou kunnen verklaren.

Je zou aan de analyse van Meshberger nog kunnen toevoegen dat God het nieuwe, het uitzonderlijke, het intellect, doet ontspruiten via de linkerhand van Adam zodat met name zijn rechterhersenhelft geprikkeld wordt. Veel informatie wordt gekruist doorgegeven, dus van de linkerlichaamshelft naar de rechterhersenhelft en vice versa en de aansturing van het menselijk lichaam gaat van de rechterhersenhelft naar de linkerlichaamshelft en vice versa. Er komt steeds meer bewijs voor de stelling dat als we aan iets nieuws blootgesteld worden en als we dingen leren dat daar dan vooral de rechterhersenhelft bij betrokken is. Zodra vaardigheden en reacties geautomatiseerd raken, heeft de linkerhersenhelft een grotere betrokkenheid. Dit zou verbeeld kunnen zijn in de rechterhand van God, dus God gebruikt zijn linkerhersenhelft (wat een beeldmetafoor zou kunnen zijn voor: voor God is alles bekend) naar de linkerhand van Adam, Adam gebruikt dus zijn rechterhersenhelft (Adam krijgt iets nieuws en moet dat allemaal nog leren gebruiken).

Of de hypothese over 'De schepping van Adam' van Michelangelo klopt, weten we natuurlijk niet zeker. In de tijd na hem is het wel door heel veel onderzoek duidelijk geworden hoe belangrijk de prefrontale hersenschors is en dat dit gebied gerelateerd is aan de vaardigheden die de mens echt mens maken en ervoor zorgen dat de maatschappij zich tot een sociale levensvatbare maatschappij voor iedereen kan ontwikkelen. In het volgende hoofdstuk ga ik verder in op de vaardigheden die je nodig hebt om succesvol te zijn en wijsheid te ontwikkelen.

INZICHT

Oplossing kabouterraadsel

Het goede antwoord is kabouter 2. Waarom? Kabouter 3 en 4 kunnen beiden geen enkele kabouter zien en weten dus ook van geen enkele andere kabouter welke muts hij op heeft.

Kabouter 1 ziet echter twee kabouters voor zich en ziet dat kabouter 2 een grijze muts op heeft en kabouter 3 een streepjesmuts. Deze informatie helpt kabouter 1 niet; aangezien hij weet dat er twee grijze en twee streepjesmutsen in het spel zijn, kan hij zelf nog steeds een grijze of een streepjesmuts op hebben. Kabouter 1 blijft dus staan.

Kabouter 2 ziet dat de kabouter voor hem, kabouter 3, een streepjesmuts op heeft. Hij kan op basis van alleen deze informatie nog steeds niet weten welke muts hij zelf op heeft. Hij wacht en wacht en hij merkt dan dat niemand van de trede afspringt. Ook de kabouter achter hem niet. Dit geeft hem heel belangrijke informatie. Als kabouter 1 achter hem niet van de trede afspringt, betekent dat dat deze kabouter twee verschillende mutsen voor zich ziet. Kabouter 2 ziet dat kabouter 3 een streepjesmuts heeft. Hij zelf moet dus een grijze muts op hebben, want als hij een streepjesmuts zou dragen, zag kabouter 1 twee kabouters met een streepjesmuts voor zich en dan zou hij direct weten dat hij zelf een grijze muts droeg. Kabouter 2 beredeneert dat hij een grijze muts op heeft. Hij springt van de trede en wint 10.000 euro.

'Between stimulus and response there is a space. In that space lies our freedom and power to choose our response. In our response lies our growth and freedom.'

Viktor Frankl

Hoofdstuk 4 **Het recept voor succes**

In dit hoofdstuk leer je meer over je eigen prefrontale hersenschors. Dat je gedrag heel voorspelbaar is en welke vaardigheden je moet ontwikkelen om succesvol te zijn en het heft in eigen handen te nemen.

INZICHT

Marionet binnen een minuut

Ga in een deurpost staan. Span je spieren en duw zo hard als je kunt met de rug van beide handen tegen een kant van de deurpost aan alsof je de deurposten wilt wegduwen. Tel langzaam tot 30. Ontspan je spieren en doe meteen een stap naar voren om te ervaren wat er gebeurt. Je zult verbaasd zijn.

Als je niet zo snel een deurpost bij de hand hebt, kun je deze opdracht ook doen door één hand tegen een muur te drukken.

Als het goed is, heb je bij dit inzicht ervaren dat je armen zonder dat je nog iets deed, omhooggingen, alsof iemand ze als een poppenspeler door aan touwtjes te trekken omhoogtrok. Waarom dit gebeurt, is simpel uit te leggen. Toen je in de deuropening stond, heb je stevig met je handen tegen de deurposten aangeduwd en hierdoor je spieren min of meer op eenzelfde manier aangespannen, zoals je zou doen als je je armen optilt. Echter, de deurpost hield je armen tegen dus ze konden ondanks die kracht nergens naar toe. Op het moment dat je naar voren stapt, zijn je spieren nog steeds aangespannen, ook al probeer je ze te ontspannen, maar worden je armen niet langer meer tegengehouden en gaan ze alsnog omhoog.

Je snapt dat deze taak, die ik in het boek *How to really fool yourself* van Vicki Cobb las, een metafoor is voor het feit dat je niet altijd zelf bepaalt wat je doet, maar dat dat meestal bepaald wordt door allerlei krachten waar je geen zicht op hebt en geen controle over lijkt te hebben.

Mechanismen

Frontaal-patiënten

We weten ontzettend veel maar nog niet alles over executieve vaardigheden en de prefrontale hersenschors. In eerste instantie werd kennis vooral verkregen door patiënten met een beschadiging aan de prefrontale hersenschors te bestuderen.

Talloze onderzoeken laten zien dat deze patiënten moeite hebben met het onderdrukken van impulsen en dat ze, wat daar natuurlijk mee samenhangt, sociaal onwenselijk gedrag vertonen. Deze 'frontaal-patiënten' laten hun gedrag en emoties vooral leiden door de interne en externe prikkels van het moment, wat vaak leidt tot gedrag dat kortetermijnverlangens bevredigt maar dat hen op langere termijn, of anders op korte én langere termijn, schade toebrengt. Ze vinden het moeilijk om hun aandacht op iets te richten en vast te houden voor zolang als het nodig is. Andere patiënten kunnen, als hun aandacht eenmaal door iets getrokken is, deze niet meer losmaken en vertonen daardoor heel inflexibel gedrag. Grofweg gezegd kun je, zoals Elkhonon Goldberg het in zijn boek *The new executive brain* beschrijft, de stoornissen die resulteren na beschadiging van de (pre)frontale hersenschors indelen in twee groepen: perseveratief en veldafhankelijk gedrag.

1 Perseveratief gedrag

Onder perseveratie verstaan we dat je niet meer vloeiend of zelfs helemaal niet meer kunt switchen van de ene activiteit naar de andere, ook al vraagt de nieuwe situatie daarom. Bij deze stoornis zie je dat patiënten vasthouden aan gedrag dat bij een vorige taak wenselijk was, maar nu niet meer. Ze blijven bijvoorbeeld op een vel met allemaal p's, b's en q's erop (pbqpppqqbqpbqqpbbpq enzovoort) de p doorstrepen omdat ze dat bij aanvang moesten doen, terwijl de proefleider nu vraagt om de b door te strepen. Of ze vervolgen het patroon (zie afbeelding) alleen met de driehoek, omdat ze daarmee nu eenmaal begonnen zijn en niet meer tussen de beide patronen kunnen switchen of afwisselen waarom gevraagd is. Probeer zelf het onderstaande patroon na te tekenen zonder je pen van het papier te halen.

Bij patiënten lijkt perseveratie vooral op te treden na een beschadiging van de linker frontale hersenschors maar in zekere zin lijken we allemaal wel wat aan perseveratie te lijden. Je persevereert bijvoorbeeld als je tegen je partner blijft schreeuwen (perseveratie van gedrag) en in woede blijft hangen (perseveratie van emotie), terwijl hij of zij allang oprecht zijn of haar excuses heeft aangeboden voor iets wat als 'dom' omschreven kan worden. Of we persevereren als we iemand blijven beoordelen op zoals hij of zij vroeger was, bijvoorbeeld opvliegend, terwijl hij of zij over de jaren heen echt veranderd is.

2 Veldafhankelijk gedrag

Onder veldafhankelijk gedrag verstaan we dat iemand een opdracht of doel niet goed kan uitvoeren of behalen omdat hij/zij steeds erg afgeleid wordt door van alles wat er in de omgeving gebeurt. Veldafhankelijk gedrag bij patiënten lijkt met name voor te komen na een beschadiging van de rechter frontale hersenschors. Patiënten met veldafhankelijk gedrag laten hun gedrag dus niet leiden door interne motivatie maar door externe stimuli en kunnen daardoor hun doelen niet bereiken. Mijn patiënten die deze stoornis hadden, dronken bijvoorbeeld uit mijn theekopje of begonnen in een boek te lezen dat op mijn bureau lag. Gewoon omdat zij het kopje of het boek zagen en dat associëren met drinken en lezen.

De mogelijkheid die de relatie tussen een object (kopje) en een subject (arm en mond) oproept, noemen we een *affordance* (drinken), een term die James Gibson in de jaren zeventig van de vorige eeuw introduceerde. Het gedrag dat een affordance bij deze patiënten oproept, noemen we *utilization behaviour*, naar het voorbeeld van de Franse neuroloog François Lhermitte. Utilization behaviour komt ook vaak voor bij mensen zonder een beschadiging in de prefrontale hersenschors, maar wordt niet als zodanig herkend en ook niet als pathologisch beschouwd. Het kopen van spullen en voedsel wanneer je door de stad loopt, terwijl je niks nodig hebt en geen honger voelt voordat je van alles zag, of je steeds laten leiden door van alles wat er in huis nog gedaan moet worden, zoals de was, de planten en de vaat, in plaats van die dingen te doen die je echt moet doen, zoals belastingpapieren invullen of die presentatie maken, zijn alledaagse voorbeelden van een soort utilization behaviour. Je begrijpt dat ik hier uit ervaring spreek. Je doet dit alles, simpelweg omdat de prikkels er zijn, in het oog is in het hart (of liever gezegd in de hersenen) en niet omdat je het van plan was.

Er zijn ook veldafhankelijke patiënten die steeds het gedrag van de mensen om hen heen imiteren. Als andere mensen bijvoorbeeld aan hun wang krabben, doen zij dat ook. Wordt er door anderen gelachen, dan lachen ze mee. We noemen dit imitatiegedrag *echopraxia*. Ook dit is iets waar we allemaal in zekere zin aan lijden. Ik krab soms expres aan mijn wang als ik een lezing geef over gedragsbeïnvloeding en zie dan menigeen plots ook aan zijn of haar wang krabben. Er zijn talloze dagelijkse redelijk onschuldige voorbeelden te bedenken van echopraxia, zoals het kopen van een broek met wijde of juist heel smalle pijpen, of je baard laten staan puur omdat het mode is, dikke lippen willen hebben omdat de *rich and famous* ze hebben, te hard rijden omdat iedereen het doet, of uitsluitend een Nespresso willen drinken of merkkleding willen dragen omdat ... tja, vul zelf maar in. Er zijn echter ook wat kwalijkere voorbeelden van echopraxia te bedenken, zoals het meedoen aan pestgedrag op school of op het werk, omdat iemand er nou eenmaal mee begonnen is, of als een kuddedier achter een haatzaaiende leider aanlopen.

Het kan ook voorkomen dat veldafhankelijke frontaal-patiënten letterlijk alles wat een ander zegt herhalen. Je vraagt bijvoorbeeld: 'Wat is je naam?', waarop het antwoord keer op keer zal zijn: 'Wat is je naam?' Dit papegaaigedrag noemen we *echolalia*. Het naroepen van oneliners van internet of uit de krant, of het doorvertellen en *forwarden* van roddels zonder na te gaan of de informatie wel klopt, is een aardig voorbeeld van echolalia uit de dagelijkse praktijk.

Hoewel de dagelijkse vormen van perseveratie, echopraxia, echolalia en utilization behaviour natuurlijk niet pathologisch zijn, kunnen ze wel bijdragen aan de redenen waarom je niet datgene doet wat je gezien de omschrijving van je doelen echt zegt te willen doen. In sommige situaties is het natuurlijk handig om direct op externe prikkels of *stimuli* te kunnen reageren. Als het in je huis lekt, is het goed meteen de nodige maatregelen te treffen en bij het oversteken van een drukke weg pas je je gedrag ook het beste direct aan de omstandigheden aan. Echter, door alle verleiding en voortdurende informatie-overload zou je knettergek worden en snel sterven als je altijd direct op alle externe prikkels zou reageren en niet het vermogen zou hebben om ondanks alle afleiding een intern plan te blijven volgen en alleen maar in te gaan op informatie die zinvol voor je is.

Succesvolle mensen onderscheiden zich van niet-succesvolle mensen, doordat de eerste groep het vermogen heeft te kiezen om wel of niet op bepaalde prikkels in te gaan, terwijl de andere groep simpelweg op de externe prikkels ingaat en ermee doorgaat zonder eraan te kunnen ontsnappen – net zoals patiënten met veldafhankelijk en perseveratief gedrag. Nu kan de persoon dit zelf misschien nog wel ervaren als vrije wil, maar laten we het erover eens zijn dat dit soort gedrag op zijn minst iemands gedragsmogelijkheden beperkt en daarmee het vormen van zijn of haar eigen heden en toekomst en dat voor degenen om hem of haar heen.

Flexibele en wijze respons

Het is nuttig je te realiseren dat ons gedrag nog heel vaak wordt ingegeven door perseveratief en veldafhankelijk gedrag. Dat komt omdat de evolutionair oudere delen van onze hersenen zich vooral laten leiden door directe interne en externe prikkels. Later in de evolutie ontwikkelde de prefrontale hersenschors, die de mogelijkheid in samenwerking met allerlei andere delen van de hersenen deed ontstaan om aan veldafhankelijkheid en perseveratie te ontsnappen. Toch voelen we die oude krachten nog steeds, zeker als we ons niet leren richten op de langere termijn. De evolutie van de hersenen is, zoals Elkohonen Goldberg zegt, in gedragsmogelijkheden samen te vatten als van slechts geleid worden door datgene dat je zintuigen prikkelt (veldafhankelijk gedrag) of eerder prikkelde en zo bepaald gedrag, gedachten en emoties inzette (perseveratie), naar de mogelijkheid om je te laten leiden door interne langeretermijnplannen zonder je te laten afleiden. Om dit te kunnen doen, moet je tevens in staat zijn de belangrijke prikkels van het moment te abstraheren, zodat je je plannen en de uitvoering daarvan kunt aanpassen als dat nodig is. Als je dit kunt, wordt *proactief gedrag* steeds meer mogelijk.

Stereotypische respons

Als jouw executieve vaardigheden goed zijn ontwikkeld, kun je in plaats van reactief te zijn, proactief deelnemen aan je eigen leven, de wereld, het heden en de toekomst. Ik weet het, (pro)actief deelnemen aan je eigen leven klinkt wat raar, maar hoewel je van jezelf misschien vindt dat je (pro)actief deelneemt aan je eigen leven, durf ik stellig te schrijven dat je dat heel vaak niet doet. Heel vaak reageren we namelijk reactief of reflexief op de stimuli waar we aan blootgesteld worden en zijn we eerder een speelbal dan een spelmaker. Op een simpel niveau kun je stellen dat het over het algemeen als volgt gaat: ik heb trek dus ik eet, hij zegt iets vervelends dus ik voel me beledigd, of zij roept lust bij me op dus ik benader haar. Dit alles doe je vaak zonder je verder echt te laten beïnvloeden door mogelijke langeretermijneffecten van je gedrag op jezelf of op een ander.

Hoewel we deze *stimulus-responsketen* op simpel niveau heel makkelijk kunnen begrijpen (wat nog niet betekent dat we er ook meteen aan kunnen ontsnappen), geldt deze keten echter niet alleen voor onze meer primitieve vormen van gevoelens, gedachten en gedrag, maar ook voor de meer en meest complexe vormen. Om wat voorbeelden te noemen:

- De wereld verandert, dus ik steek mijn kop in het zand.
- Ik blijf mijn mailbox, Facebook en Tinder checken ook al verstoort het mijn werk, doelen en rust.
- Ik laat de kinderen achter de spelcomputer zitten want ik ben moe of kan dan zelf doen wat ik wil.
- Ik doe agressief en overheersend tegen de mensen om me heen als ze niet doen wat ik zeg uit angst de controle te verliezen.

Zonder de juiste executieve vaardigheden is de relatie tussen stimulus en respons doorgaans simpel en zo wetmatig aanwezig dat je, als je de ander of jezelf kent, je bij het optreden van een bepaalde stimulus kunt voorspellen welke respons er zal volgen. Dat dit heel eenvoudig is, kan ik je per direct laten ervaren.

INZICHT

Rekensommen

Reken de volgende rekensommen uit en geef aan het eind meteen antwoord op de vraag.

17 + 8 =
15 × 3 =
93 + 17 =
57 + 12 =
21 × 8 =
24 + 47 =
18 + 81 =
en de laatste, 24 + 27 =

Noem een gereedschap:

Ik heb de respons die je hebt gegeven, aan het eind van dit hoofdstuk opgeschreven om te laten zien dat je reflexmatig handelt.

Zonder de juiste executieve vaardigheden is de relatie tussen stimulus en respons doorgaans simpel en stereotypisch aanwezig. Dit is in een eenvoudige keten weer te geven:

Oftewel: als de stimuli rekensommen zijn die aandacht vragen en je plots moet reageren op de opdracht 'Noem een gereedschap', dan is de stereotypische respons: hamer.

Flexibele respons

Echter, executieve vaardigheden maken een andere keten mogelijk. Deze vaardigheden zorgen er namelijk voor dat je meer keuzemogelijkheden kunt creëren en dus niet zomaar op een mogelijke manier reageert. Zij zorgen ervoor dat er een soort ruimte komt tussen de stimulus en de respons. In die ruimte kan er van alles gebeuren waardoor de respons niet hoeft te zijn wat iedereen zou doen, of wat iedereen verwacht, of waar je op veldafhankelijk niveau toe bent voorgeprogrammeerd. Je kunt dan doen wat gezien de situatie en je plannen het beste is om te doen. Het zorgt ervoor dat je de stimulus op meerdere manieren kunt interpreteren en dat alleen al geeft meer reactiemogelijkheden. Er ontstaat dan een nieuwe keten:

S → fR

Stimulus — flexible Response

Jouw respons op de opdracht 'Noem een gereedschap' zou met wat meer tijd en aandacht bijvoorbeeld een waterpas of verstekbak kunnen zijn (wat misschien gebeurd is als je een expert bent op het gebied van gereedschap) en in die zin onvoorspelbaar voor mij (of een ander) worden.

Deze nieuwe keten geeft de kracht van executieve vaardigheden goed weer. Executieve vaardigheden stellen je in staat om de kortetermijnprikkel te ontstijgen en dat te doen wat nodig is om langeretermijndoelen te bereiken. Ze laten je van een reactief mens een proactief mens worden. Of zoals Viktor Frankl in het citaat, waar dit hoofdstuk mee begint, zegt: 'Tussen stimulus en respons ligt een ruimte. Het is in die ruimte waar onze vrijheid en de kracht ligt om onze respons te bepalen. In onze respons liggen onze groei en vrijheid.'

Je eigen stimulus-responsketen

INZICHT

Maak zelf een reeks van simpele en complexe S → sR-ketens met stimuli die op jou betrekking hebben. Omschrijf je reactie op de stimulus in termen van gedrag, gedachten of gevoel. Neem de tijd om na te denken en typeer jezelf op simpel en complex niveau.

Het doel van deze opdracht is om inzicht te krijgen in de wetmatigheden volgens welke jij denkt, voelt en handelt. Dit inzicht zal je helpen om die wetmatigheden in het vervolg sneller te herkennen en mogelijk anders te reageren bij die wetmatigheden die je graag wilt doorbreken.

Om er een beetje in te komen heb ik eerst een reeks met als-dan-zinnen gemaakt die je af kunt maken. Wees er beducht op je hakken niet in het zand te zetten bij deze opdracht, omdat hij je eigenlijk uit je comfortzone haalt.

Vul aan	**Gedrag/gedachte/gevoel**
S *Als ik moe ben dan*	***R*** *schiet ik eerder uit mijn slof*
S *Als ik stress heb dan*	***R*** *drink ik meer alcohol en zeg ik dat ik het verdien*
S Als ik me goed voel dan	**R** ______________________
S Als ik teleurgesteld ben dan	**R** ______________________
S Als je tegen me schreeuwt dan	**R** ______________________
S Als ik me gewaardeerd voel dan	**R** ______________________
S Als de kinderen druk zijn dan	**R** ______________________
S Als ik het druk heb dan	**R** ______________________

Definieer zelf de simpele **S → sR**-ketens met stimuli die op jou betrekking hebben.

Vul aan	**Gedrag/gedachte/gevoel**
S *Als ik mijn doel niet meteen haal dan*	***R*** *geef ik een ander de schuld*
S ______________________	**R** ______________________
S ______________________	**R** ______________________
S ______________________	**R** ______________________
S ______________________	**R** ______________________
S ______________________	**R** ______________________
S ______________________	**R** ______________________

Definieer zelf de complexe **S → sR**-ketens met stimuli die op jou betrekking hebben.

Vul aan	**Gedrag/gedachte/gevoel**
S Als ik uit mijn comfortzone wordt gehaald	*R traineer ik de boel door flauwe grappen te maken*
S Als ik informatie krijg die ik niet overzie dan	R ....
S	R ....
S	R ....
S	R ....
S	R ....
S	R ....

....

Wijze respons

Executieve vaardigheden zorgen er dus voor dat je flexibeler kunt reageren omdat je meer mogelijkheden ziet en tot je beschikking hebt. Echter, het is natuurlijk niet alleen de bedoeling om zomaar meer gevoels-, gedachten- en gedragsmogelijkheden te hebben, het is de bedoeling om gezien de omgevingsvariabelen en je doelen, de juiste opties te kiezen uit alle mogelijkheden. Het is de bedoeling om wijs te kiezen. In die zin wil je je ontwikkelen naar de volgende reeks:

Wijsheid- en succeslijst

In *Passies van het brein* beschrijf ik het onderzoek van Thomas Meeks en Dilip Jeste van de Universiteit van California in San Diego. Zij analyseerden allerlei artikelen die betrekking hadden op wijsheid en zij kwamen tot de conclusie dat waar en hoe wijsheid ook omschreven wordt, wijsheid eigenlijk altijd gerelateerd werd aan de executieve vaardigheden. In een recent vervolgonderzoek onderzochten zij allerlei verschillende definities van wijsheid en achterhaalden zij de negen meest genoemde subcomponenten van wijsheid:

1 Levenservaring hebben en sociale beslissingen kunnen nemen.
2 Prosociale waarden hebben en prosociaal gedrag vertonen.
3 In staat zijn tot reflectie en zelfbegrip.
4 Onderkennen van en kunnen omgaan met onzekerheid.
5 De emotionele balans kunnen handhaven.
6 Tolerant zijn.
7 Openstaan voor nieuwe ervaringen.
8 Spiritueel zijn.
9 Gevoel voor humor hebben.

Naast deze wijshedenlijst is er nog een lijst die uit heel veel onderzoek is voortgekomen en die ik je niet wil onthouden omdat hij heel informatief is. Deze lijst is samengesteld door Martin Seligman en Christopher Peterson en beschrijven zij in hun boek *Character strengths and virtues - A handbook and classification*. Seligman en Peterson bestudeerden de meest uiteenlopende bronnen (letterlijk van Confucius tot Pokémon) om te omschrijven wat karakter in de zin van 'die heeft écht karakter' nou inhoudt. Op basis van al die bronnen en het criterium van praktisch nut, stelden zij een lijst met 24 goede karaktereigenschappen samen waar men het over de hele wereld mee eens zou zijn.

Seligman en Peterson concludeerden dat het bezit, de ontwikkeling en de expressie van deze karaktereigenschappen leiden tot de meeste kans op succes in het leven. Wie zich op de ontwikkeling van deze eigenschappen richt, zet volgens de onderzoekers een betrouwbaar pad voor zichzelf uit naar een goed leven. Een leven waarin je niet alleen zelf gelukkig bent, maar ook nog bijdraagt aan de wereld en aan het geluk van de mensen om je heen. De lijst van 24 eigenschappen werd na verder onderzoek teruggebracht naar een bruikbare lijst van de zeven meest succesbepalende eigenschappen en vaardigheden, namelijk:

1 Grit (toewijding aan iets).
2 Zelfcontrole.
3 Energie/levenslust.
4 Sociale intelligentie.
5 Dankbaarheid.
6 Optimisme.
7 Nieuwsgierigheid.

Ook deze vaardigheden doen veelal een beroep op de executieve vaardigheden en de prefrontale hersenschors.
Dit geeft al aan hoe belangrijk het is om deze executieve vaardigheden en de prefrontale hersenschors goed te ontwikkelen.

Het blijkt dat de eigenschappen van wijsheid en succes gerelateerd zijn aan de executieve vaardigheden en de prefrontale hersenschors.

Als we het rijtje van de subcomponenten van wijsheid en het rijtje van de eigenschappen van succes bij elkaar voegen en de overlappingen eruit halen (levenservaring hebben en sociale beslissingen kunnen nemen overlappen met sociale intelligentie, nieuwsgierigheid overlapt grotendeels met openstaan voor nieuwe ervaringen, en emotionele balans overlapt gedeeltelijk met zelfcontrole), dan komen we tot een rijtje vaardigheden/eigenschappen dat een combinatie vormt van wijsheid en succes. Het loont de moeite eens te kijken hoe jij vindt dat je op een dergelijk lijstje scoort.

INZICHT

Test je wijsheid- en succeseigenschappen

Schaal jezelf eerst in op de mate waarin jij vindt dat je de eigenschappen op het wijsheid/succeslijstje hebt, en probeer daarna, afhankelijk van je score 'niet', 'een beetje', 'voldoende', 'veel', concrete voorbeelden te geven (op pagina 98 en verder) die je score onderbouwen.

		Niet	Beetje	Voldoende	Veel
1	Grit (toewijding aan iets)	☐	☐	☐	☐
2	Zelfcontrole	☐	☐	☐	☐
3	Energie/levenslust	☐	☐	☐	☐
4	Sociale intelligentie	☐	☐	☐	☐
5	Dankbaarheid	☐	☐	☐	☐
6	Optimisme	☐	☐	☐	☐
7	Nieuwsgierigheid	☐	☐	☐	☐
8	Prosociale waarden en prosociaal gedrag hebben	☐	☐	☐	☐
9	In staat zijn tot reflectie en zelfbegrip	☐	☐	☐	☐
10	Onderkennen van en kunnen omgaan met onzekerheid	☐	☐	☐	☐
11	Tolerant zijn	☐	☐	☐	☐
12	Spiritueel zijn	☐	☐	☐	☐
13	Gevoel voor humor hebben	☐	☐	☐	☐

Voeg een aantal persoonlijke voorbeelden toe. Bij 'grit' vul je bijvoorbeeld in: ik heb dat systeem waarvan ik wist dat de meeste werknemers profijt zouden hebben, doorgevoerd, al heeft het me bloed, zweet en tranen gekost. Of: ik heb mijn kind geholpen met zijn faalangst, al heeft het me vijf jaar gekost.

Grit (toewijding aan iets)

Zelfcontrole

Energie/levenslust

Sociale intelligentie

Dankbaarheid

Optimisme

Nieuwsgierigheid

Prosociale waarden hebben en vertonen

In staat zijn tot reflectie en zelfbegrip

Onderkennen van en kunnen omgaan met onzekerheid

Tolerant zijn

Spiritueel zijn

Gevoel voor humor hebben

Stel, afhankelijk van of je makkelijk of moeilijk voor jezelf voorbeelden kunt verzinnen bij de verschillende eigenschappen, je eerdere score op de wijsheid/succeslijst naar boven of naar beneden bij.

'Performance character' en 'moral character'

In de Verenigde Staten is er een non-profitorganisatie die de Character Education Partnership heet. Deze heeft tot doel om ervoor te zorgen dat jonge mensen kennis krijgen van en geïnspireerd raken door ethisch gedrag en maatschappelijke betrokkenheid. Zij delen karakter in naar performance character en naar moral character. Onder *performance character* verstaan zij eigenschappen die gebaseerd zijn op wilskracht en doorzettingsvermogen, zoals volhouden bij tegenslag. *Moral character* gaat over eigenschappen die meer gebaseerd zijn op normen en waarden, zoals eerlijk zijn en niet alleen aan jezelf denken, maar ook het belang van anderen voor ogen houden. Door de executieve vaardigheden-, wijsheid- en succeslijsten samen te voegen, ontstaat er een lijst die zowel kenmerken van performance als van moral character bevat. Je kunt voor jezelf bedenken of je vooral een sterk moral of vooral een sterk performance character ontwikkeld hebt. Misschien ben je wel sterk op beide fronten of valt er juist nog heel veel te ontwikkelen.

INZICHT

Grit

Zoals eerder gezegd, zijn de vragenlijsten die je invult geen officiële, wetenschappelijk getoetste vragenlijsten. Ze zijn bedoeld om je te laten nadenken over en je enig inzicht te geven in jouw vaardigheden en eigenschappen, en in verschillende aspecten van je functioneren. Je score op een van de belangrijke voorspellers van succes, grit, kun je bepalen met een officiële test die ontwikkeld is door Angela Duckworth en Chris Peterson. Door deze test elektronisch in te vullen, werk je mee aan hun onderzoek en krijg je inzicht in je eigen mate van grit (voor de website zie noot).[12]

---

12 https://sasupenn.qualtrics.com/SE/?SID=SV_06f6QSOS2pZW9qR

Schrijf na het doen van de test je score op. Je hebt hem later nog nodig.

Score grittest: ....

....

Je hebt nu als het goed is enig inzicht verworven in hoeverre jij de verschillende vaardigheden beheerst, die gerelateerd zijn aan wijsheid en succes volgens je eigen mening. Vervolgens heb je ook door het invullen van het lijstje met executieve vaardigheden van het vorige hoofdstuk inzicht gekregen in welke mate je denkt deze vaardigheden te beheersen en in hoeverre je deze vaardigheden nog verder moet ontwikkelen. Deze twee lijstjes samen geven je de krachtige ingrediënten voor het recept voor succes. Het lijstje van executieve vaardigheden is, zoals het woord al zegt, opgebouwd uit *vaardigheden*, terwijl de variabelen op het wijsheid/succeslijstje wat meer naar *karaktereigenschappen* gaan. Er zit wat overlap in de lijstjes, maar samen geven ze een redelijk goed onderbouwd beeld van waar je goed in bent en wat je nog verder moet ontwikkelen om succesvol te zijn.

Nu we al deze kennis beheersen, kunnen we het natuurlijk ook omdraaien. Welk gebrek aan bepaalde vaardigheden en eigenschappen lag ten grondslag aan bepaalde problemen in je leven?

Ontbrekende vaardigheden opsporen

INZICHT

Beschrijf een probleem waar je in het verleden tegenaan bent gelopen. Kruis vervolgens aan welke vaardigheden je NIET beheerste en die tot het probleem hebben geleid. Je kunt dit voor ieder probleem apart beoordelen.

Probleem: ....

....

....

....

(Bijvoorbeeld niet afmaken van studie of mislukken relatie.)

1 Grit (toewijding) ☐
2 Zelfcontrole ☐
3 Energie/levenslust ☐
4 Sociale intelligentie ☐
5 Dankbaarheid ☐
6 Optimisme ☐

7 Nieuwsgierigheid ☐
8 Prosociale waarden hebben en vertonen ☐
9 In staat zijn tot reflectie en zelfbegrip ☐
10 Onderkennen van en kunnen omgaan met onzekerheid ☐
11 Tolerant zijn ☐
12 Spiritueel zijn ☐
13 Gevoel voor humor hebben ☐
14 Aandacht kunnen richten, vasthouden, verdelen en loslaten ☐
15 Het kunnen reguleren van emoties ☐
16 Flexibel kunnen zijn als dingen veranderen ☐
17 Het kunnen onderdrukken van ongewenst gedrag ☐
18 Taken en zaken kunnen beginnen ☐
19 Dingen kunnen organiseren ☐
20 Dingen kunnen plannen ☐
21 Jezelf kunnen monitoren ☐
22 Je werkgeheugen kunnen gebruiken ☐
23 Het kunnen vormen vormen van een reëel zelfbeeld ☐
24 Het vermogen tot theory of mind hebben ☐
25 Prosociaal gedrag laten zien (het belang van anderen voor ogen houden) ☐

Als je nu tot de conclusie komt dat je enkele of een hoop van de genoemde vaardigheden en eigenschappen, die nodig zijn voor succes, niet beheerst of bezit dan is er nog geen man overboord. Ze zijn namelijk te ontwikkelen.

Neuroplasticiteit

Het mooie van de lijst van Seligman en Peterson is dat het hier, zoals zijzelf zeggen, níet gaat om vaardigheden en eigenschappen waarmee je geboren bent, maar om vaardigheden en eigenschappen die je kunt ontwikkelen. Dit geldt ook voor andere eigenschappen en vaardigheden, zoals de executieve vaardigheden. Angela Duckworth omschrijft het volgens Paul Tough aan de hand van een uitspraak van de Amerikaanse filosoof/psycholoog William James heel duidelijk. Zij zegt dat al dit soort eigenschappen eigenlijk niet meer of minder dan een gewoonte zijn. Je kunt ze natuurlijk wel binnen genetische grenzen gewoon ontwikkelen. Als je iedere dag bepaalde eigenschappen of vaardigheden oefent en je eraan blootstelt, ontwikkel je een soort *default mode* in je hersenen die ervoor zal zorgen dat je automatisch in die stand gaat en eerder het juiste doet zonder dat het je heel veel of extra energie kost. Je kunt die default mode ontwikkelen omdat de hersenen een bijzondere eigenschap bezitten. Een eigenschap die we *neuroplasticiteit* noemen. Bij neuroplasticiteit ligt onze kracht tot ontwikkeling en aanpassing. Ik zal het je hierna kort uitleggen.

Nieuwe verbindingen[13]

Dat wat je denkt, voelt en doet aangestuurd wordt door de hersenen, is voor de meeste mensen geen nieuws. Echter, wat zeker zo belangrijk is om te weten, maar minder bekend, is dat het omgekeerde ook opgaat. Alles wat je denkt, doet en voelt heeft een direct effect op de structuur en werking van je hersenen. In tegenstelling tot wat veel mensen denken, maken de hersenen voortdurend nieuwe cellen (neurogenese) en verbindingen tussen cellen (synaptogenese) aan. Ze doen dit onder andere onder invloed van datgene wat je meemaakt, denkt, doet en voelt. Door de aanmaak van nieuwe cellen en verbindingen, en het feit dat hersencellen met andere hersencellen en op een andere manier met elkaar gaan communiceren, veranderen de hersenen gedurende je leven steeds van structuur en functie. Dit moet je heel letterlijk nemen. De netwerken in je hersenen worden letterlijk anders van vorm, ze gaan nieuwe verbindingen met elkaar aan, kappen bestaande verbindingen waardoor er nieuwe netwerken ontstaan en deze netwerken gaan letterlijk op een andere manier werken, afhankelijk van wat jij meemaakt, denkt, voelt en doet. Doordat netwerken en hun functioneren veranderen, zijn we in staat om andere dingen te voelen, te denken en te doen en omdat we weer andere dingen denken, voelen en doen veranderen onze hersenen weer. Laat dit even tot je doordringen.

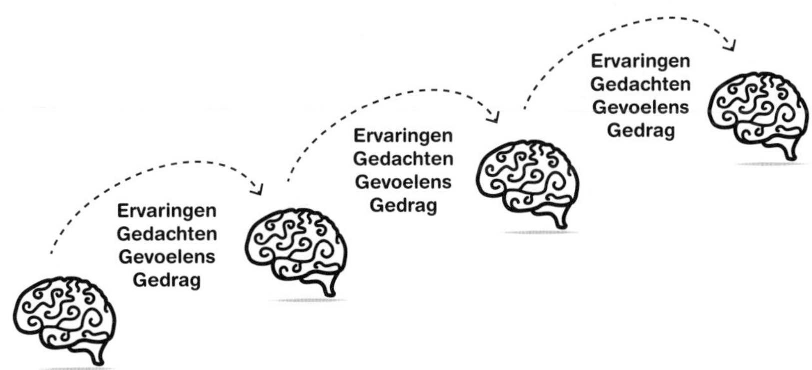

Hersenen en gedrag vormen elkaar voortdurend

13 Zie meer over dit onderwerp: M.M. Sitskoorn, *Het maakbare brein*, 2006.

Door het ontstaan van nieuwe netwerken in onze hersenen en door het veranderen van de communicatie tussen en binnen de netwerken bevinden we ons in een voortdurend proces van zijn en worden. Je bent iemand met al je gevoelens, eigenschappen en vaardigheden en al deze gevoelens, eigenschappen en vaardigheden ontwikkelen onder invloed van waaraan jij blootgesteld wordt en waar jij jezelf aan blootstelt. Je bent dus, maar je bent ook voortdurend in wording. We zijn niet statisch maar dynamisch, net als de wereld om ons heen. En het is de voortdurende interactie tussen ons en de wereld die maakt dat we voortdurend invloed op elkaar uitoefenen en ervoor zorgt dat we elkaar voortdurend veranderen. Dit geldt natuurlijk niet alleen voor jou, maar voor ons allemaal.

Je hersenen ontwikkelen

Het is eigenlijk heel simpel samen te vatten: alles wat je doet en waaraan je blootgesteld wordt, zal voor ontwikkeling van bepaalde netwerken in de hersenen zorgen. Omdat deze netwerken ontwikkelen, veranderen je vaardigheden, gedachten en gevoelens en hierdoor verandert je interactie met de wereld weer, waardoor je vervolgens weer nieuwe dingen kunt meemaken en er weer nieuwe ontwikkelingen in de hersenen zullen optreden. Denk nou niet dat dit alleen maar voor positieve ontwikkeling geldt, het geldt voor positieve en negatieve ontwikkelingen. Ik zeg weleens in lezingen: als je de hele dag zeurt, ontwikkel je de perfecte zeurnetwerken in je hersenen en het zeuren zal je steeds beter afgaan. Dat wat je veel doet en waar je je veel aan blootstelt, ontwikkelt. Positief en negatief. En dit geldt niet alleen voor vaardigheden, zoals voetballen en viool spelen, maar ook voor gevoelens, zoals angst en empathie, en gedachten over racisme en voedsel, en de mate waarin je logica beheerst.

In hoeverre je iets ontwikkelt, wordt bepaald door de interactie tussen je genen en de eigenschappen die je hebt, en aan de andere kant de mate (zoals duur en intensiteit), waarin je je aan iets blootstelt, de omgeving dus. Wie een groot deel van zijn tijd besteedt aan opvoeden, ontwikkelt opvoedvaardigheden en zijn kinderen. Wie een groot deel van zijn tijd besteedt aan intermenselijk contact, ontwikkelt sociale vaardigheden, wie een groot deel van zijn tijd besteedt aan world of warcraft of realityshows, ontwikkelt ..., vul zelf maar in. Ik heb het in *Het maakbare brein*, ook wel samengevat als: je brein bepaalt je zijn, maar je zijn bepaalt ook je brein.

Door het vermogen van neuroplasticiteit veranderen onze hersenen voortdurend. Ze proberen zich steeds weer aan te passen aan de eisen van de omgeving en zo komt het dat onze hersenen anders zijn dan die van de holenmens of zelfs dan die van de mens van nog geen honderd jaar geleden. De hersenen van de internetgeneratie zijn al weer anders ontwikkeld dan van een oudere, niet met internet opgegroeide generatie. Door de veelvuldige blootstelling aan internet en het wegvallen van blootstelling aan andere dingen ontwikkelen andere vaardigheden en gevoelens bij deze generatie dan bij de niet-internetgeneratie, zoals Nicholas Carr en Richard Restak schrijven in hun boeken over de aanpassing van de hersenen aan het nieuwe digitale tijdperk. Dat de omgeving zo'n invloed kan hebben op hoe je hersenen en daardoor vaardigheden, denken en emoties zich ontwikkelen, is iets wat veel mensen zich nog niet (voldoende) beseffen.

Het vermogen tot ontwikkelen

Het is heel belangrijk om te beseffen dat we niet geboren worden met een vaste set executieve vaardigheden en succeseigenschappen, maar dat we geboren worden met het vermogen om deze vaardigheden en eigenschappen te ontwikkelen, ook al zal de een er beter in zijn en worden dan de ander. We kunnen ons aanpassen aan de VUCA-wereld en we kunnen de eigenschappen en vaardigheden die gerelateerd zijn aan succes, ontwikkelen en zo de wereld weer veranderen. Daar moet echter wel tijd, kennis en energie in worden gestoken.

Al die goede dingen die je wilt ontwikkelen, daaraan zul je je moeten blootstellen. Je zult moeten oefenen en doen. Door deze blootstelling en al dat oefenen en doen ontwikkelen ze. In sommige gevallen zelfs van een nieuwe vaardigheid die veel energie vergt om uit te oefenen naar een gewoonte die je op de automatische piloot kunt doen. Nu vraag je je misschien af: 'Kun je een oude hond nog wel nieuwe trucs leren? Neemt die plasticiteit van de hersenen niet af door de jaren heen?' Het antwoord is ja en ja. Het is waar dat de plasticiteit van je hersenen groter is als je jong bent, maar het is ook waar dat als je ouder wordt je steeds meer zelf bepaalt wat je wilt ontwikkelen en waaraan je je blootstelt. Je zeggenschap over wat je doet en hoe je je tijd besteedt, neemt toe. Met andere woorden: je kunt als je ouder wordt optimaal rendement halen uit de plasticiteit van je hersenen. Met het besef van het plasticiteitsprincipe, de keuze van wat je wilt ontwikkelen, de juiste training dan wel blootstelling aan de juiste informatie, focus en inzet kunnen we de hersenen en daarmee dus onze vermogens en die van de mensen om ons heen, ontwikkelen. Excuses als 'Mijn vader was zo dus ik ook', of 'Daar ben ik nooit goed in geweest' gaan niet meer op nu je weet hoe het werkt.

Dat waar je je aan blootstelt, dat waar je je tijd aan besteedt, ontwikkelt. Dus verleg je grenzen iedere dag een beetje, zet je in voor datgene wat je prioriteit heeft en ontwikkel met de juiste methode en informatie, stapje voor stapje de vaardigheden die je nodig hebt en de dingen die je belangrijk vindt. Nu niets doen, is nu beslissen zo te blijven als je bent en de dingen te laten zoals ze zijn. Dat is prima als je gelukkig bent en anderen geen kwaad berokkent. Maar als je het anders wilt of als het anders moet, weet je dat het anders kan en kun je je daar, met of zonder hulp, voor inzetten. Je kunt, zoals ik het al in *Het maakbare brein* verwoordde, een architect in plaats van slechts een gebruiker van je hersenen zijn, een producent

Met excuses als 'Daar ben ik nooit goed in geweest', of 'Mijn vader was ook zo', kom je niet meer weg nu je kennis hebt van de werking van je brein.

in plaats van een consument. Ik zal dit in het tweede deel, *Ontwikkel IK^2: het EFFECT-programma*, uitleggen. Met dit programma kun je invloed uitoefenen op de structuur en het functioneren van je prefrontale hersenschors en zo je executieve vaardigheden ontwikkelen.

De driepoot ingevuld

In het eerste hoofdstuk, *Een doel voor ogen*, heb je kennisgemaakt met de belangrijke driepoot die ten grondslag ligt aan het bereiken van je doelen:

- De realistische formulering van je doel.
- Je motivatie ten aanzien van je doel.
- De vaardigheden die je moet hebben om je doel te bereiken.

Nu, enkele hoofdstukken verder, heb je al een hoop werk verricht en meer inzicht in de relatie van al deze variabelen ten opzichte van jezelf verkregen. Je hebt je doelen en stappenplan realistisch geformuleerd, je motivatie ingeschat en de vaardigheden die nodig zijn voor succes, geëvalueerd. In het volgende deel van het boek, *Ontwikkel IK^2: het EFFECT-programma*, zul je leren met welke methoden je de prefrontale hersenschors kunt ontwikkelen en hoe je de vaardigheden die daarbij horen en die zo belangrijk zijn voor succes ontwikkelt.

Voordat je daar daadwerkelijk aan begint, is het nuttig om te weten dat er veelvoorkomende factoren zijn die je doelen, motivatie en vaardigheden ernstig kunnen ondermijnen. Het volgende hoofdstuk geeft je daarom wat inzicht in en tips ten aanzien van deze valkuilfactoren, zodat je ze kunt voorkomen of kunt herkennen en je ertegen kunt wapenen als je ermee geconfronteerd wordt.

INZICHT

Antwoord gereedschapvraag

Je reactie op de vraag 'Noem een gereedschap' was hamer. Hoe ik dat kan weten? Deze reactie wordt door het gros van de mensen op deze vraag gegeven. Doordat je je aandacht eerst volledig op de rekensommen hebt gericht en daarna meteen op de vraag moet reageren, is een stereotypische, voorspelbare reactie het gevolg. En de meest stereotypische reactie is hamer (al komt zaag of boor ook nog weleens voor). Als je een timmerman bent of een dergelijk vak beheerst, zien we ook nog weleens andere reacties.

‘Big, sweeping life changes really boil down to small, everyday decisions.’

Ali Vincent

Hoofdstuk 5 **Valkuilen**

In dit hoofdstuk wordt duidelijk welke valkuilen er zoal voor kunnen zorgen dat we onze doelen niet behalen. De kennis in dit hoofdstuk zal je helpen de valkuilen in sommige gevallen te verwachten en te omzeilen en in andere gevallen te voorkomen.

Goedkope televisie

INZICHT

Lees het volgende verhaal aandachtig door.

Drie studenten lopen een tweedehandswinkel binnen om een goedkope televisie voor in hun studentenhuis op de kop te tikken. Ze zien een televisie die aan hun eisen voldoet en ze vragen een verkoper hoeveel het apparaat kost. De verkoper geeft aan dat de televisie 25 euro kost en de huisgenoten besluiten om hem te kopen en de kosten te delen. Ze halen elk een tientje uit hun zak en geven de drie biljetten van 10 euro aan de verkoper. De verkoper loopt vervolgens naar achteren om wisselgeld uit de kassa te halen. Onderweg bedenkt hij dat hij best wat extra euro's kan verdienen. Hij besluit tegen de jongens te zeggen dat hij zich vergist heeft en dat de prijs van de televisie niet 25 maar 27 euro is. Dat zal voor de drie kopers geen groot verschil zijn en op deze manier kan hij zelf wat extra geld opstrijken zonder dat er een haan naar zal kraaien. Hij legt de drie biljetten van 10 euro in de kassa en pakt vijf munten van één euro uit de geldlade waarvan hij er twee in zijn zak stopt. Hij loopt terug, verontschuldigt zich bij de jongens en zegt dat de televisie niet 25 maar 27 euro kost. De jongens vinden het nog steeds een goede koop en de verkoper geeft ze elk een euro terug.

De drie studenten verlaten tevreden de winkel met de goedkope televisie en de verkoper is blij omdat hij, weliswaar door oplichting, wat extra geld heeft verdiend. Iedereen blij en geen vuiltje aan de lucht toch?

Of toch wel? Laten we het nog eens doornemen.

De drie huisgenoten hebben de verkoper elk tien euro dus in totaal dertig euro gegeven. De verkoper komt terug met vijf één-euromunten uit de kassa. Hiervan houdt hij er twee voor zichzelf en hij geeft iedere student één euro terug van hun briefje van 10 euro. Iedere student heeft dus uiteindelijk 9 euro betaald.

3 × € 9 = € 27 + € 2 die de verkoper in zijn zak heeft gestoken = € 29.

Maar, dan komen we toch een euro tekort? Hoe kan dit? Probeer dit raadsel zonder verder te lezen op te lossen.

Uitleg

Dit probleem las ik in het boek *Split-second persuasion* van Kevin Dutton. Heb je door wat er aan de hand is? Misschien na enig nadenken wel maar als je het niet doorhebt, hoef je je niet beschaamd te voelen want heel veel mensen snappen niet wat er nu precies niet klopt, hoe erg zij hun hoofd ook breken over het probleem. In dit verhaaltje worden onze hersenen verleid om het ergens te zoeken waar we het niet moeten zoeken. De manier waarop de informatie wordt aangeboden, zorgt ervoor dat we onze aandacht op het verkeerde richten, namelijk op 3 × € 9 = € 27 + € 2 = € 29 in plaats van op vijfentwintig + twee + drie = dertig. (Ik heb het laatste bewust in woorden geschreven en niet in getallen omdat getallen uit de zee van woorden zouden springen en je aandacht bij het lezen van het verhaaltje al getrokken zouden hebben, waardoor je de oplossing zou zien. Dit zou het veel moeilijker hebben gemaakt om je te misleiden met het probleem.)

Het verhaal over de goedkope televisie laat heel goed zien hoe de manier waarop informatie ons wordt aangeboden en hoe datgene wat je aandacht trekt, je denken, doen en voelen bepaalt. Dit kan voor heel wat valkuilen zorgen, zoals in dit hoofdstuk duidelijk zal worden.

De vorige hoofdstukken hebben je laten inzien dat de veranderende wereld in combinatie met dat wat we willen en moeten nogal eens voor een hoop druk en negatieve resultaten zorgt. Om succesvol te zijn in voelen, denken en doen moeten we iets veranderen. We zullen sommige vaardigheden moeten aanleren en andere moeten afleren. Dat klinkt logisch, maar er is een probleem. Weten dat we moeten veranderen, is pas het begin maar vaak nog niet genoeg. We doen het namelijk gewoonweg niet, ondanks het besef dat we willen en soms zelfs echt moeten om grote problemen te voorkomen. Er zijn namelijk veel dingen in ons denken, voelen en doen die ons beletten te veranderen. Enkele van deze obstakels, waarvan ik zeker weet dat je er tegenaan zult lopen of die je bewust of onbewust zult gebruiken om niet te veranderen naar iets beters, heb ik hier voor je bij elkaar gezet.

Valkuil 'Kortetermijnfijn en langetermijnpijn'

Laat ik met een persoonlijke favoriet beginnen, namelijk 'kortetermijnfijn, langetermijnpijn'. In het boek *Passies van het brein* beschrijf ik drie krachten die ongelooflijk belangrijk zijn in het sturen van je gedrag:

- Genot
- Pijn
- Wijsheid

We denken
vaak dat het
najagen van
onze verlangens
gelijk staat
met gelukkig
worden.

Pijn en genot kunnen nogal eens voor valkuilen zorgen en je zult dit het beste inzien door bepaalde pijn en genotkrachten direct te koppelen aan het doel dat je jezelf hebt gesteld aan het begin van dit boek. Laten we ons daar even op richten.

Neem even een minuutje de tijd om te denken aan het doel dat je wilt bereiken. Schrijf je doel nog even op.

Doel: ____

____

(Ik laat je herhaalde malen je doel opschrijven om je werkgeheugen en je commitment aan het doel te stimuleren, wat bijdraagt aan het behalen van jouw doel.)

Nu is er een groot probleem met doelen die niet direct bereikt kunnen worden. Het lijkt namelijk wel of het pad dat naar lange(re)termijndoelen leidt, voortdurend doorkruist wordt door allerlei kortetermijndoelen. Doelen, zoals geld aan van alles en nog wat uitgeven ook al nam je je voor te sparen, toch even snel je gram bij iemand halen ook al was je doel minder snel geïrriteerd te zijn, friet en chocolade eten en op de bank hangen met een wijntje, terwijl je iets aan je gewicht en je conditie wilt doen. Allemaal kortetermijndoelen en dingen die we op dat moment ook echt graag willen, maar die als we eraan toegeven, het behalen van de langeretermijndoelen belemmeren.

Dit is waarschijnlijk geen nieuw inzicht. We weten vaak wel dat het bereiken van langetermijndoelen inhoudt dat we soms kortetermijnpijn voelen die we zullen moeten ondergaan om ons 'echte doel' te bereiken. Dit inzicht lijkt echter niet voldoende te zijn om er ook naar te handelen. Vaak zeggen we het één te willen, maar vervullen we die korteretermijnwensen en laten we de langeretermijndoelen op dat moment voor wat ze zijn, waardoor het steeds moeilijker en soms zelfs onmogelijk wordt om ze te bereiken. Hoe komt dit? Dit komt omdat onze hersenen – alhoewel ze het vermogen zouden kunnen hebben om zich op lange termijn te richten – ons heel vaak de kortetermijnkant opsturen. Dat doen ze omdat dat door de eeuwen heen tot het meeste succes heeft geleid en succes is in dit geval makkelijk te definiëren, namelijk overleven (let wel, vroeger was de duur van overleven veel korter dan nu) en voortplanten. Om te overleven en voort te planten moesten we eten, drinken, spullen verzamelen, seks hebben, vaardigheden leren, veilig zijn en bij de groep horen, om de meest basale dingen te noemen.

Pijn en genot

In onze hersenen ontwikkelden zich door de tijd heen twee machtige krachten om ons de kant van al deze broodnodige zaken op te sturen: pijn en genot. De *genotnetwerken* in de hersenen werden (en worden) geprikkeld als we blootgesteld werden aan zaken die nodig zijn om te overleven en voort te planten (denk aan voedsel, spullen en seks). En de *pijnnetwerken* werden (en worden) geprikkeld als we een tekort hadden aan deze broodnodige zaken of als we aan dingen blootgesteld werden die gevaarlijk waren voor onze overleving, zoals vuur. Het is vrij eenvoudig. Als we eten, drinken, seks hebben of spullen verzamelen wordt het genotsysteem in onze hersenen geprikkeld, dat ons – het systeem heet niet voor niets zo – een lekker gevoel geeft, wat een goede motivatie is om te blijven eten, drinken, vrijen en verzamelen. Dit komt onze overleving en voortplanting ten goede. Hetzelfde geldt voor het pijnsysteem in de hersenen. Dat wat niet goed is voor de overleving, zoals niet-eten, niet-drinken, vuur, uitputting en het verlies van bezittingen, prikkelt het pijnsysteem in de hersenen. Dat geeft een onprettig gevoel en zorgt ervoor dat je dit soort dingen wilt vermijden (bijvoorbeeld vuur) of opheffen (bijvoorbeeld honger).

Nou is het bijzondere aan de pijn- en genotsystemen in je hersenen dat zij niet alleen geprikkeld worden door lichamelijke en materiële zaken, zoals seks, nieuwe schoenen, gebraden kip (alle genotsysteemprikkelend), een klap, vuur, verlies van spullen (pijnsysteemprikkelend), maar ook door sociale stimuli, zoals samenwerking, vertrouwen, vrienden (genotsysteem) of discriminatie, pesten, oplichting, verlies van een geliefde (pijnsysteem). Dit is niet verwonderlijk want dit soort sociale zaken draagt net als de meer tastbare en lichamelijke zaken ook bij aan overleven en voortplanten. Een prachtig mechanisme en heel handig om je te motiveren om te doen wat je moet doen om te overleven en je voort te planten.

Maar nu is er een probleem. Dit mechanisme werkte perfect in een tijd van schaarste (de tijd waarin het zich in miljoenen jaren ontwikkelde), in een minder complexe samenleving en voor een relatief korte levensspanne. Maar we leven ten aanzien van al dit soort dingen niet echt meer in tijden van schaarste, ook is de complexiteit van ons bestaan (denk bijvoorbeeld maar eens aan de belastingaangifte of je hypotheek) en onze levensverwachting enorm toegenomen. Drank, voedsel, spullen, seks – ze zijn over het algemeen overal, overvloedig en goedkoop in onze omgeving te verkrijgen en dat in een tijd die zo complex is geworden, zoals ik al in hoofdstuk 2, *De VUCA-wereld*, beschreef en waarin de levensverwachting zo hoog is dat langetermijnplanning steeds belangrijker is geworden.

De tegenstrijdige krachten die je vaak voelt en die samen te vatten zijn als 'wat ik wil bereiken, rijmt niet met wat ik nu wil doen', zijn dus heel goed te verklaren. De huidige wereld roept om langetermijnplanning om belangrijke doelen te bereiken (laten we dat de 'ik wil uiteindelijk'-kracht of 'ik wil echt'-kracht noemen), maar je hersenen sturen je door jarenlange vorming in andere tijden vaak een andere kant op (hierdoor ontstaat de 'ik wil nu'-kracht). Ze sturen je naar kortetermijnfijn, maar tevens naar langetermijnpijn. Dus we gaan vaak voor de alcohol en het patatje oorlog of de buurman, maar raken uiteindelijk verslaafd, worden te dik en raken onze partner kwijt. En nee, vat dit nou niet samen als 'ik wil wel maar ik kan dus niet', het is namelijk: 'ik wil wel maar het wordt me niet makkelijk gemaakt'.

Je voelt de bui al hangen, er is werk aan de winkel, want die tegenstrijdigheid in krachten lost zich niet vanzelf op. Het voelt op korte termijn bijna tegennatuurlijk om de cupcake of de buurvrouw te laten staan. Met andere woorden, je voelt een enorme aandrang om de cupcake te eten, omdat je hersenen je sturen naar vet, zout en suiker (of in het geval van de buurvrouw, naar seks). Deze voedingsstoffen, ik heb het over de cupcake, die altijd schaars maar belangrijk voor de overleving waren en gekoppeld zijn geraakt aan het genotsysteem, schreeuwen 'neem mij, neem mij!' Maar in deze tijd van vet-, zout- en suikerovervloed bijten ze met de doelen die meer passen bij deze complexe wereld en lange levensduur: slank en gezond zijn, dus de cupcake laten staan. Om deze nieuwe doelen te bereiken zullen we onze frontaalkwab, ons CEO-brein moeten ontwikkelen. Hoe we dat kunnen doen, leg ik in het 'ontwikkel'-deel van dit boek uit. En o ja, je snapt dat als je geen problemen hebt met een cupcakeje (of de buurvrouw) en als slank zijn dus niet je langetermijndoel is, dat de cupcake een metafoor is voor datgene wat jouw 'ik wil nu'-kracht is.

SCARF-model

Ik ga je zo vragen je belangrijkste 'ik wil nu kracht'-valkuilen te definiëren; dit is een verdere precisering van de obstakels en verleidingen die je op je weg naar het bereiken van je doel denkt tegen te komen. Je moet er bij deze definiëring op bedacht zijn dat je je belangrijke 'ik wil nu'-krachten ook moet zoeken in domeinen van sociale interactie. Zoals ik al eerder zei, gaat het bij overleven en voortplanten niet alleen om spullen, voedsel, drinken en seks, maar ook om allerlei belangrijke sociale variabelen. David Rock heeft de krachtigste van deze sociale variabelen heel mooi samengevat in zijn SCARF-model. SCARF staat voor Status, Certainty, Autonomy, Relatedness en Fairness.

- *Status*: Hoe belangrijk ben je ten opzichte van anderen, wat is de pikorde?
- *Certainty*: In hoeverre ben je in staat de toekomst te voorspellen?
- *Autonomy*: Ben je in staat om controle over dingen uit te oefenen? Heb je keuzes?
- *Relatedness*: In hoeverre voel jij je geaccepteerd door de ander en hoor je bij de groep?
- *Fairness*: In hoeverre worden jij en anderen eerlijk behandeld, althans wat is je beeld daarvan?

Rock relateert deze vijf sociale domeinen aan je pijn- en genotsystemen en ze bepalen in deze zin dus of je geneigd bent iets te doen of juist te vermijden. Hoe hoger je scoort met een actie op Status, Certainty, Autonomy, Relatedness en Fairness, des te meer je genotsysteem geprikkeld wordt en hoe eerder je geneigd bent om door te gaan met datgene wat jou die Status, Certainty, Autonomy, Relatedness en Fairness bezorgt. Hoe lager je met een actie scoort op Status, Certainty, Autonomy, Relatedness en Fairness, hoe eerder je geneigd bent de actie of het gedrag te laten of te willen vermijden. Deze vijf elementen van het SCARF-model geven vaak een heel goede verklaring waarom iemand iets wel of iets niet wil doen. Ze zijn ook een goede verklaring voor veel conflicten die er tussen mensen ontstaan. Als iemand iets doet waardoor de elementen van jouw SCARF aangetast worden, zet je je hakken in het zand. Doet of vraagt iemand echter iets waardoor die SCARF-elementen in waarde stijgen, dan ben je heel erg bereid om mee te werken. Denk maar eens terug aan een conflict dat je met iemand had. Ik durf te wedden dat de onderliggende oorzaak van het conflict verklaard kan worden omdat jij of de ander zich bedreigd voelde in zijn status, er getornd werd aan zekerheid of autonomie, of omdat jij of de ander zich buitengesloten of niet eerlijk behandeld voelde.

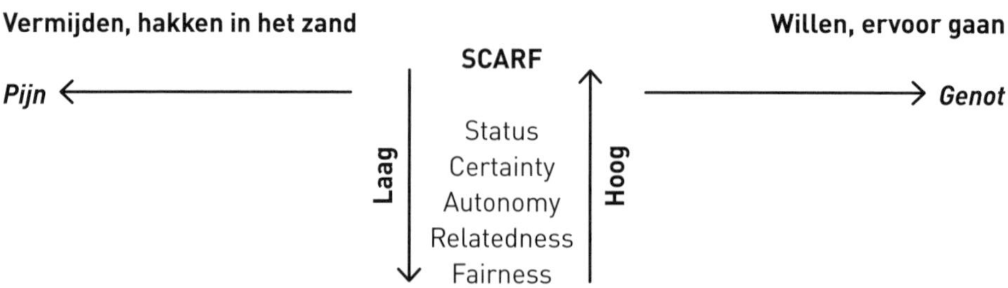

Het SCARF-model en de koppeling aan pijn en genot

Jouw valkuilen

INZICHT

Om je meer bewust te maken van de 'kortetermijnfijn maar langetermijnpijn'-valkuilen wil ik je vragen om de meest krachtige 'ik wil nu'-valkuilen voor jezelf te definiëren. Denk hierbij dus niet alleen aan de meest primaire krachten, zoals eten en seks, maar ook aan de elementen van het SCARF-model, zoals wat je allemaal doet om status te krijgen of erbij te horen – en misschien kun je voor jezelf nog wel heel andere sociale variabelen definiëren. Vraag je eerlijk af of je kortetermijnacties vaak worden ingegeven door Status, Certainty, Autonomy, Relatedness en/of Fairness en hoe deze je langeretermijndoelen in de weg kunnen staan. Laat je je bijvoorbeeld bij het kiezen om nog een biertje te drinken, leiden door groepsdruk in plaats van door je wens minder te drinken?

Of blijf je in die baan terwijl die je ongelukkig en ongezond maakt, omdat je niet bereid bent om status of zekerheid op te geven in plaats van je doel naar een gelukkiger leven na te streven? Ik geef maar enkele schoten voor de boeg.

Neem bij de valkuilen ook je wetmatige reacties in ogenschouw (uit hoofdstuk 4). Dit zijn de marshmallows waar we het eerder over hadden, maar nu uitgebreider en genuanceerder gedefinieerd. Zij zorgen er namelijk voor dat je nog voordat je met je ogen geknipperd hebt al in een 'ik wil nu'-valkuil bent gelopen.

Mijn langetermijndoel(en) is (zijn) ....

....

Mijn 'ik wil nu'-valkuil(en) ten aanzien van die doelen is (zijn) ....

....

Valkuil 'De kans op genot'

De kortetermijnkracht van genot wordt nog eens ongelooflijk versterkt door de misleidende kracht van de kans op genot. Dit wordt ook goed beschreven in het boek *De kracht van wilskracht* van Kelly McGonigal. Deze kracht van de kans op genot lijkt nog groter te zijn dan de kracht van het daadwerkelijke genot zelf. Hoe dat in elkaar steekt, weten we door een oud onderzoek dat in de jaren vijftig van de vorige eeuw uitgevoerd werd door James Olds en Peter Milner van de McGill University. Olds en Milner waren geïnteresseerd in het sturen van gedrag bij ratten door ze te straffen. Dit straffen geschiedde niet door de ratten hun lievelingseten te onthouden, maar door ze steeds kleine stroomstoten te geven via elektroden die direct in de rattenhersenen geplaatst waren. Olds en Milner hadden een keer voor hun onderzoek een elektrode geplaatst in de hersenen van een rat met de verwachting dat stimulatie van die plek in de hersenen voor een angstreactie bij de rat zou zorgen. Verrassend genoeg probeerde de rat van Olds en Milner de hersenstimulatie niet te vermijden, iets wat je verwacht als je een angstreactie oproept, maar leek het erop dat hij van alles probeerde om de stimulatie te krijgen. Hij keerde steeds terug naar de plek waar hij de stimulatie kreeg. Dit gedrag was zo sterk dat Olds en Milner de rat via de stimulatie in de hersenen gewoon leken te kunnen besturen als een *drone*. Wilden ze de rat in hoek A van een box hebben dan stimuleerden ze hem als hij die kant op liep en wilden ze hem in hoek B hebben dan hoefden ze hem alleen maar te stimuleren als hij een keer toevallig richting hoek B liep. De rat herhaalde het gedrag wat gekoppeld werd aan de hersenstimulatie.

Olds en Milner stonden voor een raadsel. Wat was hier aan de hand? Waarom zou een rat gedrag herhalen dat een angstreactie oproept? In het begin dachten de onderzoekers dat de stimulatie misschien nieuwsgierigheid opriep bij de rat, maar na wat speurwerk kwamen zij erachter dat ze de elektrode niet helemaal goed geplaatst hadden en dat die geen gebied stimuleerde dat een angstreactie opriep, maar een gebied dat bij stimulatie klaarblijkelijk een soort belonend gevoel veroorzaakte. Ze poogden hun idee met aanvullend onderzoek te onderbouwen. Ze plaatsen een zeer hongerige rat met een elektrode in het zogenoemde *genotcentrum* van de hersenen in een T-vormig doolhof met voedsel aan beide kanten van de bovenkant van de T. Normaal gesproken zou een hongerige rat meteen naar het voedsel lopen en zich te goed doen, maar als de onderzoekers de hersenen van de rat stimuleerden voordat hij het voedsel had bereikt, dan bleef de rat stokstijf staan en gaf hij de voorkeur aan hersenstimulatie boven voedsel.

Dit idee werd nog eens versterkt door vervolgonderzoek waarin Olds en Milner niet de baas waren over de stimulatie, maar waarin ratten zichzelf hersenstimulatie mochten toedienen door op een hendeltje te drukken. Ratten vonden de stimulatie klaarblijkelijk zo heerlijk dat ze het hendeltje bleven overhalen totdat ze er letterlijk van uitputting bij neervielen. In ander onderzoek bleek zelfs dat ze bereid waren zichzelf onder stroom te zetten tot hun poten verbrandden als ze maar hun genotcentrum konden stimuleren. Olds en Milner hadden duidelijk iets belangrijks ontdekt. Een prikkeling in de hersenen die klaarblijkelijk zo lekker was dat een rat er al het andere dat hij normaal gesproken lekker vond, met liefde voor opgaf (zie voor een filmpje YouTube[14]).

14 Bijvoorbeeld www.youtube.com/watch?v=aNXhyPj-RsM.

Ik wil genot, denk ik

Een aantal jaren later herhaalde psychiater Robert Heath het onderzoek van Olds en Milner bij enkele van zijn patiënten. Ook zij kregen een elektrode in het genotcentrum in hun hersenen en een zelfstimuleringskastje. En warempel, de patiënten gedroegen zich hetzelfde als de ratten. Ze bleven zichzelf maar stimuleren, weigerden ermee op te houden en gingen liever door met stimuleren dan dat ze hun hongerige lijven voedden. Maar werden de patiënten ook gelukkig van al dit ogenschijnlijke genot? Daar leek het niet echt op. Ze leken eerder op verslaafden die alsmaar iets nastreefden dan op gelukzaligen in tevredenheid.

Heel veel onderzoek volgde en door al dit onderzoek weten we nu dat Olds en Milner een deel van het beloningssysteem in de hersenen ontdekt hebben. Dit systeem, waarin *septale* kernen en de *nucleus accumbens* een belangrijke rol spelen, zorgt niet voor direct genot maar zorgt voor de verwachting dat er genot gaat komen. Juist, de verwachting dat er genot gaat komen. Bij deze verwachting zorgt de productie van dopamine[15] ervoor dat we gaan verlangen naar iets en dat we zullen proberen datgene waarvan we *denken* dat het ons genot zal geven, te krijgen. Stimulatie van het beloningssysteem door prikkels uit de buitenwereld, zoals de aanblik van gadgets, een melding dat we een bericht op Facebook of WhatsApp hebben, of een schaars geklede vrouw op een motorkap, richt onze aandacht op een *mogelijke kans* tot genot en zet ons zo aan tot actie waarvan we denken dat het ons het genot ook zal brengen. Deze reactie is vooral gekoppeld aan allerlei dingen die ons direct genot opleveren, zoals eten, spullen verzamelen, vrijen en drinken. Dat is niet voor niks. Al deze zaken zijn, zoals ik al eerder zei, belangrijk voor onze overleving en voortplanting en door de koppeling aan genot en het verlangen naar dit genot heeft de evolutie van de hersenen ervoor gezorgd dat we in actie willen komen als we blootgesteld worden aan dingen die ons helpen overleven en voortplanten. We hoeven daarna geen genot meer te voelen, want dan is datgene wat we moeten doen om voort te leven en voort te planten al gebeurd. Het doel is dus bereikt. Genot (of de kans op genot) is een middel, geen doel, al voelt het voor ons heel anders.

De tijden zijn veranderd

De belangrijke conclusie die we moeten trekken is dat waar we naar verlangen duidelijk niet altijd gelijkstaat aan genot, maar dat het verlangen wel een ongelooflijk sterk sturende kracht is. Het doet je dromen, anticiperen en ervoor willen werken maar het zorgt niet voor het genot zelf. Ook al ervaar je het verwachte genot niet of maar heel af en toe, je blijft toch steeds weer voor de kans op genot gaan. Die stimulatie van dat sterke verlangsysteem wordt dus getriggerd door

15 Dopamine is een neurotransmitter oftewel een stofje in de hersenen dat ervoor zorgt dat cellen met elkaar kunnen communiceren.

zo'n beetje alles wat we primair nodig hebben om te overleven. Eten, drinken, seks, veiligheid, bij de groep horen – noem het maar op. Het was een slinkse manier van de hersenen om ervoor te zorgen dat we in tijden van schaarste onze aandacht richtten op de kansen op deze voor de overleving zo belangrijke zaken en dat we ons er ook daadwerkelijk voor inspanden om deze dingen te bemachtigen. En dat mechanisme is dus nog steeds ijzersterk verankerd in onze hersenen. We zien iets dat te maken heeft met eten, drinken, seks, veiligheid, bij de groep horen en BANG, een dopamineshot in de hersenen richt onze aandacht, wakkert ons verlangen heftig aan en zet ons helemaal in de stand om er ook naar te handelen. De dopamineshot zorgt er ook voor dat onze kortetermijndoelen ineens veel belangrijker worden dan onze langeretermijnbelangen.

Héél lang geleden was dat handig want als je eindelijk eens vet, zout en suiker, de mogelijkheid op seks of een voordeeltje tegenkwam, was het vanuit voortplantings- en voortlevingsperspectief zeer functioneel er meteen op te reageren. Maar de tijden zijn veranderd. Tegenwoordig heeft zowat alles wat we zien te maken met de mogelijkheid tot eten, drinken, seks, veiligheid en bij de groep horen. Waar we ook gaan of staan, we zien vet, zout, zoet eten, halfnaakte lijven, mooie spullen en verleidelijke koopjes en andere dopaminestimulerende aandachttrekkers. In de supermarkt, op billboards, internetsites, de televisie, je telefoon, noem het maar op. Dit zorgt ervoor dat we net als de ratten van Olds en Milner en de psychiatrische patiënten van Heath voortdurend de mogelijkheid hebben om onszelf te stimuleren met een dopamineshot in ons verlangsysteem. We hebben het vaak niet eens door dat we eindeloos, ongecontroleerd, obsessief als een verslaafde op het hendeltje aan het drukken zijn. We werken ons kapot voor de kans op meer geld, meer spullen en meer status. We eten en drinken voortdurend te veel door de kans op genot bij iedere slok en hap. We blijven aan de (spel)-computer gekluisterd door de kans op een volgend level, seks, aandacht of een koopje. Het geluk lijkt erdoor binnen handbereik te komen. Niet dat dit alles ons echt gelukkig maakt, nee, dat weten we eigenlijk met iets langer nadenken ook wel. Als je er even bij stilstaat, ervaar je dat altijd maar iets moeten najagen heel waarschijnlijk zelfs als stressvol. Het houdt namelijk nooit op. Wanneer heb je je doel in dit najagen bereikt? En wat verlies je erdoor? Probeer dat eens te beseffen.

Ik ben niet zo naïef dat ik denk dat dit besef ervoor zal zorgen dat je je verslavingen en onhebbelijkheden meteen laat varen (die velen overigens niet willen toegeven, maar houd maar eens bij hoe vaak je op je smartphone kijkt om WhatsApp, e-mail, Facebook, Twitter of Tinder te checken of hoe vaak je iets eet of drinkt dat je liever wilt laten staan, of weer achter de computer zit, terwijl het echte leven aandacht vraagt). Maar wat ik wel weet, is dat kennis van dit krachtige mechanisme je in staat stelt om het te herkennen en dat stelt je weer in staat om er iets aan te doen en zo wat dichter bij je werkelijke doelen te komen. De doelen die je echt genot geven en helpen weg te blijven van verleidingen waar je van weg wílt blijven omdat ze uiteindelijk voor ongeluk zorgen. In deel II, *IK²: het EFFECT-programma*, van dit boek, ga ik je concreet leren hoe je deze dopamineshots kunt weerstaan.

We denken vaak dat dat wat we willen ons genot en zelfs geluk zal brengen en dat het dus de moeite waard is om ervoor te gaan. Sterker nog: we denken vaak dat het najagen van onze verlangens gelijkstaat aan gelukkig worden. Helaas is die gedachte niet waar en de discrepantie tussen dat wat je vaak verlangt en waar je voor gaat, en het gedrag dat leidt tot gezondheid en geluk, zorgt voor grote problemen.

INZICHT

Vervangend dopamineshot

Met deze opdracht krijg je meer inzicht in datgene wat een dopamineshot in je hersenen veroorzaakt. Iedere keer als je een onbedwingbare kortetermijnbehoefte voelt opkomen, probeer je na te gaan waar deze door veroorzaakt wordt:

- Heeft het te maken met werk, seks, eten, computers of je telefoon?
- Voelt het zo sterk dat je er meteen naar handelt of kun je het afwenden en je handelen op iets anders richten?

Een goede manier om je handelen op iets anders te richten, is de dopamineshot waar je eigenlijk aan wilt ontsnappen, vervangen door een andere dopamineshot. Bijvoorbeeld vet eten kopen vervang je door een uur in bad zitten, een gesprek met vrienden of dansen. Geef ook aan wat je stemming op het moment was en wat je handelen uiteindelijk heeft opgeleverd.

Dopamineshot door?	**Vervangen door?**	**Wat was je stemming?**	**Wat heeft je handelen opgeleverd?**

Valkuil 'Nu is moeilijker dan later'

De kortetermijnkrachten van pijn en genot lijken ook je denken over wat je wilt onmiddellijk te beïnvloeden. Als je nadenkt over wat je in de toekomst moet doen om je langeretermijndoel te bereiken, gaat dat bedenken van wat je moet doen en wat je dit allemaal oplevert, je heel makkelijk af. Bijvoorbeeld, als ik gezonder wil leven, kan ik beter zelf koken met verse groenten dan een prefab maaltijd halen of naar de snackbar gaan. Het eten zal niet alleen lekkerder zijn maar ook nog eens gezonder, gevarieerder en goedkoper. Allemaal logisch en positief. Echter, als het moment van eten is aangebroken en niet meer in het verschiet ligt en je na een dag hard werken hongerig thuiskomt, lijken je gedachten ineens wel radicaal veranderd en denk je niet meer aan gezond, gevarieerd en goedkoper maar komen er ineens gedachten op als: 'Zelf koken is vermoeiender want boontjes afhalen is zoveel werk', 'Het duurt langer want ook de aardappels moeten nog koken' en 'Ik heb gewoon een snelle hap verdiend na deze lange dag'.

Dat wat je echt wilde, gezonder leven, en datgene wat je moest doen om dat te bereiken leek makkelijk toen het moment van doen nog in de toekomst lag, maar bijna onmogelijk en zeker niet wenselijk nu je midden in het keuzemoment staat. Traci Mann, Denise de Ridder en Kentaro Fujita beschrijven dit mechanisme mooi in een overzichtsartikel. Ze beschrijven ook dat onderzoek laat zien hoe je je ertegen kunt wapenen. Als de verleidingen die je van je doel afhouden je in het gezicht staren, is het beter om ze te beschrijven op een abstracte manier. Bijvoorbeeld: dat frietje speciaal bevat geen groenten en lijkt niet op gesneden maar op gespoten friet en een frietje speciaal zit vol met vet en zout. In plaats van op een manier die doorspekt is met emoties: dat frietje speciaal ziet er echt overheerlijk uit en doet me watertanden. Je omschrijft datgene waar je een zwak voor hebt dus in koude termen (ontdaan van emotie) in plaats van in warme kenmerken (dus doorspekt met emoties). Denk hier nog even terug aan het verschil tussen warme en koude executieve vaardigheden en je begrijpt dat je het je met koude termen veel makkelijker maakt dan met het beschrijven van wat jouw 'ik wil'-kracht je op dat met influistert in warme termen. We noemen deze methodiek ook wel *cognitive reframing*.

Helaas lijken we eerder geneigd te zijn om het andersom te doen. Dus we wakkeren ons pijn- en genotsysteem extra aan door de genotprikkelende eigenschappen van de verleidingen of de pijnprikkelende eigenschappen van de dingen die we zouden moeten doen te benadrukken, in plaats van door ze met gedachten te verbinden aan onze langetermijndoelen. Dus je zou moeten denken: 'sporten zorgt ervoor dat ik gezonder leef, beter slaap en er beter uitzie en ik heb nog net een halfuurtje om het te doen. In plaats van: sporten is vermoeiend, ik heb geen zin om me om te kleden en die heerlijke zak chips met dat biertje is binnen handbereik en daar zal ik me er per direct goed door voelen'. Probeer dus in het vervolg als je het langetermijndoel ondermijnende krachten van pijn en genot voelt opkomen even een stap terug te doen en met woorden alles in een ander daglicht te plaatsen. Ik weet het, dit is ontzettend moeilijk, maar probeer het en blijf het proberen. Het zal je steeds makkelijker afgaan.

Valkuil 'Moral licensing'

Alsof de kortetermijnkrachten van verlangen en daadwerkelijk pijn en genot je het nog niet moeilijk genoeg maken, moeten we ook nog eens rekening houden met een andere sterke misleidende kracht die onze langetermijndoelen ondermijnt. Misschien heb je deze kracht zonder het te beseffen al aangewend toen je over het dopaminemechanisme las en je aan jezelf verantwoordde waarom het dopaminemechanisme toch zeker niet voor jou opgaat. De kracht die ik bedoel is *moral licensing* oftewel *morele rechtvaardiging*. Kelly McGonigal schrijft er onder andere in haar boek *De kracht van wilskracht* in het hoofdstuk 'Het recht om te zondigen' een hoop inzichtelijks over. Als ik enkele voorbeelden geef, weet je volgens mij precies wat ik bedoel nog voordat ik de wetenschappelijke uitleg over moral licensing heb gegeven.

Moral licensing gaat als volgt:

- 'Nee, ik hoef mijn afval echt niet te scheiden want ze gooien het bij de afvalverwerking toch weer bij elkaar.'
- 'Ik hoef geen energie te steken in huiswerk overhoren, spelletjes spelen of met de kinderen naar het museum gaan, want ze zijn zo lekker aan het spelen op de Xbox en al doen ze dat iedere dag een paar uur, ze voelen zich er fijn bij.'
- 'Ik heb de hele dag al nauwelijks gegeten, dus vanavond is een vette hap niet zo erg.'
- 'Ik geef niet meer aan goede doelen want ik heb gehoord dat alles toch aan de strijkstok blijft hangen.'

Je begrijpt het, moral licensing is het rechtvaardigen iets niet te doen wat je zou moeten doen, of om iets wel te doen wat je niet zou moeten omdat je vindt dat je al iets goeds hebt gedaan, of omdat je een reden kunt bedenken die sterker lijkt te zijn dan het goede te doen. Onderzoek laat ook zien dat er niet eens een verband hoeft te zijn tussen het goede dat je al gedaan hebt en datgene wat je jezelf nu toestaat onder de vlag van moral licensing. Ik kan mezelf rustig tevredenstellen met

’s avonds niet naar de sportschool gaan omdat ik de hele dag al hard heb gewerkt, zelfs als ik weet dat dat werken niets met gezondheid door sporten te maken heeft en dat het sporten me eigenlijk een beter gevoel zal geven dan op de bank zitten.

Het is zelfs zo dat de progressie die je maakt op weg naar een doel, bijvoorbeeld afvallen of een klus afmaken, vaak gebruikt wordt als moral licensing. Denk aan iets in de trend van: ik ben al drie kilo afgevallen dus dat patatje oorlog mag best wel. Dit wordt deels veroorzaakt door een proces dat Fishbach en Dhar *goal liberation* noemen. Je maakt stappen voorwaarts door het bereiken van je subdoelen, maar je hebt je uiteindelijke doel nog niet bereikt. Aan goal liberation ligt iets ten grondslag wat we al eerder hebben besproken, namelijk dat er heel vaak een spanningsveld bestaat tussen je uiteindelijke doelen en je kortetermijnverlangens. Ik wil afvallen maar ook chocoladetaart eten. Als je al effectief op weg bent met je langetermijndoel (afvallen), gaat de spanning daar een beetje vanaf en neemt de spanning ten aanzien van je kortetermijndoel (lekker chocoladetaart eten) vaak toe. De verleiding wint dus aan kracht, terwijl je echte doel aan kracht verliest.

Onderzoek van Ayelet Fishbach en Ravi Dhar laat zien dat mensen die succes definiëren aan de hand van hun subdoelen eerder zullen toegeven aan verleidingen die hun uiteindelijke doel ondermijnen als ze een subdoel hebben behaald. Echter, mensen die het behalen van hun subdoelen vertalen in termen van toewijding aan het hoofddoel zullen beter het einddoel in zicht houden en niet zo gauw zwichten voor verleidingen bij het behalen van subdoelsucces. Zeg dus niet tegen jezelf dat nu toegeven aan verleidingen schouderklopjes zijn voor wat je allemaal al goed hebt gedaan op pad naar je einddoel, maar vraag je af *waarom* je die goede dingen hebt gedaan. Door dit te doen zie je het behalen van subdoelen als bewijs voor je toewijding aan het hoofddoel, houd je dit hoofddoel voor ogen en zul je minder snel zwichten voor verleidingen.

Nadenken over iets goeds

Om het allemaal nog moeilijker voor je langetermijndoelen en makkelijker voor je instantbevredigingsbehoeften te maken hoef je, zoals McGonigal op basis van onderzoek schrijft, niet eens echts iets goeds te hebben gedaan om slecht gedrag daarna te rechtvaardigen. Alleen al het nadenken over iets goeds dat je zou kunnen doen – bijvoorbeeld geld geven aan een goed doel of je opgeven om het sporttoernooi mee te organiseren – zorgt ervoor dat je je eerder overgeeft aan gedrag dat je beter kunt laten, of iets laat wat je eigenlijk zou moeten doen.

Let dus voortaan goed op als je besluit iets niet te doen wat eigenlijk wel goed voor je zou zijn of besluit iets wel te doen wat je zou moeten laten. Is er misschien sprake van moral licensing? Ben je al zo tevreden met jezelf dat je automatisch het gevoel krijgt dat datgene wat je nu wilt echt wel kan? Als er in je hoofd zinnen opkomen in de trend van 'Deze keer kan het echt wel want ...' dan moeten de alarmbellen afgaan. Als je denkt moral licensing bij jezelf te signaleren, neem dan een paar seconden de tijd om na te denken en probeer je besluit opnieuw te nemen op betere gronden dan op basis van moral licensing. Zie in dat moral licensing een belangrijke kracht is die je echte doelen ondermijnt. Dat het een kracht is waar je actief tegenin moet gaan om te bereiken wat je wilt.

Ken jezelf: moral licensing

INZICHT

Probeer een dag lang (langer mag ook) te onderkennen waar je moral licensing gebruikt. Schrijf op wanneer je het gebruikt en waar je moral licensing voor inzet om toch te kunnen doen wat je eigenlijk niet zou moeten doen (bijvoorbeeld ik heb vandaag al gefietst, dus ik mag ongezond eten en drinken) of te laten wat je zou moeten doen (ik heb vandaag die collega met die klus geholpen en ik heb nu even (weer) geen tijd om aandacht aan mijn partner te besteden). Onthoud dat het tevreden gevoel dat je ervaart omdat je vindt dat je al iets goed hebt gedaan, niets te maken hoeft te hebben met het doelondermijnend gedrag waar je onderuit wilt komen.

Gebruikte moral licence	**Niet gedaan wat ik moest doen**	**Wel gedaan wat ik niet moest doen**

Valkuil 'Macht der gewoonte'

De laatste valkuil die ik wil beschrijven is de macht der gewoonte. Vaak behaal je bepaalde doelen niet omdat je niet het gedrag vertoont dat je moet vertonen om je doelen te bereiken, maar omdat je als een gewoontedier maar blijft doen wat je altijd al deed. Je wilt stoppen met snoepen, maar je hand graait al in de zak chips, je moet geld sparen, maar hebt het al weer aan allerlei niet direct noodzakelijke zaken uitgegeven, of je hebt besloten vanaf nu alleen nog maar de waarheid te zeggen, maar de eerste verdraaiing van de werkelijkheid is al weer uit je mond ontsnapt.

Het gaat bij macht der gewoonte in feite om de standaard S-R-ketens uit hoofdstuk 4 die in je hersenen zijn geslepen omdat je ze veel doorlopen hebt, maar die je doelen niet meer dienen. Het is bij dit mechanisme heel eenvoudig. Als je meer van hetzelfde doet, zul je meer van hetzelfde krijgen. Sterker nog, het wordt steeds moeilijker om bepaald gedrag niet te vertonen, of je nu wilt of niet. Augustinus zei het al: 'Een gewoonte die niet wordt weerstaan, zal al snel een noodzaak worden' (*Habitus non restitué facta est necessitas*). Het is dus zaak om die oude gewoontes, die je belemmeren, te doorbreken maar dat is veel makkelijker gezegd dan gedaan, want het probleem van een gewoonte is net dat je iets zo vaak hebt gedaan dat de netwerken in je hersenen die aan die gedachte, dat gevoel of dat gedrag onderliggen, versterkt zijn en daarom gaan bepaalde dingen je heel makkelijk af en zijn het net gewoontes geworden. De omgeving waaraan je jezelf blootstelt, speelt hier ook vaak een belangrijk rol in. Je ziet een bepaalde vriend en je denkt meteen aan alcohol, of je weet dat als je de vis van de visboer ruikt, je niet meer aan het kopen van vis lijkt te kunnen ontsnappen.

De truc is om je aan andere omgevingen bloot te stellen en om nieuwe gedachten, gevoelens en gedrag aan te leren. Omgeving, gedrag, gedachten en gevoelens die je doelen en succes ondersteunen. Zoals ik in het vorige hoofdstuk heb uitgelegd, kan dat omdat onze hersenen plastisch zijn. Het is al heel nuttig als je inzicht hebt in het principe van de macht der gewoonte en weet dat je die gewoontes kunt veranderen. Dus kijk nog even terug naar het lijstje van de standaard S-R-reacties dat je in hoofdstuk 4 hebt ingevuld en vul het hier eventueel aan met andere standaardreacties oftewel gewoontes, waarvan je voorziet dat ze jouw verandering en het bereiken van jouw doelen in de weg gaan staan. Om je alvast een voorproefje te geven op het ontwikkeldeel van dit boek, kunnen de apps Coach.me en Habit Streak Pro je helpen bij het creëren van nieuwe gewoontes.[16]

---

16 www.coach.me/
https://play.google.com/store/apps/details?id=uk.amimetic.habitspro

INZICHT

De macht der gewoonte

Schrijf hier de gewoontes op waarvan je kunt bedenken dat ze je doelen in de weg gaan staan.

Bijvoorbeeld: ik kom met honger uit mijn werk thuis, zie de keukenkast en loop er gelijk naartoe om wat zoutjes en zoetigheid achterover te slaan. Of, zodra ik in de auto stap, bedenk ik al hoe heerlijk het is om straks het bier aan mijn lippen te zetten en door te drinken totdat ik de scherpe kantjes van de dag niet meer voel. Of ik weet dat als ik eerst thuis ga koken en eten dat ik dan het huis niet meer uitga om te sporten, maar ik ben moe dus rijd ik toch eerst naar huis.

Doelondermijnende gewoontes ______________________________

____

____

____

____

____

Voor we verder gaan naar deel II is het nog heel nuttig om te weten dat er omstandigheden zijn die het zoeken naar instantgenot, het vermijden van pijn, het gebruik van moral licensing en het vervallen in oude gewoontes versterken. Onder deze omstandigheden vallen zo'n beetje alle omstandigheden die ervoor zorgen dat je moe bent. Denk aan omstandigheden en situaties die stress, angst, neerslachtigheid, schuldgevoelens of je miskend voelen oproepen. Denk aan multitasking en overbelasting, onzekerheid en optimaal moeten presteren, gediscrimineerd en gekleineerd worden, je zorgen maken en slecht slapen. Als je energie op is, gaat je prefrontale hersenschors, een energieslurpend deel van je hersenen, minder goed werken. Je overziet dingen minder goed, kunt je emoties minder goed reguleren en gaat eerder voor de korte dan de lange termijn.

Het effect van het gebruik van alcohol is ongetwijfeld bekend, maar nog steeds noemenswaardig. Alcohol vermindert het vermogen van je executieve vaardigheden per direct, zoals het onderdrukken van impulsen en het voor ogen houden van langetermijndoelen. Alcohol doet de invloed van je prefrontale hersenschors op de gebieden in je hersenen, die te maken hebben met beloning en emotie, verminderen zodat ze makkelijker hun krachten kunnen uitoefenen, met alle gevolgen van dien. (Ik zag laatst ergens een bordje hangen met 'Het gebruik van alcohol kan ongewenste zwangerschappen veroorzaken', wat ik een prachtige samenvatting vind van wat ik je hier wil uitleggen.)

Het gebruik van onze executieve vermogens om ongewenst gedrag te onderdrukken en onze langetermijndoelen voor ogen te houden kost behoorlijk wat energie. Als die energie op is, wordt het nog moeilijker om dit soort taken uit te voeren. En deze energie raakt op als we te veel voelen, moeten bedenken, onthouden of doen. Met andere woorden: als we overspoeld worden door taken en emoties. Houd dus voor ogen dat als je je boos, angstig, verdrietig, beschaamd, moe of gestrest en ellendig voelt, het risico nog groter is dat je toegeeft aan kortetermijnverleidingen, smoezen en slechte gewoontes die je langetermijndoelen ondermijnen.

Geen geruststellende smoesjes meer

Er zijn eerlijk gezegd nog veel meer valkuilen te noemen, maar ik heb gepoogd uit een hoop literatuur dat wat ik heel belangrijk vond hier samen te vatten, zodat je je daar in ieder geval tegen kunt wapenen. Eigenlijk komt het erop neer dat er veel krachten zijn die ons sturen naar kortetermijnfijn en langetermijnpijn. Het hebben van sterke executieve vaardigheden zorgt ervoor dat je op bepaalde momenten *zelf* kunt beslissen allerlei dingen te doen of te laten in plaats van dat allerlei primaire krachten dit voor jou beslissen. Nu zou je op basis van dit alles kunnen zeggen: 'Executieve vaardigheden *they suck the joy out of my life*. Ik mag niet meer drinken, roken, lekker eten, geld uitgeven, heerlijk seks met de buurvrouw hebben, te hard werken en mijn kinderen voor uren achter de spelcomputer zetten.'

Als dat je reactie is dan heb ik het misschien niet goed beschreven en zal ik het wat duidelijker zeggen:

Het bezit van executieve vaardigheden *don't suck the joy out of your life, they suck the drama, conflicts with yourself and others, failure and sickmaking habits out of your life.*

Hierdoor ontstaat er ruimte voor succes, gezondheid, ideeën en geluk. Je hoeft van mij dus niets te laten of te doen, vooral niet als je tevreden bent en je gelukkig voelt en anderen geen schade berokkent. *Do as you please.* Maar vraag jezelf misschien af of je echt doet wat je wilt doen, of dat je toch eigenlijk meer een speelbal bent die gestuurd wordt door allerlei niet gehanteerde krachten, maar dat je dit alles camoufleert door achteraf geruststellende, goedpratende smoesjes te verzinnen.

Mocht je bij jezelf dingen willen veranderen of mocht je bepaalde doelen voor jezelf of anderen willen bereiken en heb je daar moeite mee, dan zal de ontwikkeling van je prefrontale hersenschors en de ontwikkeling van de bijbehorende executieve vaardigheden je helpen die veranderingen te maken en die doelen te bereiken. Executieve vaardigheden helpen je je aan te passen aan de omgeving en vooruit te komen. Ze helpen je bij chaos en twijfel. Bij krachten die een stereotypische doch niet altijd even zaligmakende respons uitlokken. In het leven is er namelijk niet altijd een juist antwoord of een juiste reactie te geven. Het juiste is afhankelijk van je interne doelen en de buitenwereld en beide zijn heel vaak *niet* duidelijk (zelfs je eigen doelen niet) en ook nog eens aan verandering onderhevig. Executieve vaardigheden helpen je om om te gaan met onduidelijkheid en situatieafhankelijke waarheid. Ze helpen je te beslissen en voor deze beslissingen te gaan, maar ook om ze indien nodig aan te passen. Executieve vaardigheden helpen om veldafhankelijkheid (je helemaal laten sturen door prikkels uit de omgeving) en perseveratief gedrag (blijven hangen in gedrag, denken en voelen) tegen te gaan en te sturen naar *adaptive decision making* (adequaat op verandering kunnen reageren en situatieafhankelijke, juiste beslissingen kunnen nemen), om in meer psychologische termen te praten. Dus datgene te doen wat gezien de situatie het beste voor je is, niet alleen op korte termijn maar ook op langere termijn.

Het bezit van executieve vaardigheden maakt van de mens een bijzonder soort. Een soort die niet alleen het vermogen heeft het verleden in zich te dragen en het heden te ervaren, maar ook om de toekomst in ogenschouw te nemen en zelfs te bepalen. Deze mogelijke mix van verleden, heden en toekomst zal in combinatie met ontwikkelde executieve vaardigheden leiden tot een betere opleiding, een gezonder leven, betere relaties met zakelijke en privépartners, effectievere opvoedstijlen en, kort gezegd, tot meer succes, geluk, gezondheid en zinvolle bijdragen aan de wereld. Executieve vaardigheden laten jouw potentie en die van de wereld tot volle bloei komen. Het ontwikkelen van executieve vaardigheden zorgt voor IK^2.

‘The illiterate of the 21st century will not be those that cannot read or write, but those that cannot learn, unlearn and relearn.’

Alvin Toffler

goodreads.com

Inleiding DEEL II

In het vorige deel van het boek heb ik de achtergrond uitgelegd van de noodzaak van het ontwikkelen van de prefrontale delen van je hersenen en van de executieve vaardigheden die aan de werking van dit gebied van de hersenen gerelateerd zijn. In dit deel van het boek behandel ik methodieken waarvan wetenschappelijk bewezen is dat ze de prefrontale hersenschors en de executieve vaardigheden ontwikkelen. In sommige wetenschappelijke studies hebben de onderzoekers vooral naar de ontwikkeling van de prefrontale hersenschors en aanverwante structuren gekeken, en in andere onderzoeken voornamelijk naar de ontwikkeling van allerlei executieve vaardigheden. Ik heb beide soorten studies gebruikt. Ik heb ervoor gekozen om de methodieken te behandelen die een algemeen positief effect hebben op de ontwikkeling van de prefrontale hersenschors en op de executieve vaardigheden, en niet om aparte executieve vaardigheden te ontwikkelen. Ik heb dit gedaan omdat je hier in eerste instantie het meeste effect van zult ondervinden. Ze zorgen als het ware voor een betere default mode in je hersenen en je doen en laten.

Gezien ik dit boek geschreven heb met het oog op directe bruikbaarheid door de lezer, richt ik me in dit deel op de methodieken die je zelf kunt toepassen. Ik zal het achtereenvolgens hebben over *Enriched Environment, Flow Focus, Fixed Sleep Pattern, Exercise, Connect Today and Tomorrow* en *Time*. Deze methodieken vormen samen een programma en de eerste letters van de afzonderlijke componenten van dit programma vormen samen het woord EFFECT. Binnen ieder hoofdstuk zul je opdrachten tegenkomen die ik PFH-trainers oftewel PreFrontaleHersenschors-trainers noem. Deze opdrachten zullen een positieve invloed hebben op de ontwikkeling van je prefrontale hersenschors en de bijbehorende executieve functies.

Van sommige methodieken zul je niet gedacht hebben dat ze zo goed werken voor de ontwikkeling van de executieve vaardigheden en de hersenen, daarom roepen ze misschien wat weerstand op. Laat je je hierdoor niet belemmeren, probeer deze weerstand, zoals je in hoofdstuk 2, *De VUCA-wereld*, hebt geoefend, te herkennen en je eroverheen te zetten. Het zou echt zonde zijn als je deze methodieken niet in je leven toepast.

DEEL II

ONTWIKKEL IK^2: HET EFFECT-PROGRAMMA

Hoe kan ik mijn prefrontale hersenschors en de bijbehorende executieve vaardigheden ontwikkelen, zodat ik mijn doelen kan bereiken en succesvol zal zijn?

‘Man’s mind once stretched by a new idea, never regains its original dimension.’

Oliver Wendell Holmes

goodreads.com

Hoofdstuk 6 **Enriched Environment – Verrijk je omgeving**

In dit hoofdstuk leer je het belang van het stimuleren van je hersenen met interessante dingen en word je ter ontwikkeling van je prefrontale hersenschors aangezet om te doen wat je altijd al wilde doen.

INZICHT

Pingpongballen

De volgende ervaring vereist een klein beetje voorwerk. Je hebt nodig:
- een pingpongballetje,
- schilderstape of plakband,
- een mesje,
- een radio of telefoon.

Snijd het pingpongballetje doormidden en zet de radio of mobiele telefoon op ruis.[17] Ga ergens liggen waar het rustig is en plak vervolgens de halve pingpongballetjes met tape vast op je ogen, zodat je in de binnenkant van de halve balletjes kijkt. Wacht rustig af, het is het waard want na enkele minuten zul je iets bizars meemaken. Je zult roze olifanten zien, chocoladefonteinen en dansende criminelen om maar wat dingen te noemen die mensen zoal zagen bij dit experimentje. Het kan van alles zijn. Ik zal je nadat je het uitgeprobeerd hebt, de uitleg geven waarom dit gebeurt.

17 Bijvoorbeeld via www.youtube.com/watch?v=ldlh7OLIdV8.

Het experiment met de pingpongballen komt uit *The Boston Globe* en ik vind het geweldig. Het gebruikt de Ganzveld-procedure (Duits voor het gehele veld) waarbij de halve balletjes een homogeen gezichtsveld creëren. Door het homogene gezichtsveld en de ruis die je hoort via je radio of telefoon, krijgen je hersenen geen betekenisvolle zintuigelijke informatie binnen en daar kunnen ze niet tegen. Als gevolg hiervan gaan ze zelf maar van alles invullen – los van de werkelijkheid. En dat kan, zoals je net hebt ervaren, inderdaad van alles zijn.

Ik wil met dit experimentje duidelijk maken dat de hersenen snakken naar nieuwe ervaringen en naar informatie. Daar zijn ze volledig op gericht. Ontzeg je je hersenen dit dan kom je los te staan van de realiteit en kun je van alles ongefundeerds zien en gaan denken. Na deze uitleg kun je ook goed begrijpen waarom mensen, die geen nieuwe dingen doen of slechts eenzijdige informatie tot zich nemen, zulke rare ideeën kunnen hebben, maar ook waarom eenzame opsluiting en een stimulusarme omgeving zo verschrikkelijk zijn en soms gebruikt worden om mensen te martelen.

Omgevingsafhankelijke plasticiteit

Aan het eind van hoofdstuk 4, *Het recept voor succes*, heb je een stuk gelezen over neuroplasticiteit van de hersenen, oftewel het vermogen van onze hersenen om zich door blootstelling aan verschillende stimuli te blijven ontwikkelen en aanpassen. Er bestaan verschillende vormen van neuroplasticiteit, maar een belangrijke vorm is omgevingsafhankelijke plasticiteit.

Omgevingsafhankelijke plasticiteit betekent dat de hersenen zich op een unieke manier aanpassen aan de omgeving waaraan ze blootgesteld worden. Dit vormt een belangrijke basis voor de ontwikkeling van van alles en nog wat, en het geeft deels een goede verklaring voor de verschillen tussen mensen. Om je een voorbeeld te geven: alle gezonde hersenen hebben het vermogen om taal te ontwikkelen, maar welke taal je ontwikkelt, is afhankelijk van aan welke taal je wordt blootgesteld. De blootstelling aan een specifieke taal zorgt voor specifieke veranderingen in de hersenen die er weer voor zorgen dat je die specifieke taal, zeg Chinees in plaats van Frans, leert spreken en begrijpen. Zo ontwikkelen de hersenen van iemand die voetbalt zich anders dan die van een balletdanser en die van een kok weer anders dan die van een beurshandelaar.[18]

18 Zie voor uitgebreidere informatie: M.M. Sitskoorn, *Het maakbare brein*, 2006.

Lang heeft men gedacht, en sommige mensen denken dat helaas nog steeds, dat de hersenen hun structuur en functie niet kunnen aanpassen, of dat dit alleen maar kan tijdens een 'kritieke periode' in de jeugd. Nu weten we dus dat dat pertinent niet waar is en dat je hersenen zich je hele leven lang blijven vormen onder invloed van de toevallige omgeving en de dingen waar je je bewust aan blootstelt. De hersenen kunnen veranderen omdat er steeds nieuwe cellen aangemaakt worden (neurogenese), de tentakels (dendrieten) en uitlopers (axonen) van cellen groeien en vertakken en omdat er nieuwe verbindingen tussen cellen (synaptogenese) bijkomen. Er komt ook isolerende stof (myeline) om de tentakels en uitlopers van de cellen bij, hierdoor wordt de prikkeloverdracht tussen cellen verbeterd, er worden verbindingen gekapt (pruning) en de stoffen in de hersenen die voor communicatie tussen de cellen nodig zijn, neurotransmitters oftewel de chemische boodschappers, veranderen. Signalen kunnen sterker en zwakker worden, en verschillende cellen en groepen cellen kunnen krachtiger met elkaar gaan samenwerken of juist hun samenwerking afzwakken of beëindigen. Ook kunnen er nieuwe bloedvaten worden aangemaakt. Dit noemen we angiogenesis. Dit alles gebeurt ten goede en ten kwade, zoals ik al eerder schreef. En wat en hoe iets ontwikkelt, is afhankelijk van waar je je aan blootstelt. Het is eigenlijk vrij simpel. Dat wat je veel doet, denkt of voelt, ontwikkelt en zal je makkelijker afgaan en zul je eerder en vaker doen, of het nu gaat om schreeuwen, zingen, aan je geliefde denken of een taartje eten.

Het bewijs voor omgevingsafhankelijke plasticiteit bij mensen wordt door velerlei onderzoek geleverd. Zo liet Eleanor Maguire met haar collega's jaren geleden al zien dat het achterste gedeelte van de hippocampus, een structuur die onder andere belangrijk is voor het geheugen, het leggen van relaties en voor visuo-ruimtelijk inzicht, bij taxichauffeurs in Londen die heel veel kennis hebben van het stratenstelsel van Londen, groter is en dat die grootte samenhangt met de ervaring die ze als taxichauffeur hebben opgedaan. Een ander bekend onderzoek van Bogdan Draganski liet zien dat bij mensen die drie maanden besteden aan jongleren de hersengebieden die te maken hebben met de verwerking en opslag van complexe visuele bewegingen groter zijn dan bij mensen die niet leren jongleren. Als je stopt met jongleren, neemt deze volumetoename gaandeweg weer af. Dat dit niet alleen voor jongleren geldt maar waarschijnlijk voor alle nieuwe motorische vaardigheden, blijkt uit andere studies waarin mensen bijvoorbeeld leren golfen of aan aerobics doen. Ander onderzoek laat zien dat gebieden die belangrijk zijn voor somatosensorische en auditieve waarneming veranderen bij professionele muzikanten. Echter, schrijverskramp (handdystonie) is ook een gevolg van neuroplasticiteit omdat er negatieve aanpassingen plaatsvinden in de somatosensorische en motorische gebieden in de hersenen door het veelvuldig bewegen van de vingers op een bepaalde manier.

Negatieve gevoelens

Angst en verslaving worden ook in verband gebracht met plasticiteitgerelateerde veranderingen. Deze veranderingen lijken vooral op te treden in de prefrontale hersenschors en gebieden die meer gerelateerd zijn aan emoties. Aan de andere kant weten we ook dat je je bewust verzetten tegen negatieve gevoelens en gedachten, bijvoorbeeld met behulp van cognitieve gedragstherapie, de prefrontale hersenschors sterker maakt in het reguleren van de hersengebieden, die gerelateerd worden aan het ervaren van emoties. Hierdoor word je steeds beter in het neutraliseren van negatieve emoties en in het reguleren van je stemming. Dit is natuurlijk niet iets wat je maar even doet wanneer je negatieve gedachten hebt, maar het is wel goed te weten dat je de mogelijkheid hebt – bijvoorbeeld onder begeleiding van een cognitieve gedragstherapeut – om door anders te denken en te doen je hersenen anders te bedraden. Hierdoor ontwikkel je jezelf meer in de richting van hoe je wilt zijn, hoe je je wilt voelen en hoe je wilt doen.

Het bewijs voor omgevingsafhankelijke plasticiteit is eigenlijk te veel om op te noemen. Er is bijvoorbeeld nog aangetoond dat je hersenen veranderen door het leren noemen van kleuren, het trainen van ruimtelijke vaardigheden en geheugen, het leren van abstracte informatie, het leren van een nieuwe taal, werkgeheugentraining, meditatie, spiegelschrift leren lezen en morsecode leren ontcijferen enzovoort, enzovoort. De gouden regel lijkt te zijn dat je ontwikkelt wat je doet en waar je je aan blootstelt. Dat wat je laat en waaraan je niet wordt blootgesteld, ontwikkelt niet of raakt in verval. Hoelang je een precieze taak moet trainen om je te ontwikkelen en je hersenstructuur en functie te veranderen is onder andere afhankelijk van de taak en training zelf, van de kennis en vaardigheid die je al hebt en van je leervermogen. Hier zijn dus moeilijk algemene richtlijnen voor te geven.

Algemeen en specifiek verrijkte omgeving

We weten nu, in eerste instantie door onderzoek bij knaagdieren, dat een omgeving die rijk is aan dingen waar je van alles aan kunt ontdekken, waar je veel kunt bewegen en waar je sociale omgang hebt met anderen, dat zo'n omgeving, mits zij niet overweldigend is, goed is voor de hersenen. We noemen zo'n omgeving wel een *Enriched Environment*, ofwel een verrijkte omgeving. Een verrijkte omgeving en plasticiteit van de hersenen gaan hand in hand. De mens is gemaakt om nieuwe dingen te ontdekken, dat zorgt voor ontwikkeling van je hersenen en dus van jezelf en de wereld. Je zijn oftewel je doen en laten en de omgeving waaraan je jezelf blootstelt, bepaalt je brein en dat brein bepaalt op zijn beurt weer je zijn, dus je doen en laten en de omgeving waaraan je je blootstelt. Dit is een voortdurend proces waar je zelf veel invloed op hebt. Je bent en je wordt, terwijl je de omgeving gebruikt en creëert.

Je kunt een verrijkte omgeving zien als de omgevingsdrugs voor je hersenen.

Als je jezelf blootstelt aan een omgeving waar sprake is van een combinatie van *fysieke, sociale* en *cognitieve* prikkeling, dan noemen we dat een *algemeen verrijkte omgeving*. Je kunt echter ook jezelf blootstellen aan heel specifieke, cognitieve, sociale of fysieke uitdagingen waarbij je van tevoren gekozen dingen wilt ontwikkelen. In dat geval spreken we van een *specifiek verrijkte omgeving*. Ten aanzien van een specifieke verrijkte omgeving met als doel je prefrontale hersenschors te ontwikkelen, zijn wel wat richtlijnen te geven. Zo weten we dat je je prefrontale hersenschors vooral uitdaagt als je nieuwe inzichten verkrijgt, nieuwe ideeën leert, je logica oefent en je blootstelt aan abstracte informatie. Ook reflecteren op je eigen gedrag en het aangaan en onderhouden van sociale contacten, zijn goede dingen om je prefrontale hersenschors te stimuleren. Eigenlijk zou je alle spelletjes, uitjes, sporten enzovoort die een beroep doen op de twaalf executieve vaardigheden (hoofdstuk 3, p. 67) kunnen beschouwen als dingen die je prefrontale hersenschors stimuleren en ontwikkelen.

Wat verder nog belangrijk is om te beseffen is dat als je iets nieuws leert, als je jezelf uitdaagt en af en toe de lat wat hoger legt, dat dit niet alleen goed is voor de ontwikkeling van de hersenen, de vaardigheid zelf, maar mogelijk ook voor de plasticiteit van de hersenen an sich omdat het ook moleculaire veranderingen lijkt te veroorzaken. Zo lijkt het onder andere een positieve invloed te hebben op een proteïne in de hersenen (*brain-derived neurotrophic factor*), die een grote invloed heeft op het versterken van hersencellen, hun synapsen en neuroplasticiteit in het algemeen. Je blootstellen aan nieuwe informatie en het ontwikkelen van nieuwe vaardigheden zet tevens een soort cellen aan het werk die we *spindle-cellen* noemen. Dit soort cellen komt heel veel voor in de cingulate hersenschors en vormen allerlei verbindingen met de prefrontale hersenschors en de gebieden die emoties verwerken in de hersenen. Spindle-cellen slaan een brug tussen gedachten en emoties, hierdoor stellen ze je in staat om snel gefundeerde beslissingen te nemen in complexe situaties die emoties oproepen. Ze dragen dus bij tot het ontwikkelen van je warme executieve vaardigheden. Een verrijkte omgeving lijkt dus zowel positieve, structurele als biochemische veranderingen in de hersenen te veroorzaken. Veranderingen die ervoor zorgen dat je beter kunt functioneren en die ontstaan door het principe van neuroplasticiteit. Aan de andere kant lijkt een verrijkte omgeving niet alleen gebruik te maken van die neuroplasticiteit om voor ontwikkeling te zorgen, maar zelf ook weer een positieve invloed op de neuroplasticiteit van de hersenen te hebben.

Dat is al ongelooflijk belangrijk maar nog niet eens alles. We weten ook dat een verrijkte omgeving tegengas geeft tegen het verval van de hersenen bij het ouder worden. Onderzoek laat zien dat mensen, die zichzelf blootstellen aan cognitieve uitdagingen door scholing, hun werk, sociale activiteiten of activiteiten in hun vrije tijd (of een combinatie hiervan), beter gewapend zijn tegen cognitief verval en allerlei hersenaandoeningen. We spreken in dit geval wel van *cognitieve reserve*. Kortom, een verrijkte omgeving zorgt ervoor dat:

- je je hersenen en gedrag ontwikkelt;
- de neuroplasticiteit van je hersenen beter wordt;
- je beter gewapend bent tegen achteruitgang;
- je beter bestand bent tegen andere schadelijke invloeden op de hersenen door de tijd heen.

Cognitieve reserve opbouwen

Het is goed om te beseffen dat cognitieve reserve een actief proces is. Het is niet iets dat je hebt of niet hebt, maar iets dat je kunt opbouwen en onderhouden door je bloot te stellen aan een verrijkte omgeving. De volgende PFH-trainer zal je per direct helpen dat te doen. Dit is misschien wel de leukste opdracht uit het hele boek want hij vraagt je datgene te doen of te leren dat je altijd al hebt willen leren of doen.

PFH-trainer: Jezelf uitdagen

PFH

1 Bepaal voor jezelf iets wat

- je altijd al hebt willen leren of doen (maak gebruik van je intrinsieke motivatie);
- cognitief uitdagend en variërend voor je is;
- én waarvan je denkt dat je het kunt uitvoeren of kunt leren.

Het maakt mij niet zoveel uit wat het is, als het maar aan deze drie voorwaarden voldoet. Het mag leren schaken zijn of Arabisch leren zijn, die reis plannen en maken die je altijd al wilde maken of die nieuwe afzetmarkt verkennen, eindelijk dat nieuwe computerprogramma onder de knie krijgen, of tijd nemen om dat nieuwe product te ontwikkelen, interessante mensen ontmoeten of meer de achtergronden van het nieuws bijhouden. Als het maar om iets nieuws leren gaat. Als jij er maar warm voor loopt, er intellectueel moeite voor moet doen en het je uitvoerbaar lijkt.

2 Zoek vervolgens waar of hoe je datgene wat jij hebt uitgekozen, kunt leren of doen. Het leren kan via internet, een privéleraar, klassikaal of een boek, dat maakt allemaal niet uit. Geef je ergens op, abonneer je op iets, of koop het boek.

3 Besteed er vervolgens drie keer in de week een uur, of één keer in de week een halve dag aan. Wat jou uitkomt en wat voldoet. Meer mag natuurlijk ook. Ik hoor je nu denken, dat is wel heel veel tijd. Dat lukt me nooit, dat ga ik niet doen. Als je je inderdaad afvraagt waar je de tijd vandaan moet halen, houd dan eerst één dag bij hoeveel uur per dag je besteedt aan tv-kijken, gamen, facebooken, onzingesprekken en -vergaderingen, nutteloze briefjes invullen enzovoort en haal daar die 3 uur vanaf (dit zal je per direct al een beter gevoel geven).

Tip: Je prefrontale hersenschors wordt vooral uitgedaagd, zoals ik al eerder schreef, als je nieuwe inzichten verkrijgt, nieuwe ideeën hoort, je logica oefent, je je blootstelt aan abstracte informatie, nadenkt over jezelf of sociale contacten aangaat en onderhoudt.

Altijd al ______________________ willen leren/doen.

Dat ga ik nu op deze manier doen: ______________________

____

____

____

____

(Eventueel) uren gemiddeld per dag besteed aan tv-kijken, gamen, facebooken, enzovoort.

Maandag	___ uur
Dinsdag	___ uur
Woensdag	___ uur
Donderdag	___ uur
Vrijdag	___ uur
Zaterdag	___ uur
Zondag	___ uur
	-3 uur

4 Beoordeel vervolgens om te bepalen hoeveel frontaalkwabtraining er in de door jou uitgezochte activiteiten zit en in hoeverre deze activiteiten een beroep doen op de 13 eigenschappen op het wijsheid/succeslijstje (uit hoofdstuk 4, p. 97) en de 12 executieve vaardigheden (uit hoofdstuk 3, p. 67).

Activiteit: ______________________ ,

doet een beroep op de volgende eigenschap/vaardigheid:

		Niet	Beetje	Voldoende	Veel
1	Grit (toewijding aan iets)	☐	☐	☐	☐
2	Zelfcontrole	☐	☐	☐	☐
3	Energie/levenslust	☐	☐	☐	☐
4	Sociale intelligentie	☐	☐	☐	☐
5	Dankbaarheid	☐	☐	☐	☐
6	Optimisme	☐	☐	☐	☐
7	Nieuwsgierigheid	☐	☐	☐	☐
8	Prosociale waarden en prosociaal gedrag hebben	☐	☐	☐	☐
9	In staat zijn tot reflectie en zelfbegrip	☐	☐	☐	☐
10	Onderkennen van en kunnen omgaan met onzekerheid	☐	☐	☐	☐
11	Tolerant zijn	☐	☐	☐	☐
12	Spiritueel zijn	☐	☐	☐	☐
13	Gevoel voor humor hebben	☐	☐	☐	☐
14	Aandacht kunnen richten, vasthouden, verdelen en loslaten	☐	☐	☐	☐
15	Emoties kunnen reguleren	☐	☐	☐	☐
16	Flexibel kunnen zijn als dingen veranderen	☐	☐	☐	☐
17	Ongewenst gedrag kunnen onderdrukken	☐	☐	☐	☐
18	Taken en zaken kunnen starten	☐	☐	☐	☐
19	Dingen kunnen organiseren	☐	☐	☐	☐
20	Dingen kunnen plannen	☐	☐	☐	☐
21	Jezelf kunnen monitoren	☐	☐	☐	☐
22	Je werkgeheugen kunnen gebruiken	☐	☐	☐	☐
23	Een reëel zelfbeeld kunnen vormen	☐	☐	☐	☐
24	Het vermogen tot theory of mind hebben	☐	☐	☐	☐
25	Prosociaal gedrag laten zien (het belang van anderen voor ogen houden)	☐	☐	☐	☐

Wil je nog sneller je verrijkte omgeving opbouwen, dan heb ik hier ter inspiratie enkele voorbeelden van apps die je kunt gebruiken om je dagelijkse omgeving te verrijken. Zit er niets voor je bij (het zijn maar suggesties), typ dan op je telefoon een zoekwoord in dat bij je past en kijk of je zo een passende app kunt vinden. Suggesties zijn altijd welkom.

- Rijksmuseum-app
- Art Cast Museumgids
- Art: informatie over kunst en kunstenaars
- Drops: een vreemde taal leren
- Anki: een vreemde taal leren
- Wattpad: gratis boeken
- Bibliotheekapp
- De Luisterbieb: luisterboekapp
- Vogels in Nederland
- NOS-app
- Schaken
- Mastermind-app

De positieve kracht van je blootstellen aan een verrijkte omgeving is ongelooflijk sterk. Iedereen zou dit moeten beseffen en iedereen zou gebruik van deze kracht moeten maken. De negatieve gevolgen van jezelf niet aan een verrijkte omgeving blootstellen zijn groot. Denk nog maar even terug aan het experimentje met de pingpongballetjes. Misschien wordt het nog duidelijker als ik een parallel trek met de gevolgen van een lichamelijk inactief leven. Wie niet beweegt, doet zijn lijf tekort, gaat op allerlei fronten lichamelijk achteruit en is kwetsbaarder voor tegenslagen en ziekten. Wie intellectueel inactief is en zichzelf niet uitdaagt, oftewel wie geen gebruikmaakt van een verrijkte omgeving, doet zijn hersenen tekort en dus zichzelf. Niet alleen in het heden maar ook in de toekomst omdat je je niet ontwikkelt, geen reserve opbouwt en de wereld niet op een reële manier waarneemt.

Een verrijkte omgeving zorgt voor betere executieve vaardigheden, bescherming tegen verval van vermogens en veroorzaakt waarschijnlijk een verhoogde plasticiteit van de hersenen. Je zou een verrijkte omgeving ook wel *omgevingsdrugs* voor de hersenen kunnen noemen. Een stimulerend middel waardoor je beter gaat presteren. Het mooie van de methodiek van een verrijkte omgeving is dat zij op een kinderlijk eenvoudige en op een gelukkigmakende manier per direct toe te passen is. Je leeft namelijk al in een verrijkte omgeving: je hoeft alleen maar te kiezen en te doseren. In het volgende hoofdstuk vertel ik hoe je bewuster zelf kunt kiezen waar je je aan blootstelt en wat wel en wat geen invloed op je heeft. Ik ga het hebben over *Flow Focus*.

‘Any man who can drive safely while kissing a pretty girl is simply not giving the kiss the attention it deserves.’

Albert Einstein

brainyquote.com

Hoofdstuk 7 **Flow Focus – Geef richting aan de plasticiteit van je hersenen**

In dit hoofdstuk verneem je wat het ongelooflijke belang is van je aandacht, en leer je je prefrontale hersenschors en executieve vaardigheden te versterken met verschillende vormen van aandachttraining. Je leert je aandacht sterk te richten zonder stress te ervaren, zodat je op de belangrijkste momenten optimaal kunt presteren. We noemen dit: Flow Focus.

Woordenlijst

Je hebt 10 seconden om goed naar de onderstaande woorden te kijken.

ZUUR SNOEP SUIKER BITTER LIEF SMAAK

HONING RANJA TAND LEKKER KOEKJES

BRAAF TAART STROOP BORDJE IJS CHOCOLADECAKE

Welk(e) woord(en) kwamen niet in de lijst voor: suiker, smaak, zoet of boemerang?

De meeste mensen zullen boemerang hebben. Maar wie heeft zoet? Want zoet zit ook niet in de lijst. Ik wil je met dit testje laten ervaren wat aandacht onder andere doet.

Waar je aandacht door getrokken wordt, bepaalt je denken, je geheugen, je acties en nog veel meer. In de opdracht hierboven bepaalt het bijvoorbeeld dat je je dacht te herinneren dat zoet op het lijstje stond. Bepalen waar je je aandacht aan geeft, is een vaardigheid die onder andere bij de prefrontale hersenschors hoort en die je leven voor een groot deel vormgeeft. Het is een heel belangrijke vaardigheid, maar dat beseffen we over het algemeen niet. Ik zal het je in dit hoofdstuk verder uitleggen.

Je aandacht richten

Om nieuwe vaardigheden te kunnen leren en je hersenen te ontwikkelen, zul je je aandacht op iets moeten richten. Hoewel iedereen weet wat aandacht is, beseffen velen niet hoe belangrijk aandacht is voor wat je tot je neemt en wat je voelt, denkt, doet en ontwikkelt. Aandacht richten is echt een wondermiddel, een soort pokon voor je zijn (oftewel wat je nu denkt, voelt en doet) en voor je worden (oftewel hoe je je ontwikkelt en dus gaat denken, voelen en doen). Er wordt weleens gezegd 'alles wat je aandacht geeft groeit' en dat is ook echt zo. Dat komt omdat aandacht de plasticiteit van je hersenen stuurt. Aandacht geeft als het ware een signaal aan de hersenen: hé dit is belangrijk, hier moet ik iets mee. Hierdoor zetten de hersenen zich in om iets te doen met datgene waaraan aandacht geschonken wordt.

Ook dit geldt weer voor positieve en negatieve dingen. Veel aandacht geven aan iets waar je bang voor bent, bijvoorbeeld de kans dat je faalt bij een presentatie, zorgt ervoor dat die angst groter wordt en meer ruimte gaat innemen in je hoofd, je hart en je daden. Zoals ik al eerder aangaf, zullen de netwerken die ten grondslag liggen aan die angstige gevoelens meer en meer getraind worden en steeds sterker worden. Het angstig zijn zal dus letterlijk aan ruimte en kracht in je hoofd winnen en het angstig zijn zal je steeds makkelijker afgaan. Je aandacht verleggen naar bijvoorbeeld je voorbereiding op de presentatie of iets wat je ontspant, en dat zal in het begin veel vergen, zorgt ervoor dat dat zich ontwikkelt. Gaandeweg zal er minder kracht en ruimte zijn voor de angstige gevoelens en meer voor waar je bewust je aandacht op gericht hebt. Ik zal je in dit hoofdstuk methodieken leren die je hierbij helpen.

Aandacht activeert je prefrontale hersenschors en zorgt ervoor dat de basis gelegd wordt voor verandering en ontwikkeling in je hersenen en dus de verandering ten aanzien van je gevoelens, je denken, je vaardigheden en je gedrag. Er gebeuren elke dag 100.000 dingen waaraan je je aandacht zou kunnen geven. Overal je aandacht op richten is onmogelijk, dus moet je selecteren. Het *richten* van je aandacht is het zoeklicht, je aandacht houden bij iets zorgt voor het richten van je plasticiteit en dus voor jouw ontwikkeling. Jeffrey Schwartz noemt dit ook wel *zelfgerichte neuroplasticiteit*. Plasticiteit an sich heeft niet echt richting, het kan ervoor zorgen dat je iets positiefs of iets negatiefs ontwikkelt. Het is de aandacht die de richting geeft. Hoe meer aandacht je ergens aan besteedt en nog liever besluit ergens aan te besteden – want zo'n krachtig middel moet je niet uit handen geven – des te meer zal iets zich ontwikkelen en des te makkelijker zal iets je gaandeweg afgaan. Onthoud dus:

Actief aandacht ergens aan geven geeft richting aan neuroplasticiteit en vormt je hersenen, gevoelens en vaardigheden op de manier die jij voor ogen hebt.

PFH-trainer: Waar geef jij je aandacht aan?

Probeer je eens voor een dag bewust te zijn van waar jij je aandacht aan besteedt. Probeer dit niet alleen overdag te doen maar ook 's nachts als je wakker ligt omdat je misschien ligt te malen.

Wordt je aandacht vooral getrokken door prikkels uit je eigen lichaam, dus sensaties, gedachten en gevoelens, of meer door prikkels uit je omgeving, bijvoorbeeld beelden, geluiden en geuren?

Blijf je je aandacht geven aan de aandachttrekker?

Is dit positief of negatief?

Trek hieruit de conclusie of jij meester bent over je eigen aandacht en of jij je aandacht geeft aan datgene waar je het ook daadwerkelijk aan wilt geven, of dat je eigenlijk meer een marionet bent van allerlei interne en externe prikkels.

Aandacht getrokken door	Aandacht blijven geven ja/nee	Positief	Negatief

Ik ben meester over mijn aandacht ja ☐ nee ☐
Ik geef mijn aandacht aan datgene wat ik wil ontwikkelen of bereiken ja ☐ nee ☐

Waar wil je je aandacht aan geven? Probeer bewust bij te houden of je dat ook lukt.

Ik wil mijn aandacht geven aan ....

....

....

....

....

....

....

....

....

Prikkels van buitenaf

We noemen de aandacht die meteen getrokken wordt door prikkels van buitenaf ook wel *exogene aandacht*, automatische aandacht of stimulusgedreven aandacht. Deze vorm van aandacht wordt vaak getrokken door eigenschappen van een stimulus die meteen een beroep op je genot- of je pijnsysteem doen. Denk aan vet en zoet eten, het zien van de Xbox, die fijne man op de sportschool, of de angst iets belangrijks te missen, status te verliezen, oud te worden of bezit kwijt te raken. Deze aandachttrekkers ondermijnen vaak je langetermijndoelen. Ik definieerde aandachttrekkers als de 'ik wil nu'-krachten, die vaak sterker zijn dan de 'ik wil echt'- of de 'ik wil uiteindelijk'-krachten in hoofdstuk 5, *Valkuilen*. Je moet goed begrijpen dat al de verleidelijke 'ik wil nu'-krachten van nature automatisch je aandacht trekken. Zelfs als je dat niet zou willen. Ze prikkelen de evolutionair oudere, lagere systemen die dieper in de hersenen gelegen zijn, zoals de pijn- en genotsystemen. Daarom spreekt men ook wel van een bottom-upcontrole van de aandacht, oftewel van aandacht die gestuurd wordt door de prikkeling van lagere hersengebieden.

Nu heb je natuurlijk de mogelijkheid om je aandacht, nadat die eerst getrokken is, weg te dirigeren van de verleidelijke stimuli die je doel ondermijnen. Dit doe je door bewust je prefrontale hersenschors te laten werken. De prefrontale gebieden in de hersenen zijn evolutionair gezien jonger en staan meer onder bewuste controle dan de lagere gebieden. Ze kunnen ook een regulerende werking op de werking van deze lagere gebieden hebben. Daarom wordt deze manier van aandacht ook wel top-downaandacht, bewuste aandacht, executieve aandacht, doelgedreven aandacht of endogene aandacht genoemd. Deze vorm van aandacht stuurt bijvoorbeeld je aandacht bewust in de richting van dingen en informatie die je doel ondersteunen of die je ontspannen, maar je doel niet ondermijnen.

'Heavy multitaskers are suckers for irrelevancy.'

Clifford Nass

Je zoomt in op je doel, bijvoorbeeld het bereiken en behouden van een langetermijnrelatie, of dat nou een klant in de financiële sector of je partner betreft, en je zoomt uit op die fijne man op de sportschool of de snelle winst die je met malafide producten kunt behalen. Concreet betekent dit in het geval van de man op de sportschool: niet naar hem toelopen voor een praatje, maar eraan denken om vanavond je man mee uit te vragen voor de film en straks met je kinderen gaan voetballen. In het geval van kortetermijnwinstgevende producten in de financiële sector met desastreuze langetermijngevolgen richt je je aandacht op die langetermijneffecten en het ontwikkelen van nieuwe producten die de toets der tijd wel kunnen doorstaan. Zoom je niet in op je doel en zoom je niet uit op de marshmallow, dan zal de verleidelijkheid van de marshmallow, ofwel verleidingen, in dit geval de sportschoolman of de snelle winst, in kracht toenemen en wordt het steeds moeilijker om je niet door deze stimulus te laten leiden. Met andere woorden, om geen speelbal van deze sirenekrachten te zijn.

Dit uitzoomen op de verleidelijke krachten en inzoomen op je doel wordt ook wel het maken van een actiegeoriënteerde mindset genoemd, zoals Wilhelm Hofmann het in zijn overzichtsartikel beschrijft. Het hele proces wordt aangeduid als *goal shielding*, het beschermen van je doel. Vaak doen we echter net het omgekeerde. We richten onze aandacht op de snelle winst of de sportschoolman, waardoor we eigenlijk meehelpen onze doelen, die we voor onszelf hebben geformuleerd en waarvan we hebben aangegeven dat ze belangrijk zijn, te ondermijnen.

Wat misschien nog wel venijniger is, is dat zelfs het (blijven) denken, dus niet eens de daadwerkelijke blootstelling aan de voor ons verleidelijke stimulus, ons al zwakker maakt. Je moet je overigens niet schuldig voelen of je kwaad maken over de verstorende gedachten. Je moet ze ook niet proberen te onderdrukken. Dit maakt het richten van je aandacht alleen maar moeilijker en uiteindelijk zullen de verstorende gedachten vaker optreden in plaats van minder vaak. Leer te accepteren dat die gedachten nou eenmaal af en toe naar boven komen en leer vervolgens je aandacht te richten op iets anders, waardoor de spotlight van de verstorende gedachte afgehaald wordt. Hierdoor zullen ze minder sterk worden.

Multitasken

Nu is onze wereld niet van dien aard dat hij uitnodigt om gefocust te zijn op iets wat goed is voor je hersenen en je ontwikkeling. Aan de ene kant wordt onze aandacht voortdurend getrokken door dingen die ons kortdurend fijn maar langdurend pijn bezorgen. Verleidingen, zoals ongezond eten, alcohol, games, media en seks staren je letterlijk, of je wilt of niet, overal aan. Aan de andere kant worden we overspoeld met stimuli waardoor we onze aandacht, energie en acties verde-

Actief ergens aandacht aan geven geeft richting aan neuroplasticiteit en vormt je hersenen, gevoelens en vaardigheden.

len over van alles en nog wat. We noemen dit soms positief *multitasken*, maar het zorgt er in de huidige maatschappij steeds meer voor dat we verleren om langdurig aandacht te geven aan dat waar we onze aandacht aan moeten *geven*. En alleen nog maar goed worden in onze aandacht *verdelen*.

Alhoewel verdeelde aandacht, oftewel *multitasking*, nogal eens als een toverwoord wordt gezien, heeft het een prijs, letterlijk. Ik leg dit heel vaak uit want velen beseffen het niet en willen het niet geloven. Het is namelijk niet zo dat onze hersenen erg goed zijn in parallelle informatieverwerking. Ze doen vooral aan seriële informatieverwerking. En ook al heb je de illusie dat je allerlei dingen tegelijkertijd doet en goed uitvoert, in werkelijkheid voeren je hersenen niet alles tegelijkertijd uit maar switchen ze razendsnel steeds van de ene naar de andere taak. Tijdens deze switch neem je niet echt informatie op. Hierdoor word je minder efficiënt, zowel in de uitvoering, de kennisopname als de tijd die je nodig hebt om de verschillende taken goed uit te voeren. Clifford Nass van Stanford University verwoordt het mooi: *'Heavy multitaskers are suckers for irrelevancy.'* De hersenen van frequente multitaskers zijn continu gericht op vrijwel *alle* informatie uit de omgeving zonder nog de onbelangrijke informatie te kunnen negeren ten voordele van datgene wat er echt toe doet.

Je herinnert je nog wel de oefening Overvragen waarmee ik hoofdstuk 2 begon. Ik vroeg je toen om een 9 in de lucht te schrijven en met je voet een rondje te maken. Dat ging niet al te best. De uitleg voor dit fenomeen is niet zo moeilijk. Je vraagt gewoon op het moment dat je deze taak uitvoert te veel van je hersenen en daarom gaat de kwaliteit van een van de twee dingen die je probeert uit te voeren, achteruit. Als je nu heel hard oefent, kun je deze taak, gezien het vermogen van neuroplasticiteit van de hersenen, best leren. Maar vraag je wel af of je dit wilt, want je kunt je tijd maar één keer uitgeven en misschien beter aan iets anders besteden. Ik wilde je alleen maar even laten ervaren dat het niet zo is dat de hersenen makkelijk dingen tegelijkertijd doen, niet bij simpele taken als een rondje met je voet draaien en een 9 in de lucht schrijven, laat staan bij moeilijke taken als je auto door druk verkeer loodsen, terwijl je een zinvol telefoongesprek probeert te voeren.

En er is nog een nadeel van multitasken dat Robert Sapolsky heel duidelijk uit de doeken doet in zijn boek *Why zebra's don't get ulcers*. Door de eindeloze to-dolijst van vaak onbelangrijke dingen die door de nieuwe technologie zich voortdurend in ons leven opdringen, staan onze hersenen erg onder stress. Er is continu een gevoel van 'ik ben nog niet klaar', 'ik moet nog iets doen', 'dit is belangrijk, dit is urgent!'. Hiermee zetten we het stresssysteem in de hersenen voortdurend onder druk en daar is dat systeem niet op berekend. Het is een systeem dat zich ontwikkeld heeft om effectief te zijn bij korte acute stress. Bij een aanval van roofdieren, of om zich heen grijpend vuur of snel stijgend water. Het stressnetwerk zet je dan in de stand van Ren! Vecht! Let op! Verstop je! Stop hier al je energie in! NU! En als het gevaar geweken is, kun je weer tot rust komen. In ons huidige bestaan lijken we echter door van alles en nog wat voortdurend in een acute staat van paraatheid te moeten staan.

Chronische stress

Talloze wetenschappelijke onderzoeken hebben aangetoond dat die continue staat van paraatheid door prikkeling van het stresssysteem en de reactie van het lichaam daarop funest is. Het zorgt voor allerlei lichamelijke (zoals fysiologisch en neurologisch) en psychologische veranderingen. Niet alleen op de korte termijn gaat je hartslag en ademhaling omhoog, neemt de spanning in je spieren toe en wordt je mond droger, maar ook op de lange termijn zijn er effecten, en die zijn schadelijk. Zo kunnen bij chronische stress de cellen in je hippocampus sterven. De hippocampus is een hersenstructuur die onder andere belangrijk is voor je geheugen, maar hij speelt ook een rol in het emotienetwerk. Je ziet dus vaak bij mensen die aan chronische stress lijden dat hun geheugen slechter wordt en hun stemming vermindert.

De amygdala raakt door chronische stress supergevoelig. De amygdala is een structuur die belangrijk is bij emotionele reacties, waaronder angst. Door die overgevoeligheid worden mensen vaak nerveuzer en angstiger. Ze lijken voortdurend lange tenen te hebben en bedacht te zijn op aanvallen en te moeten handelen, wat zich in onze moderne maatschappij vertaalt naar denken dat er voortdurend iets belangrijks te gebeuren staat en op je hoede en in staat van paraatheid zijn. PING. Maar helaas gaat het in de Facebook-, Instagram- en appwereld vaak om totaal onbelangrijke dingen. Wel een bericht, maar geen echte informatie. Daniel Levitin spreekt van 'het ultieme lege-calorieënsnoepgoed voor de hersenen'. Maar zo voelt het niet. Je denkt dat er toch echt iets belangrijks gaat komen. Want die mogelijkheid is er altijd. Je aandacht blijft getrokken worden door bijvoorbeeld steeds een bericht via welk medium dan ook en je wordt inderdaad een *sucker for irrelevancy* en verliest de zo belangrijke vormende macht over je aandacht meer en meer. Multitasken is niet alleen slecht, het is soms ook handig, maar alleen als het taken betreft die niet je volledige aandacht behoeven. handig. Echter, probeer niet alleen maar te multitasken, maar ook je aandacht voldoende te blijven richten op een doel, want zonder die vaardigheid geef je de macht over je leven uit handen.

PFH-trainer: Zonder mobiele telefoon

Probeer eens een dag, of als je dat niet aandurft een halve dag, zonder je mobiele telefoon te functioneren (in ieder geval zonder WhatsApp, Facebook enzovoort, de telefoonfunctie mag aanblijven als het moet) en kijk wat dat met je aandacht doet.

Omdat je aandacht niet steeds getrokken wordt door allerlei kortetermijnafleiders, zal het vrijwillig richten en vasthouden van je aandacht, wat gerelateerd is aan het functioneren van je prefrontale hersenschors, meer de kans krijgen. Als je aan de veranderende situatie gewend bent, zul je zien dat je er rustiger van wordt, dat het je aandacht en geheugen verbetert en dat je zelfcontrole toeneemt.

Dit is een heel krachtige training, dus probeer haar niet meteen af te wijzen omdat je weerstand en out-of-your-comfortzonegevoelens ervaart. Kijk eventueel terug naar wat je hebt ingevuld bij de 'Uit je comfortzone'-oefening aan het eind van hoofdstuk 2 (p. 48) om ze hier te herkennen.

Prikkels van binnenuit

Je aandacht wordt niet alleen getrokken door prikkels van buitenaf (exogene aandacht), maar ook door prikkels van binnenuit. Dit kan gaan om honger en pijn, maar gaat vaak ook om allerlei gedachten of emoties die je aandacht trekken. Vaak is het zo dat het niet bij aandacht trekken alleen blijft, maar dat we onze aandacht ook niet meer los kunnen maken van die gedachten en emoties. We blijven peinzen, malen en hangen in negativiteit en in onze zorgen zonder onze aandacht nog te kunnen richten op informatie die ons uit onze vastzittende gedachten en emoties zou kunnen halen.

Falsificeren

De Engelse psycholoog Peter Cathcart Wason verzon een heel simpel testje dat ik kan gebruiken om onze neiging om te blijven hangen in dingen en alleen maar te zien wat onze gedachten rechtvaardigt en ondersteunt, duidelijk te maken. Het testje is, zoals Paul Tough in zijn boek *How children succeed* beschrijft en waar ik het ook vond, eigenlijk ontworpen om de neiging te bewijzen dat we vooral op zoek zijn naar ons gelijk in plaats van de waarheid te willen weten. Het is gebaseerd op het falsificatieproces van de Oostenrijkse filosoof Karl Popper. Popper stelde dat je alleen maar kunt testen of iets waar is door het tegendeel proberen te bewijzen. Mensen zijn echter niet zo goed in falsificatie, we zoeken over het algemeen naar bewijzen voor de dingen waar we al in geloven en niet naar dingen die het tegendeel kunnen bewijzen.

Getallenreeks

INZICHT

Je krijgt een reeks getallen te zien en je moet achterhalen wat de regel achter de reeks is. Dit kun je doen door mij een reeks van weer drie getallen te geven en dan zal ik zeggen of deze reeks voldoet aan de regel die je moet ontdekken.

2-4-6- ……………………………………………

1 Schrijf je eerste idee van een nieuwe reeks van drie getallen op om te testen welke regel er achter deze reeks zit. ……………………………………………

Als je een reeks hebt opgeschreven in de trend van 4-8-12 of 8, 10, 12, dan zeg ik: Ja, je reeks is volgens de regel.

2 Schrijf nog een reeks op volgens de regel waarvan je denkt dat hij achter de eerste reeks getallen ligt. ……………………………………………

Als je nu iets hebt opgeschreven in de trend van 20-22-24, dan klopt het weer.

3 Wat is de regel volgens jou? ……………………………………………

De meeste mensen zullen antwoorden dat de regel is dat het steeds een reeks getallen moet zijn die met twee omhooggaan of dat het een reeks getallen is van oplopende even getallen. Dacht je dit ook? En dacht je dat deze regel steeds bevestigd werd door mijn antwoord? Als dat zo is, zul je teleurgesteld zijn, want helaas, beide regels zijn niet goed. De goede regel is gewoon een oplopende reeks van getallen, dus 3-5-7 was ook goed geweest of 13-18-29 of 321-712-988.

Misschien is je reactie dat je dit flauw vindt, maar dat is het eigenlijk niet. Je hebt gewoon je regel getest door naar je gelijk te zoeken. Je had heel makkelijk achter de goede regel kunnen komen door een reeks te maken die niet voldeed aan de regel die je in gedachten had, dus door in plaats van een telkens met twee oplopende reeks van even getallen te geven, een reeks te geven die daar net niet aan voldeed. Of om in Poppers woorden te spreken: door te proberen je hypothese te falsificeren.

Echter, we zijn van nature niet tot falsificeren geneigd, maar tot confirmeren, bevestigen. We proberen overal bewijzen te vinden om aan te tonen dat wat we denken en voelen waar en terecht is. Hierdoor blijven we in dingen hangen en staan we niet open voor informatie die ons van onze eventueel foutieve gedachten kan afhelpen. Vaak belemmeren we onszelf zo in onze ontwikkeling en blijven we behoorlijk vastzitten in onze eigen kleine wereld. Als ik het zou moeten samenvatten, doe ik dat met een zin die ik ooit iemand in een bus hoorde zeggen: ‘Als je naar links kijkt, zie je rechts niets.’ Laat ik het nog wat verder nuanceren: als je naar links blijft kijken, zul je nooit zien wat er rechts ook allemaal voor interessants is en heb je maar een deel van de informatie om je mening, denken, voelen en doen op te baseren. Probeer de volgende keer dus bewust te kijken of er ook informatie is die het tegendeel aantoont van wat je denkt en voelt. Dit zal ervoor zorgen dat je niet vast blijft zitten in malen, maar dat je ook andere dingen kunt zien en beter kunt handelen.

Met de opdracht wilde ik aangeven dat wat je in je hoofd hebt, je aandacht bepaalt en dat deze spotlightaandacht je belet ook andere mogelijkheden te zien. Zoals ik al eerder uitlegde, groeit alles waaraan je aandacht geeft. Dus wie bijvoorbeeld blijft malen over zorgen zonder te handelen, of over datgene wat ooit is gebeurd en je negatieve gevoelens geeft, zal steeds moeilijker aan deze stress en zorgen kunnen ontsnappen, omdat ze steeds reëler lijken te worden. Tevens, als je je aandacht alleen maar kunt richten op datgene wat jou zorgen baart, zul je andere informatie die tot oplossingen kan leiden, niet meer zien. Ook in dit geval heb je net als bij de verleidelijke exogene aandachttrekkers niet de controle over

Meditatie
is direct
gerelateerd aan
de ontwikkeling
van je
executieve
vaardigheden.

je aandacht en word jij als het ware gecontroleerd door je aandacht. De volgende oefening is onder het motto van 'Kijk niet altijd naar links, maar ook eens naar rechts', een eenvoudige oefening om weer wat meer te leren waarnemen dan datgene wat je altijd al waarneemt. Zij is gebaseerd op een oefening uit het boek van John Arden, *Rewire your brain*.

PFH-trainer: Dagelijkse route

Neem een dagelijkse vaardigheid, zoals de kinderen naar school brengen of koffie halen en probeer je aandacht te richten op datgene waar je langskomt. Hoeveel dingen heb je nog nooit eerder waargenomen? Voer deze oefening wel veilig uit, dus bijvoorbeeld niet in de auto.

Door te proberen bewust aandacht te geven aan dagelijkse activiteiten of dingen die het tegendeel van je gedachten lijken te bewijzen, stimuleer je je prefrontale hersenschors en leer je je aandacht weer bewust te richten. Je leert op deze manier om dingen waar te nemen die je voorheen niet zag. Dit zal je helpen met het opnemen van informatie die belangrijk kan zijn en niet alleen met informatie opnemen waarvan anderen bepalen dat het belangrijk is, of die je al tot je beschikking hebt.

Meditatie

Ik heb je nu wat inzicht verschaft in je macht over je aandacht en wat makkelijke richtlijnen gegeven om meer meester over je aandacht te worden. Maar het kan nog beter. Uit veel onderzoek blijkt namelijk dat meditatie goed is om de aandacht te focussen. Ik ben altijd een beetje huiverig om over meditatie te beginnen. Want hoewel velen enige ervaring hebben met mediteren, doet het woord mediteren bij anderen de tenen krommen, omdat het vaak toch nog een zweem van zweverigheid met zich meedraagt. Als je dit laatste ervaart, loont het de moeite je daaroverheen te zetten, want de kracht van mindfulness en andere vormen van meditatie voor ons welzijn in het bijzonder, maar nog specifieker voor onze executieve vaardigheden en het ontwikkelen en functioneren van de prefrontale hersenschors, zijn wetenschappelijk bewezen (zoals je zo meteen zult zien). Meditatie is een term die veel soorten oefeningen en doelen omvat. Voor dit hoofdstuk is van belang dat er meditatievormen zijn die de *selectieve aandacht* verbeteren. Deze vormen van meditatie leren je je aandacht te richten op een specifiek object van je waarneming, zodat je je aandacht heel goed kunt richten op dingen die belangrijk zijn. Ook zijn er vormen van meditatie die een meer *open aandacht* bevorderen, zoals mindfulness. Je leert hier om je niet specifiek op een object te richten, maar om op een bewuste, niet-reactieve manier waar te nemen wat er van moment tot moment gebeurt. Dit helpt je om meer dingen te leren waarnemen en bijvoorbeeld niet vast te blijven zitten in bepaalde gevoelens en gedachten. Sommige meditatietechnieken bevorderen overigens beide vormen van aandacht.

Selectieve aandacht

De meditatietechnieken die de selectieve aandacht verbeteren, noemen we ook wel *focused attention meditation*. Antoine Lutz, van de Universiteit van Wisconsin heeft enige tijd geleden een mooi overzichtsartikel geschreven over selectieve aandacht en open-aandachttraining. Hij beschrijft daarin dat het selectief kunnen richten van je aandacht enorm belangrijk is voor doelgericht gedrag en dat er duidelijke overeenkomsten zijn tussen selectieve aandachtmeditatie en wat de cognitieve neurowetenschappen onder de noemer 'aandacht' verstaan. Om je doelen te bereiken moet je in staat zijn om je aandacht ergens op te richten, te blijven richten, te bemerken als je afgeleid wordt om vervolgens je aandacht los te maken van datgene waardoor je afgeleid werd en weer te richten op het object van keuze.

Delen van het prefrontale hersennetwerk spelen een rol bij al deze vaardigheden in samenwerking met andere delen van de hersenen. Mensen die al langer selectieve aandacht beoefenen, zo blijkt uit onderzoek, worden beter in het richten van hun aandacht op een specifiek object, terwijl er dingen zijn die hen kunnen afleiden. Zij vertonen veranderingen in de activatie van verschillende hersengebieden, waaronder de dorsolaterale prefrontale hersenschors en de superieure frontale sulcus. Het lijkt erop dat je in eerste instantie bepaalde hersengebieden meer activeert door deze meditatievorm, maar dat hoe langer je aan deze vorm van meditatie doet, des te minder moeite de hersenen hoeven doen en hoe minder deze gebieden geactiveerd worden. Er wordt dan wel gesproken over *moeiteloze selectieve aandacht*. Ook lijken geoefende selectieve aandachtmediteerders minder heftig op emotionele stimuli te reageren die hun concentratie kunnen verstoren. Lutz spreekt in dit geval over een verhoogd vermogen om automatische reacties te onderdrukken, iets wat heel handig is als je op je pad wilt blijven naar een doel, terwijl dat pad bezaaid is met marshmallows.

De kern van selectieve aandachtmeditatie is zoals Lutz in zijn artikel beschrijft:

- Je aandacht kunnen richten en vasthouden op een object naar keuze (bijvoorbeeld je ademhaling, maar uiteindelijk op alles wat het geven van je aandacht waard is en dit volhouden).

- Je bewust zijn van het afdwalen van je gedachten en van allerlei andere afleiders. Hiermee verbeter je je monitorvaardigheden, zodat je beter kunt waarnemen of je nog de juiste dingen doet om je doelen te bereiken.
- Je aandacht los kunnen maken van de afleidende stimuli en terugbrengen naar je object van keuze. Dit zorgt er uiteindelijk voor dat je minder last zult hebben van verleidingen, impulsief gedrag, denkpatronen die je storen en vervelende herinneringen. Bovendien zul je minder impact ondervinden van stimuli die negatieve emoties kunnen opwekken en minder in deze emoties blijven hangen, mochten ze toch opgewekt worden.
- De afleider cognitief in een ander daglicht zetten (bijvoorbeeld 'het is maar een gedachte', of 'het is niet erg als ik afgeleid word, als ik mijn aandacht maar weer terugbreng').

Al deze kernelementen zijn nodig om aan het soort langetermijndoelen te beginnen die je aan het begin van dit boek geformuleerd hebt. De volgende PFH-trainer traint al deze kernelementen en is gebaseerd op een oefening uit het boek *3 minuten meditaties* van David Harp.

PFH

PFH-trainer: Alleen maar tellen

Ga op een stoel zitten op een plek waar het rustig is. Zet je voeten plat op de grond, plaats je handen in je schoot en recht je rug. Zorg ervoor dat je gemakkelijk zit. Tel nu in gedachten elke inademing en concentreer je op de sensatie van je ademhaling, dus de lucht die je door je neus naar binnen zuigt en het opzwellen van je buik. Dus inademen 1... en daarna uitademen, weer inademen 2... en weer uitademen. Inademen 3..., inademen 4..., inademen 5..., enzovoort.

Probeer dit nu rustig te doen en je alleen maar op die ademhaling te richten. Oefen geen invloed op je ademhaling uit, dus niet sneller of langzamer gaan ademhalen. Gewoon alleen maar tellen. Start iedere keer weer bij 1 als je de tel kwijtraakt of als je merkt dat je aan iets anders denkt. Probeer niet te oordelen van het gaat goed of slecht. De eerste keer kwam ik niet verder dan 2. Gewoon opnieuw beginnen.

Je traint je meer en meer bij iedere keer wanneer je afgeleid bent, want het terugbrengen van je aandacht naar 1 is de perfecte training om je van afleiders los te maken. Voorts train je het monitoren van jezelf en je traint je werkgeheugen, want je houdt een doel voor ogen. Je traint dus je prefrontale hersenschors ten aanzien van allerlei executieve vaardigheden. Dus mochten er allerlei gedachten, verlangens, onrustgevoelens en ontsnappingszinnen naar boven komen, ruil ze dan in voor inademen en uitademen 1, inademen en uitademen 2, inademen en uitademen 3, inademen en uitademen 4 enzovoort.

Laat je, als je je aandacht probeert te richten niet afschrikken als je aandacht soms getrokken wordt door dingen en gevoelens waar je helemaal niet aan wilt denken, of die je helemaal niet wilt voelen (gebakjes, porno, een deadline, fouten die je gemaakt hebt, boosheid, afgunst, verdriet, noem maar op). Onderzoek laat zien dat het proberen te onderdrukken van deze gedachten over het algemeen averechts werkt (je kent vast wel de 'denk niet aan een roze olifant'-opdracht) en dat de gedachten in alle hevigheid zullen blijven oppoppen en je gedrag op een negatieve manier kunnen beïnvloeden. Laat gedachten waar je je aandacht niet aan wilt geven, gewoon oppoppen maar probeer er niet in te blijven hangen en ga door met je aandacht richten op iets anders. Veroordeel jezelf niet voor het blijven terugkomen van bepaalde gedachten en verlangens, maar probeer ze te accepteren en door te gaan met wat echt belangrijk voor je is. Hierdoor zal de kracht van dergelijke gedachten en gevoelens uiteindelijk afnemen.

Je kunt in principe elk ander object uit de opdracht vervangen voor je ademhaling. Zelf pas ik deze oefening altijd 's ochtends en 's avonds toe als ik mijn haren borstel. Borstel 1, borstel 2, borstel 3 enzovoort. Ik vond het in het begin ontzettend moeilijk om niet afgeleid te raken, maar ik moet zeggen dat ik het nu bijna moeiteloos doe en dat ik deze oefening ben gaan uitbreiden naar allerlei andere activiteiten, zoals het concentreren op de sensatie van het happen in een appel, of de ademhaling van de buurman tijdens een eindeloze vergadering, op mijn ademhaling tijdens een wortelkanaalbehandeling of op het tellen van de naden tussen de stenen in de muur achter degene die een slaapverwekkende presentatie geeft. Kies je eigen object van aandacht en breid de oefening uit naar andere momenten van de dag. Je zult zien dat het je steeds makkelijker afgaat en dat het ervoor zorgt dat je weer meer meester wordt over je selectieve aandacht, afleiders de baas wordt en je emoties ook beter onder controle krijgt. Hierdoor zul je allerlei dingen beter begrijpen, leren en bereiken op een manier die je meer voldoening in het leven zal geven.

De oefening die ik je hier hebt laten doen, is slechts een voorbeeld van alles wat mogelijk is. Er zijn allerlei apps voorhanden die je helpen met selectieve aandachtmeditatie. Je kunt ze makkelijk vinden in de appstore en op internet.

Je kunt selectieve aandacht gebruiken om de marshmallows in je leven de baas te worden. Door je aandacht te verplaatsen zullen de marshmallows minder sterk worden en minder effect op je hersenen hebben. In het begin zal het moeilijk zijn om je aandacht te verplaatsen, maar hoe vaker je dit doet, hoe makkelijker het zal worden.

PFH-trainer: Aandacht verleggen

Schrijf de marshmallows, ofwel de verleidingen, op die je verwacht op weg naar je doel tegen te komen. Als je aan een marshmallow denkt toe te gaan geven, terwijl je dat eigenlijk niet wilt omdat ze niet rijmen met je 'ik wil echt'-doelen, denk je iedere keer IK VERLEG MIJN AANDACHT. Vervolgens richt je je aandacht op iets anders, bijvoorbeeld het langetermijndoel, het lezen van een boek, een meditatieoefening of het bellen van een vriend.

Marshmallows ⟶ Aandacht verlegd naar

IK VERLEG MIJN AANDACHT

Open aandacht: mindfulness

Naast dat het nuttig is om selectieve aandacht te beheersen, is het – zoals ik al eerder schreef – ook heel goed om open aandacht te kunnen toepassen. Een van de methodieken die open aandacht bevordert, is mindfulness. Deze techniek wordt daarom ook wel *open monitoring training* genoemd. Mindfulness wordt over het algemeen omschreven als:

- Aandacht geven aan het moment door van moment tot moment waar te nemen zonder te oordelen. (In die zin moet je mindfulness dus niet als een training zien, omdat je bij mindfulness niet moet oordelen, dus ook niet hoeft te verbeteren.)

Mindfulness doet dus een sterk beroep op je monitorvaardigheden. Mindfulness leert je bewust te worden van allerlei sensaties, eigenschappen, gedachten en gevoelens en dat wat je waarneemt te accepteren en er niet in verstrikt te raken. Mindfulnesstrainingen beginnen vaak met een soort selectieve aandachtmeditaties om je geest kalm te maken en je te leren niet aan afleiders toe te geven. Deze meditaties worden uitgebreid en je leert meer en meer alles waarnemen zonder dat daaraan gelijk emoties gekoppeld worden en zonder dat je je aandacht plots richt op een van de dingen die je waarneemt. Je neemt bijvoorbeeld een irritant terugkerend geluid waar terwijl je zit te werken, maar het maakt je niet van streek en je kunt rustig doorgaan met waar je mee bezig was. Of je neemt waar dat je 's nachts aan allerlei problemen in je leven ligt te denken, maar in plaats van verstrikt te raken in je gedachten kun je ze laten gaan en sneller weer in slaap vallen.

Je mag bij mindfulness dus rustig benoemen wat is, bijvoorbeeld het geluid van een bellende collega terwijl je een mail typt, je zorg over de schoolprestaties van je kinderen, of de angst die je voelt om een bepaald gesprek aan te gaan, maar je kunt het accepteren en (ver)oordeelt het niet waardoor je minder stress zult hebben. Lutz omschrijft het verkrijgen van een 'helder reflexief bewustzijn' van wat er in je omgaat als een primair doel van mindfulnessmeditatie. Mindfulness ontwikkelt dus je zelfreflectie. Lutz geeft bovendien aan dat men ervan uitgaat dat het bewustzijn van wat er in je omgaat ervoor zorgt dat je eerder allerlei gewoontes kunt veranderen.

Bewezen effectief

Mindfulness is een vorm van aandachtmeditatie die haar wortels heeft in het boeddhisme en het is een bewezen goede executieve vaardigheidstraining, zoals vele onderzoeken laten zien. Het richt zich op gedachten, de gevoelens in je lichaam en je emoties. Mediteren werpt zijn vruchten af en er is zeker een manier van mediteren te vinden die bij je past. Eerst maar even kort wat wetenschappelijke achtergrond om je met nog meer inzicht te overtuigen, waarna je jezelf met slechts een korte inspanning met effecten mag overtuigen.

Onderzoek op het gebied van selectieve-aandacht- en open-aandachtmeditatie is goed samengevat in enkele overzichtsartikelen, zoals dat van Alberto Chiesa en collega's of van Martin Dresler en collega's. Onderzoeken naar de effecten van meditatie laten zien dat mensen die ervaring hebben met deze vorm van mediteren:

- cognitief flexibeler zijn;
- snel op hun fouten reageren zonder hiervan stress te ervaren;
- beter presteren op verschillende vormen van aandacht, zoals volgehouden aandacht en selectieve aandacht;
- efficiënter zijn in het gebruik van hun cognitieve vaardigheden, wat de mogelijkheid geeft om beter te presteren;

- beter zijn in adaptief doelgericht gedrag;
- een beter werkgeheugen hebben;
- creatiever zijn;
- beter in staat zijn hun emoties te reguleren;
- een betere algehele zelfregulatie hebben.

Mediteren is dus duidelijk direct gerelateerd aan de ontwikkeling van je executieve vaardigheden, maar deze lijst is niet uitputtend want de mediterenden kunnen ook nog eens beter omgaan met problemen in hun relatie, hebben minder vermoeidheidsklachten en mediteren lijkt de cognitieve achteruitgang, die optreedt bij het ouder worden, te vertragen. Er zit in deze lijst van positieve effecten ongetwijfeld een effect dat je kunt gebruiken of wilt verwezenlijken in je leven.

Als mensen die mediteren in de hersenscanner gelegd worden, zien we dat mediteren een positief effect heeft op de structuur en het functioneren van de prefrontale hersenschors, zoals op gebieden die betrokken zijn bij metacognitie en zelfreflectie. Ook andere hersengebieden, zoals de anterieure cingulate hersenschors, de basale ganglia, de hippocampus en de verbindingen tussen verschillende delen van de hersenen veranderen. Delen van bijvoorbeeld de prefrontale hersenschors, de hippocampus, de temporaalkwab en de insula worden dikker. Meditatietraining laat ook verbeterde verbindingen zien van bijvoorbeeld de anterieure cingulate, een gebied dat een belangrijke rol speelt bij het ontdekken van fouten en in het proces van zelfregulatie met andere delen van de hersenen, en de efficiëntie van dit netwerk neemt toe. Ook de werking van de hersenen ten aanzien van bijvoorbeeld pijn en emotieregulatie verandert ten goede, zodat men minder pijn voelt bij pijnlijke prikkels en beter wordt in het reguleren van emoties. Zoals ik al zei, gaan sommige gebieden beter samenwerken en worden gelijktijdig geactiveerd bij blootstelling aan bepaalde prikkeling (we noemen dat *coupling*), terwijl andere gebieden niet meer tegelijkertijd geprikkeld worden (*decoupling*).

Je denkt misschien: wat is daar het nut van? Maar dit laatste kan bijvoorbeeld nuttig zijn bij het niet meer oproepen van verlangens of stress als men aan bepaalde stimuli wordt blootgesteld, zoals vet eten, sigaretten of presenteren voor een groep. Ook zien we bij mensen die aan integrative body-mind training (IBMT) doen, een training waarvan mindfulness een onderdeel vormt, meer alpha-activiteit (8-13 hertz) in de hersenen tijdens rust. Dit effect treedt al na vijf dagen training op, met name in frontale hersengebieden. Een toename van alpha-activiteit tijdens rust wordt in de wetenschap vaak gerelateerd aan betere cognitieve vermogens, ontspanning, lagere gevoelens van angst en meer positieve gevoelens. Ook wordt er soms een toename in theta-activiteit gezien (4-8 hertz), activiteit die aan ontspanning gerelateerd wordt. De effecten die na een mindfulnesstraining worden gevonden, worden ook vaak na IBMT gevonden. Mindfulnesstraining zorgt ervoor dat er Flow Focus ontstaat. Een ontspannen toestand met tegelijkertijd een opperste vorm van alertheid.

De effecten ervaren van meditatie

Om de effecten van meditatie te ervaren, hoef je echt geen expert te zijn en jarenlang te trainen. Een paar maanden training is al heel effectief en zelfs een paar keer mediteren werpt al zijn vruchten af. Fadel Zeidan van de Wake Forest University School of Medicine in de Verenigde Staten toonde aan dat zelfs een vierdaagse meditatietraining ervoor zorgt dat je vermoeidheidsklachten verminderen en je stemming, je vermogen om angst te reguleren en je executief functioneren verbeteren. Na drie dagen training kon je zelfs al beter tegen pijn. Alhoewel korte trainingen al effect kunnen hebben, lijkt het over het algemeen zo te zijn dat hoe langer je traint hoe groter het effect zal zijn. Alberto Chiesa suggereert met zijn collega's in een overzichtsartikel dat bij gezonde mensen korte-termijnmindfulnesstraining geassocieerd is met het reguleren van emoties via een top-downmanier en dat mensen die langdurig mindfulness trainen hun emoties leren reguleren op een bottom-upmanier.

In het begin lijk je dus vooral je prefrontale hersenschors bewust te gebruiken om effect uit te oefenen op je lagere hersenstructuren om zo je emoties goed te reguleren. Met voldoende oefening worden lagere hersenstructuren die betrokken zijn bij het ervaren van emoties, zoals het limbische systeem zonder regulatie van de prefrontale hersenschors minder heftig geactiveerd, waardoor minder emotieregulatie vanuit de prefrontale hersenschors nodig is. Deze hypothese klinkt erg waarschijnlijk maar moet nog wel nauwkeuriger onderzocht worden.

Over het algemeen duurt een mindfulnesstraining acht weken en word je tijdens deze training gevraagd om een paar uur per dag te trainen. Gaandeweg leer je steeds meer om alles wat in en buiten jezelf omgaat waar te nemen en toe te laten, zonder dat je daarover oordeelt. Soms leer je aanvullend om dit vrijwel automatisch te doen, zodat je veel waarneemt en ook makkelijker oorzaak en gevolg van je gedachten en gevoelens kunt waarnemen. Dit is de basis van sommige therapieën tegen angst en verslaving.

Alhoewel mindfulnesstraining in het begin meer activiteit van je hersenen zal vragen, zul je door het vaker te doen steeds meer positieve effecten van de training ondervinden, zowel op gedrags-, denk- en emotieniveau als op het niveau van de structuur en het functioneren van je hersenen. Deze niveaus zijn natuurlijk aan elkaar gerelateerd. We zullen straks wat oefeningen doen om enkele positieve effecten te ervaren.

Het mooie aan mindfulness is dat je het altijd en overal kunt doen, zelfs als je dit boek leest of televisie kijkt. Zelf doe ik iedere ochtend een minuut of tien aan mindfulness en doe ik dat met behulp van een app. De volgende PFH-trainer is gebaseerd op een korte mindfulnesstraining die John Arden beschrijft in zijn boek *Rewire your brain.*

PFH

PFH-trainer: Waarnemen

Lees eerst de onderstaande tekst in zijn geheel door en probeer daarna de oefening uit te voeren.

Ga ontspannen zitten met dit boek in je handen. Neem waar wat je voelt. Voel je het gewicht van het boek in je handen? De textuur van de kaft? Adem rustig en diep in en uit. Wat neem je nog meer waar? Geluiden van buiten? Een geur misschien? Voel je je rug tegen de stoel? Je handen op je schoot? Je billen op de zitting? Je voeten op de grond?

Het kan zijn dat allerlei gedachten je hoofd binnenschieten. Dat is niet erg. Neem ze waar en laat ze voorbijtrekken als verkeer op een weg. Probeer ze niet te stoppen maar laat ze gewoon voorbijkomen. Ze geven je eigenlijk de perfecte kans om waar te nemen en te laten gaan. Neem waar, label (benoem dingen zoals ze zijn) en probeer niet te oordelen.

Voer nu de oefening uit.

Door je gedachten en gevoelens te benoemen en niet te oordelen, leer je dat je niet je gedachten en gevoelens bent, maar dat ze gewoon kunnen passeren zonder dat ze alles bepalen. John Arden en Jeffrey Schwartz beschrijven in hun boeken heel goed hoe je door je emoties en gedachten te labelen, te benoemen, leert om de negatieve werking van je amygdala, een gebied dat belangrijk is bij het ervaren van emoties waaronder angst, te controleren. Je benoemt de emotie die je waarneemt, bijvoorbeeld ik ben bang, en alleen al door het waarnemen en het benoemen maar er niet in te blijven hangen, zal de kracht van de emotie afnemen.

Door dit soort oefeningen te doen, versterk je de prefrontale hersenschors en ontwikkel je een open focus. Mindfulness is effectief tegen pijn, stress, angst, kwellende verlangens, dingen die je irriteren en depressie doordat het de controlerende werking van de prefrontale hersenschors op de gebieden die gerelateerd zijn aan pijn en emotie versterkt en je dus steeds minder speelbal wordt. Kortweg gezegd, versterkt mindfulness je prefrontale hersenschors en gerelateerde structuur en de executieve vaardigheden.

Om je echt te bekwamen in mindfulness kun je verschillende dingen doen. Je kunt een cursus bij je in de buurt volgen, erover lezen of je kunt, en dit doe ik zelf, iedere dag aan mindfulness doen met behulp van een app op je mobiele telefoon. Ik gebruik Headspace, een Engelstalige app, maar ik hoor ook positieve geluiden over *Buddhify*, de mindfulness meditation mental workout, die er ook in het Nederlands is. Voor degenen die nog steeds weerstand voelen tegen het idee van mindfulness is de F*ck That' Meditation-video[19] op YouTube misschien een optie om mee te beginnen (met heel veel scheldwoorden erin maar door sommigen als ontspannend en humoristisch ervaren). Anders heb je voor ideeën misschien wat aan deze websites.[20]

Als we alle effecten van open-focusmeditatie en open-monitoringmeditatietrainingen bekijken, kunnen we meteen verband zien tussen deze effecten en de lijst van de executieve vaardigheden, die aan de prefrontale hersenschors en aan succes zijn gerelateerd. In onderstaande lijst zie je welke executieve vaardigheden je met deze trainingen ontwikkelt:

1	Aandacht richten, vasthouden, verdelen en loslaten	☑
2	Emoties reguleren	☑
3	Flexibel zijn als dingen veranderen	☑
4	Onderdrukken van ongewenst gedrag	☑
5	Taken en zaken beginnen	☑
6	Dingen organiseren	☑
7	Dingen plannen	☐
8	Jezelf monitoren	☑
9	Je werkgeheugen gebruiken	☑
10	Een reëel zelfbeeld vormen	☑
11	Het vermogen tot theory of mind	☐
12	Prosociaal gedrag (het belang van anderen voor ogen houden)	☐

Flow Focus

Dit hoofdstuk heet Flow Focus. De term *flow* is vooral bekend geraakt door de onderzoeken en boeken van de bekende psycholoog Mihaly Csikszentmihalyi. De ideeën en trainingen die eraan ten grondslag liggen, vinden hun oorsprong in oosterse religies en denkwijzen. Onder flow, of *being in the zone*, wordt kortweg verstaan dat je volledig opgaat in een bepaalde activiteit. Je aandacht wordt volle-

---

19 www.youtube.com/watch?v=92i5m3tV5XY

20 www.bezielen.nl/de-tien-beste-apps-voor-meditatie-en-mindfulness/
www.iculture.nl/gids/mindfulness-apps-iphone-ipad/
www.digitalezorggids.nl/blog/de-12-beste-meditatie-en-mindfulness-apps-van-2014

dig op deze activiteit gericht en je ervaart tijdens het verrichten ervan een prettig en energiek gevoel. Je kunt op zo'n moment zelfs zo gefocust zijn dat je alles om je heen vergeet: de tijd, je zorgen, andere mensen enzovoort. Je hele wezen en energie is gericht op die bepaalde activiteit die je bij de uitvoering ervan in een flow-staat brengt.

Ik volg met de term Flow Focus hier niet helemaal de ideeën en beschrijvingen van flow van Csikszentmihalyi, die overigens erg interessant zijn en wie hier verder over wil lezen, verwijs ik graag door naar zijn boeken. Ik heb gekozen voor het woord Flow Focus, omdat ik hiermee de belangrijke kracht van het samengaan van twee elementen die ik heb behandeld, duidelijk wil maken, namelijk *focus* oftewel aandacht en *ontspanning*. Deze combinatie wordt ook weleens beschreven als flow, vandaar het woord Flow Focus. Nog wel even een kanttekening. Beter met stress leren omgaan en ontspannen zijn doet het vermogen van de prefrontale hersenschors toenemen. Zoals we in hoofdstuk 6, *Enriched Environment*, hebben gezien, is een beetje spanning niet slecht. Het hoort bij ontdekken en bij de lat hoger leggen. Een beetje stress helpt je bij keuzes maken, onthouden, ontwikkelen en verandering aanbrengen. Nooit een beetje spanning leidt tot verveling en onderprikkeling van de hersenen en daardoor tot het uitblijven van ontwikkeling. Het gaat hier om het vermijden van langdurige stress, want dat is zeer slecht voor de hersenen, zoals ik eerder heb beschreven. Dus langdurige stress moet vermeden worden en de dagelijkse doorsneestress gereguleerd.

De trainingen die ik hier heb beschreven, kunnen je enorm helpen je prefrontale hersenschors en de vaardigheden die eraan gekoppeld zijn, te ontwikkelen. Het volgende hoofdstuk behandeld de kracht van een andere prefrontale hersenschorsversterker, namelijk slaap.

‘If sleep does not serve an absolute vital function, then it’s the biggest mistake the evolutionary process ever made.’

Allan Rechtschaffen

Hoofdstuk 8 **Fixed Sleep Pattern – Ontdek de kracht van slapen**

In dit hoofdstuk leer je hoe je door 's nachts beter te slapen en door middagdutjes, je prefrontale hersenschors ontwikkelt en je executieve vaardigheden versterkt.

INZICHT

Middagdutje

Voor dit experiment zul je een geschikt moment moeten vinden. Wacht een dag af waarop je 's middags, dit zal zo rond 3 of 4 uur zijn, vastzit in je gedachten. Zoek een plek waar je even kunt liggen of leg bijvoorbeeld je hoofd op je armen op je bureau. Sluit voor een minuut of 20 je ogen. Je mag best in slaap vallen, maar als je denkt dat je langer dan 30 minuten in slaap zult vallen, zet dan een wekker. Open na je dutje je ogen, neem even de tijd om weer helemaal bij te komen en probeer te voelen wat dit middagdutje met je heeft gedaan.

Als het goed is, voel je je een stuk beter en kun je weer veel frisser door met waar je mee bezig was. Iets verderop zal ik verder op het onderwerp van een middagdutje ingaan.

We besteden ongeveer een derde van ons leven aan slapen. Dat is heel veel tijd. Tijdens al die tijd dat we slapen, zijn we ook nog eens enorm kwetsbaar omdat we niet echt waarnemen wat er om ons heen gebeurt en daar, indien nodig, zeker niet meteen adequaat op kunnen reageren.

Slaaptekort

De meeste mensen ervaren dat ze in een hectische wereld leven. Velen gaan te laat naar bed en moeten op tijd weer op voor kinderen en werk, waardoor ze te weinig slaap krijgen en gedurende de dag vermoeidheid ervaren. Voor anderen is het moeilijk om in slaap te komen door bijvoorbeeld zorgen en stress en velen worden tijdens de nacht één of meerdere keren wakker en ervaren moeite om enkele uren aaneengesloten te slapen. Mensen maken zich hier vaak zorgen over: vragen over slaap en over wat gezond slapen is, worden me ontzettend vaak gesteld. Tijdens lezingen merk ik verder op dat er ook een andere groep mensen is. Mensen die met enige trots duidelijk verkondigen dat ze nauwelijks slaap nodig hebben en daarin blijven volharden. Als reactie ga ik hierop in en leg uit dat voldoende slaap ongelooflijk belangrijk is en te weinig slaap duidelijk aantoonbare negatieve gevolgen heeft.

Onderzoeken tonen aan dat er negatieve veranderingen in de prefrontale hersenschors optreden na slaaptekort. Slaaptekort gaat ten koste van je zelfbeheersing, aandacht, geheugen en je beoordelingsvermogen. Je gaat meer perseveren en reageert trager. Vooral de warme executieve vaardigheden lijken er snel aan te gaan. Je hersenen raken eerder van streek bij alledaagse spanningen, stresshormonen nemen toe en de hartslagvariabiliteit neemt af. Je hebt vaak het gevoel dat je moet vechten of vluchten. Door slaaptekort nemen je lichaamscellen minder goed glucose op en glucose is de belangrijkste brandstof voor de hersenen. Vooral de prefrontale hersenschors heeft heel wat van deze energiebron nodig, wat kan verklaren waarom bij slaaptekort je executieve vaardigheden zo duidelijk afnemen. Ook neemt door slaapgebrek de plasticiteit van je hersenen af. Slaaptekort leidt tot een toestand die we, niet zo verwonderlijk gezien de gevolgen, *milde prefrontale disfunctie* noemen. Een toestand die we juist willen vermijden.

Het belang en de extra voordelen van slaap worden door het tempo en de eisen van de VUCA-wereld nogal eens onderschat. Heel veel mensen weten niet eens meer hoe het voelt om echt uitgerust te zijn, zelfs niet op vakantie omdat veel van de eisen van alledag daar gewoon via onze mobiele telefoon en laptop blijven doorgaan. Ook verstoren we ons natuurlijk slaapritme met zaken als koffie, alcohol, energiedrankjes en kunstlicht. Maar we hebben slaap net zo hard nodig om te overleven als eten en drinken. Slapen is niet alleen noodzakelijk om uit te rusten, maar het laat je ook beter cognitief functioneren. Met name ten aanzien van je aandacht, geheugen en executieve vaardigheden. Tevens heeft het een gunstige invloed op de plasticiteit van je hersenen. Door voldoende te slapen zul je de dingen, die je voordat je ging slapen hebt geleerd, beter onthouden. Maar dat geldt ook voor de dingen die je, nadat je geslapen hebt, nog moet leren. Slapen zorgt er bovendien voor dat je inzicht maar ook je beoordelingsvermogen toenemen. Ook zorgt slaap ervoor dat je creatiever wordt.

Siësta

Het slaaponderzoek heeft zich niet alleen beperkt tot slapen 's nachts, maar heeft ook gekeken of een middagdutje iets kan toevoegen aan je cognitieve vaardigheden. En ja hoor, lang leve de siësta! Maar dan wel kort en af en toe. Een kort middagdutje van minder dan een halfuur verbetert het cognitief functioneren op bepaalde vlakken extra en heeft ook nog eens een positief effect op je stemming. Sommige onderzoeken laten zelfs zien dat een dutje overdag van slechts 6 minuten al een positief effect heeft op je geheugen, alhoewel over het algemeen wordt aanbevolen om minimaal 10 minuten aan te houden. Verder is het aan te bevelen om tussen de middag niet langer dan een halfuur te slapen, want anders kan de siësta zelfs negatieve gevolgen hebben voor je cognitieve vaardigheden en gezondheid, zo toont onderzoek aan. Voorts is 's middags lang slapen niet bevorderlijk voor je nachtrust. Volgens overlevering waren Winston Churchill en Albert Einstein grote voorstanders van het middagdutje omdat het ervoor zou zorgen dat ze meer op een dag konden doen en beter konden denken. Hun ervaringen en uitspraken over het middagdutje worden nu bevestigd door onderzoek.

Mocht je ervaren dat de siëstatijd van een minuut of twintig te kort voor je is, dan slaap je 's nachts misschien niet genoeg en moet je dat eens in de gaten houden. Hoeveel profijt je hebt van slapen in de middag lijkt wel afhankelijk te zijn van of je een man of een vrouw bent, waar je je eventueel bevindt in je menstruatiecyclus en hoe gezond je bent. Vooral vrouwen in het midden van hun menstruatiecyclus en mannen ervaren een positief effect op de werking van hun geheugen door een middagdutje. Verder lijkt het zo te zijn, en dit klinkt wat tegenstrijdig, dat hoe gezonder je bent, hoe meer profijt je lijkt te hebben van je dutje.

PFH-trainer: Vaker dutten PFH

Breid de opdracht Middagdutje wat uit. Doe gedurende een maand twee keer per week een middagdutje van minimaal 10 minuten en maximaal een halfuur. Zet de wekker zodat je niet langer slaapt. Zo train je je hersenen om na een kort dutje wakker te worden en niet in een diepe slaap te vallen waaruit het moeilijk ontwaken is.

Hoeveel slaap je per nacht nodig hebt, is afhankelijk van onder andere je leeftijd en levensstijl. Om je een heel goede indicatie te geven, kun je in de volgende figuur opzoeken wat er voor jouw leeftijd wordt aanbevolen (en eventueel voor je kinderen). Er zijn gemiddelde, minimale en maximale slaapuren aangegeven. Deze aanbevelingen van de Amerikaanse National Sleep Foundation zijn op een grote hoeveelheid onderzoek en conclusies van experts gebaseerd, dus je kunt ze gerust heel serieus nemen.

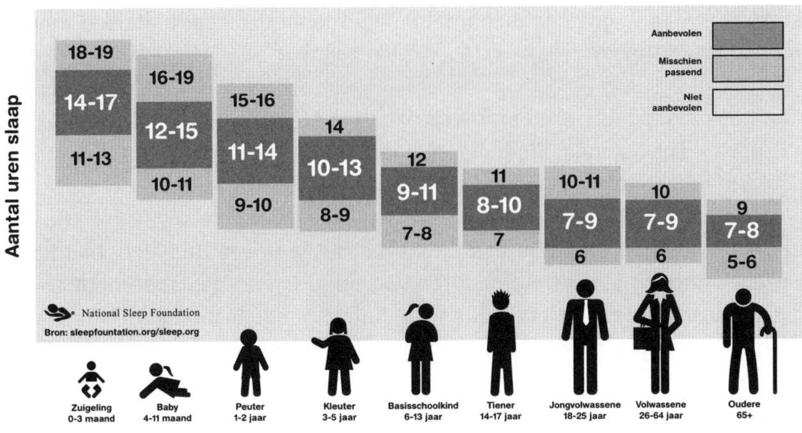

Aanbevolen uren slaap per nacht[21]

Slaappatroon

The National Sleep Foundation geeft verder aan dat het nuttig is om bij te houden hoe je je voelt bij de verschillende uren slaap per nacht. Je moet dus binnen de aanbeveling voor jouw slaapuren wat uitproberen en beoordelen en op basis daarvan je slaappatroon bijstellen.

PFH-trainer: Je slaappatroon vaststellen

Probeer over enkele weken wat verschillende tijdstippen van naar bed gaan en opstaan uit.

- Voel je je niet gelukkig, minder productief of moe?
- Ben je gestrest? Heb je een kort lontje?
- Val je al vroeg in de avond op de bank in slaap?
- Ben je tijdens het autorijden slaperig?

Mocht je op een van de drie laatste vragen 'ja' antwoorden, dan heb je waarschijnlijk wat meer uren per nacht nodig en moet je je slaappatroon bijstellen. Vijf uur slaap van goede kwaliteit per nacht wordt beschouwd als een absoluut biologisch minimum. Als

21 M. Hirshkowitz, The National Sleep Foundation's sleep time duration recommendations: methodology and results summary, Sleep Health (2015), http://dx.doi.org/10.1016/j.sleh.2014.12.010.

je vaker minder slaapt, ga je dat lichamelijk, emotioneel en cognitief goed merken, zoals hierboven beschreven is.

Er bestaan ook slaapdagboeken om je slaapgewoontes bij te houden en je inzicht in je slapen te geven. The National Sleep Foundation heeft er een op hun website staan maar er zijn ook slaapdagboeken te vinden op NGH.org en Thuisarts.nl.[22]

Als je dit niet wilt doen omdat je bang bent dat het je te veel tijd kost, houd dan eens twee weken bij hoe je je voelt na nachten waarin je korter geslapen hebt en nachten waarin je meer uren slaapt. Het invullen van het volgende lijstje neemt maar heel weinig tijd in beslag en geeft je toch enig inzicht.

Slaapdagboek

DAG 1	**Aantal uren slaap**			
	Stemming	☐ goed	☐ middelmatig	☐ slecht
	Energieniveau	☐ hoog	☐ normaal	☐ laag
	Geduld	☐ weinig	☐ normaal	☐ veel
	Gevoel van stress	☐ veel	☐ normaal	☐ geen
	Slaperig tijdens dag	☐ niet	☐ soms	☐ vaak
	Gebruik alcohol	☐ Soort		Aantal ....
	Gebruik cafeïne	☐		
	Ik vind dat ik goed geslapen heb	☐ ja ☐ nee		

DAG 2	**Aantal uren slaap**			
	Stemming	☐ goed	☐ middelmatig	☐ slecht
	Energieniveau	☐ hoog	☐ normaal	☐ laag
	Geduld	☐ weinig	☐ normaal	☐ veel
	Gevoel van stress	☐ veel	☐ normaal	☐ geen
	Slaperig tijdens dag	☐ niet	☐ soms	☐ vaak
	Gebruik alcohol	☐ Soort		Aantal ....
	Gebruik cafeïne	☐		
	Ik vind dat ik goed geslapen heb	☐ ja ☐ nee		

---

22 www.nhg.org/sites/default/files/content/nhg_org/uploads/standaard/download/slaapdagboek.pdf
www.thuisarts.nl/sites/default/files/slaapdagboek.pdf

DAG 3

Aantal uren slaap ______			
Stemming	☐ goed	☐ middelmatig	☐ slecht
Energieniveau	☐ hoog	☐ normaal	☐ laag
Geduld	☐ weinig	☐ normaal	☐ veel
Gevoel van stress	☐ veel	☐ normaal	☐ geen
Slaperig tijdens dag	☐ niet	☐ soms	☐ vaak
Gebruik alcohol	☐ Soort ______		Aantal ______
Gebruik cafeïne	☐		
Ik vind dat ik goed geslapen heb	☐ ja ☐ nee		

DAG 4

Aantal uren slaap ______			
Stemming	☐ goed	☐ middelmatig	☐ slecht
Energieniveau	☐ hoog	☐ normaal	☐ laag
Geduld	☐ weinig	☐ normaal	☐ veel
Gevoel van stress	☐ veel	☐ normaal	☐ geen
Slaperig tijdens dag	☐ niet	☐ soms	☐ vaak
Gebruik alcohol	☐ Soort ______		Aantal ______
Gebruik cafeïne	☐		
Ik vind dat ik goed geslapen heb	☐ ja ☐ nee		

DAG 5

Aantal uren slaap ______			
Stemming	☐ goed	☐ middelmatig	☐ slecht
Energieniveau	☐ hoog	☐ normaal	☐ laag
Geduld	☐ weinig	☐ normaal	☐ veel
Gevoel van stress	☐ veel	☐ normaal	☐ geen
Slaperig tijdens dag	☐ niet	☐ soms	☐ vaak
Gebruik alcohol	☐ Soort ______		Aantal ______
Gebruik cafeïne	☐		
Ik vind dat ik goed geslapen heb	☐ ja ☐ nee		

DAG 6

Aantal uren slaap ______			
Stemming	☐ goed	☐ middelmatig	☐ slecht
Energieniveau	☐ hoog	☐ normaal	☐ laag
Geduld	☐ weinig	☐ normaal	☐ veel
Gevoel van stress	☐ veel	☐ normaal	☐ geen
Slaperig tijdens dag	☐ niet	☐ soms	☐ vaak
Gebruik alcohol	☐ Soort ______		Aantal ______
Gebruik cafeïne	☐		
Ik vind dat ik goed geslapen heb	☐ ja ☐ nee		

Maak van goed slapen een punt hoog op je prioriteitenlijst

DAG 7

Aantal uren slaap ______			
Stemming	☐ goed	☐ middelmatig	☐ slecht
Energieniveau	☐ hoog	☐ normaal	☐ laag
Geduld	☐ weinig	☐ normaal	☐ veel
Gevoel van stress	☐ veel	☐ normaal	☐ geen
Slaperig tijdens dag	☐ niet	☐ soms	☐ vaak
Gebruik alcohol	☐ Soort ______		Aantal ______
Gebruik cafeïne	☐		
Ik vind dat ik goed geslapen heb	☐ ja ☐ nee		

DAG 8

Aantal uren slaap ______			
Stemming	☐ goed	☐ middelmatig	☐ slecht
Energieniveau	☐ hoog	☐ normaal	☐ laag
Geduld	☐ weinig	☐ normaal	☐ veel
Gevoel van stress	☐ veel	☐ normaal	☐ geen
Slaperig tijdens dag	☐ niet	☐ soms	☐ vaak
Gebruik alcohol	☐ Soort ______		Aantal ______
Gebruik cafeïne	☐		
Ik vind dat ik goed geslapen heb	☐ ja ☐ nee		

DAG 9

Aantal uren slaap ______			
Stemming	☐ goed	☐ middelmatig	☐ slecht
Energieniveau	☐ hoog	☐ normaal	☐ laag
Geduld	☐ weinig	☐ normaal	☐ veel
Gevoel van stress	☐ veel	☐ normaal	☐ geen
Slaperig tijdens dag	☐ niet	☐ soms	☐ vaak
Gebruik alcohol	☐ Soort ______		Aantal ______
Gebruik cafeïne	☐		
Ik vind dat ik goed geslapen heb	☐ ja ☐ nee		

DAG 10

Aantal uren slaap ______			
Stemming	☐ goed	☐ middelmatig	☐ slecht
Energieniveau	☐ hoog	☐ normaal	☐ laag
Geduld	☐ weinig	☐ normaal	☐ veel
Gevoel van stress	☐ veel	☐ normaal	☐ geen
Slaperig tijdens dag	☐ niet	☐ soms	☐ vaak
Gebruik alcohol	☐ Soort ______		Aantal ______
Gebruik cafeïne	☐		
Ik vind dat ik goed geslapen heb	☐ ja ☐ nee		

DAG 11

Aantal uren slaap ....

Stemming	☐ goed	☐ middelmatig	☐ slecht
Energieniveau	☐ hoog	☐ normaal	☐ laag
Geduld	☐ weinig	☐ normaal	☐ veel
Gevoel van stress	☐ veel	☐ normaal	☐ geen
Slaperig tijdens dag	☐ niet	☐ soms	☐ vaak
Gebruik alcohol	☐ Soort		Aantal ....
Gebruik cafeïne	☐		
Ik vind dat ik goed geslapen heb	☐ ja ☐ nee		

DAG 12

Aantal uren slaap ....

Stemming	☐ goed	☐ middelmatig	☐ slecht
Energieniveau	☐ hoog	☐ normaal	☐ laag
Geduld	☐ weinig	☐ normaal	☐ veel
Gevoel van stress	☐ veel	☐ normaal	☐ geen
Slaperig tijdens dag	☐ niet	☐ soms	☐ vaak
Gebruik alcohol	☐ Soort		Aantal ....
Gebruik cafeïne	☐		
Ik vind dat ik goed geslapen heb	☐ ja ☐ nee		

DAG 13

Aantal uren slaap ....

Stemming	☐ goed	☐ middelmatig	☐ slecht
Energieniveau	☐ hoog	☐ normaal	☐ laag
Geduld	☐ weinig	☐ normaal	☐ veel
Gevoel van stress	☐ veel	☐ normaal	☐ geen
Slaperig tijdens dag	☐ niet	☐ soms	☐ vaak
Gebruik alcohol	☐ Soort		Aantal ....
Gebruik cafeïne	☐		
Ik vind dat ik goed geslapen heb	☐ ja ☐ nee		

DAG 14

Aantal uren slaap ....

Stemming	☐ goed	☐ middelmatig	☐ slecht
Energieniveau	☐ hoog	☐ normaal	☐ laag
Geduld	☐ weinig	☐ normaal	☐ veel
Gevoel van stress	☐ veel	☐ normaal	☐ geen
Slaperig tijdens dag	☐ niet	☐ soms	☐ vaak
Gebruik alcohol	☐ Soort		Aantal ....
Gebruik cafeïne	☐		
Ik vind dat ik goed geslapen heb	☐ ja ☐ nee		

Er zijn ook allerlei slaapmonitors, zoals op Azumio.com of sleepcycle.com, die je op je telefoon kunt installeren om meer inzicht in je slaap te krijgen.

Gezond slapen

The National Sleep Foundation geeft verder nog enkele eenvoudige tips om gezond te slapen die ik met wat aanvulling van Nederlandse slaapwebsites heb verwerkt tot de volgende PFH-trainer. Deze tips zijn een betere en een langduriger oplossing dan slaapmedicatie.
Aan slaapmedicatie raak je gewend, zodat je steeds meer medicatie moet innemen om eenzelfde effect te bewerkstelligen. Tevens vertoon je ontwenningsverschijnselen als je met de medicatie stopt nadat je deze regelmatig gebruikt hebt. Je ervaart bijvoorbeeld dat je overdag duf bent en 's nachts slechts licht kunt slapen. Het gebruik van slaappillen moet je altijd langzaam afbouwen. Voor meer informatie kun je slaapwebsites bekijken of je huisarts raadplegen.[23] Mocht je echt langdurig aan slapeloosheid lijden of zorgen blijven houden over slaap, neem dan sowieso contact op met je huisarts.

INZICHT

Gezond slapen

- Maak een *vast slaapschema* en houd je daaraan. The National Sleep Foundation zegt nadrukkelijk óók in het weekend, hoe moeilijk dit ook zal zijn. Je slaapt namelijk volgens een bepaalde biologische klok en je verstoort die klok als je geen vast slaapschema aanhoudt. Een beetje uitslapen, zeg een uur of anderhalf uur, kan weleens, maar vaak en heftig je biologische klok verstoren, kan een oorzaak zijn van slecht slapen.
- Integreer een *bedritueel* voor het slapengaan waardoor je ontspant. Wat je doet maakt niet zoveel uit, als je er maar door ontspant. Doe bijvoorbeeld een drie-minutenmeditatieoefening of een van de oefeningen die ik aan het eind van dit hoofdstuk uitleg.
- Doe liefst iedere dag aan *sport* (op het belang hiervan kom ik terug in het volgende hoofdstuk). Drie tot zes uur voordat je naar bed gaat, is een goed tijdstip want dan heb je nog voldoende tijd om je lichaam tot rust te laten komen.
- Zorg dat het *rustig in je slaapkamer* is (doe desnoods goede oordopjes in). Vermijd geluiden die nieuw zijn en die zich niet herhalen. Dit soort geluiden wekken meteen de aandacht in de hersenen en zorgen ervoor dat je alert wordt – iets wat je niet wilt zijn tijdens het slapen.

---

23 http://sleepfoundation.org/how-sleep-works/how-much-sleep-do-we-really-need https://sleep.org/
http://educatie.ntr.nl/beterslapen/index.jsp?nr=574728
www.dokterdokter.nl/gezond-leven/psyche/10-redenen-om-meer-te-slapen/

Ben jij zo iemand die vindt dat hij echt nog goed functioneert bij slaaptekort, bedenk dan hoeveel beter je kunt functioneren en hoeveel beter je je zou voelen bij voldoende slaap.

- Zorg dat het *donker* genoeg is en dat het *niet te warm* is. Licht en temperatuur beïnvloeden je slaapritme: normaal gesproken neemt het licht af en gaat de temperatuur omlaag als het tijd wordt om te gaan slapen. Als je overdag genoeg beweegt, reguleert je lichaam je lichaamstemperatuur ook tegen het slapengaan beter, wat goed slapen ten goede komt.
- Zorg dat je *lekker ligt*, dus zorg voor een goede matras en een goed kussen. Laat je zo nodig adviseren.
- Drink enkele uren voor het slapengaan *geen koffie en alcohol*. Hoewel alcohol er misschien voor zorgt dat je sneller in slaap valt, zorgt het er ook voor dat je gedurende de nacht wakker wordt, want het leidt tot een verminderde diepe en een verminderde remslaap. Vlak voor het slapengaan nog iets drinken (thee, water) zorgt er ook voor dat je 's nachts eerder ontwaakt omdat je moet plassen.
- Eet geen *zware kost* vlak voor het slapengaan, maar ga ook niet met honger naar bed. Zware kost geeft je een onprettig gevoel en kan je energieniveau verhogen. Honger voelt ook niet fijn en kan je daardoor wakker houden.
- *Slaap niet te veel overdag*, want dan heb je 's avonds en 's nachts niet meer genoeg slaap.
- *App, game enzovoort niet meer* vlak voor het slapengaan. Het licht, vooral blauw licht dat het zonlicht imiteert, verstoort je biologische klok en deze activiteiten gaan vaak gepaard met verhoogde activatie van je hersenen en daardoor met alertheid en onrust.
- Als je gespannen bent, doe dan voor het slapengaan wat *ontspanningsoefeningen*, zoals in hoofdstuk 7, *Flow Focus*, zijn uitgelegd. Ook sporten zorgt ervoor dat je ontspant. Een warm bad zal ook helpen en zorgt er meteen voor dat je lichaamstemperatuur na het bad afkoelt.
- Gebruik je bed voor slapen en seks en voor het lezen van een ontspannend boek. Gebruik je bed niet als een soort kantoor of huiskamer. Je wilt *associaties* leggen *tussen je bed met rust, ontspanning en slapen*. Zorg ervoor dat je hersenen die koppeling ook maken.

Proberen in slaap te vallen helpt meestal niet. Kun je niet in slaap komen, sta dan op, loop wat rond zodat je lichaamstemperatuur zal dalen. Rondlopen zorgt er ook eerder voor dat je niet gaat *peinzen*. Mocht je toch peinzen, probeer dan mindfulness toe te passen. Zit je met iets in je hoofd, schrijf het op in plaats van het alsmaar te moeten onthouden. Peinzen over niet kunnen slapen maakt het alleen maar moeilijker om in slaap te vallen; bedenk dat het niet het einde van de wereld is, dat je de volgende dag beter zult slapen en dat je door dit boek allerlei mogelijkheden hebt om in het vervolg beter te kunnen slapen. Mijn opa zei altijd: 'Slaap je niet, dan rust je toch' en deze zin heeft me veel geholpen om van een nacht niet slapen geen probleem te maken.

Als je een nacht slecht geslapen hebt, houd je dan toch aan je *slaapschema*. Dit is beter dan overdag een paar uur inhalen waardoor je uiteindelijke ritme verstoord wordt.

De slaaptrainingapp Sleepcare is ontwikkeld door de Universiteit Utrecht, de TU Delft en de Universiteit van Amsterdam. Deze app is gebaseerd op slaaptrainingen en nadat je contact hebt opgenomen op je smartphone te downloaden. Mocht je interesse hebben dan kun je gaan naar ikgalekkerslapen.nl[24] om contact met je te laten opnemen.

PFH-trainer: Slaapmeditatie

PFH

Ik zal je een eenvoudige oefening geven die ik las op de site van Art of Manliness[25] en die ik zelf erg effectief vind om het in slaap vallen te bevorderen. Lees de oefening eerst helemaal door en voer hem dan uit.

Ga rustig op een stoel zitten. Handen op je schoot, voeten op de grond. Doe je ogen dicht en stel jezelf voor als een stuk holle stam van een omgevallen boom die op de groene grond in het prachtige, uitgestrekte, stille bos ligt.

Probeer deze gedachte enkele minuten vol te houden en ga dan naar bed.

Als het goed is, zal deze visualisatie je rustig en slaperig maken.

Mocht deze oefening niets voor je zijn, dan zijn er op YouTube nog talloze andere slaapmeditaties en slaapoefeningen te vinden. Daar zal er ongetwijfeld één bij zijn die je wel aanspreekt.

Om succesvol te zijn, zul je op zijn minst in staat moeten zijn om informatie die ertoe doet op te nemen en onbelangrijke informatie niet van invloed te laten zijn. Ook moet je op een juiste manier over deze belangrijke informatie kunnen beslissen. Te weinig slapen zorgt ervoor dat je minder goed wordt in deze vaardigheden, terwijl een juiste hoeveelheid slaap (zie de figuur op pagina 177) en soms een extra maar kort middagdutje deze o zo nodige vaardigheden verbeteren. Een meer ontspannende, goedkope en plezierige methodiek dan deze kan ik je niet geven. Slaap voldoende en doe soms in de middag een minuut of tien je ogen dicht. Je zult er veel profijt van hebben. Zelf doe ik soms tussen de middag 15 minuten mijn ogen dicht en ik ben nog steeds verbaasd over het effect. En als jij zo iemand bent die vindt dat je echt nog goed functioneert bij slaaptekort, bedenk dan eens hoeveel beter je kunt functioneren en hoeveel beter je je zou voelen als je voldoende slaap zou krijgen.

24 www.ikgalekkerslapen.nl
25 www.artofmanliness.com/2012/08/08/12-concentration-exercises-from-1918/

Steeds meer gezondheidsexperts zien in hoe belangrijk slaap voor onze gezondheid is. Maak van goed slapen een punt hoog op je prioriteitenlijst en maak er uiteindelijk een gewoonte van. Het volgende hoofdstuk gaat over activiteiten die behoorlijk wat energie vergen. We gaan het hebben over sporten en bewegen als prefrontale hersenschorstrainer.

‘Een gezonde geest in een gezond lichaam’

Uitspraak uit de pre-socratische tijd

Hoofdstuk 9 **Exercise – Vorm en versterk je hersenen**

In dit hoofdstuk leer je hoe de ontwikkeling van de prefrontale hersenschors en bewegen en sporten met elkaar verweven zijn. Je versterkt je prefrontale hersenschors en ontwikkelt je executieve vaardigheden door de sport- of bewegingsvorm van je keuze uit te gaan oefenen.

Raadsel

INZICHT

Je bent in een kamer met een deur. Er staat een tafeltje met wat gewichtjes en een boek erop en er hangen met enige ruimte ertussen twee touwen aan het plafond. Je moet proberen beide touwen tegelijkertijd beet te pakken, maar je merkt dat als je het ene touw pakt om naar het andere touw te lopen, het touw niet lang genoeg is om bij het andere te komen. Toch moet je de touwen allebei pakken. Hoe los je dit op?

1 Druk als je niet helemaal begrijpt wat je moet doen, voor een filmpje van dit probleem op de knop *Stretch group articipant attempting solution op* internal.psychology.illinois.edu.[26]

Mocht je de oplossing niet weten en een hint nodig hebben, lees dan verder.

2 Maak slingerbewegingen met je armen en tel steeds met 3 terug vanaf 667 dus 667, 664, 661 enzovoort totdat je de oplossing hebt.

Weet je niet precies wat je moet doen? Kijk dan op *Participant during a Swinging Exercise* break op dezelfde website.

3 Heb je de oplossing kunnen bedenken?

Druk voor het bekijken van de oplossing op de *Swing-group participant attempting solution*-knop.

---

26 http://internal.psychology.illinois.edu/~alleras/videos.htm

Wat ik je heb laten doen, is gebaseerd op het onderzoek van Laura Thomas en Alejandro Lleras. Zij vroegen hun proefpersonen, zoals de video's ook laten zien, hetzelfde te doen. Op zich moet je vrij inventief zijn om dit twee-touwenprobleem op te lossen. De twee Amerikaanse onderzoekers lieten zien dat het soort bewegingen dat je maakt, je kan helpen om oplossingen te bedenken voor bepaalde problemen. Kort samengevat bedachten mensen die met hun armen moesten slingeren vaker de oplossing voor dit touwenprobleem dan mensen die stretchbewegingen met hun armen moesten maken.[27] Dit komt overeen met de theorie die we *embodied cognition* noemen.

Bij embodied cognition wordt ervan uitgegaan dat datgene wat je denkt je lichaam beïnvloedt, maar dat het omgekeerde ook geldt, namelijk dat de bewegingen die je maakt je denken en emoties beïnvloeden. Het zwaaien met je armen brengt je dus op het idee om de touwen te laten zwaaien om ze zo tegelijkertijd te kunnen pakken. Dit inzicht is een voorbeeld hoe je lichaamsbewegingen heel specifiek jouw executieve vaardigheden, zoals logica en creativiteit, kunnen beïnvloeden. Maar bewegen is vooral ook een heel goede manier om jouw executieve vaardigheden en jouw prefrontale hersenschors in het algemeen gunstig te beïnvloeden.

Duurtraining

Iedereen is vandaag de dag wel gewend aan het idee dat bewegen en sporten goed is voor je lichamelijke gezondheid en in onze lichaamscultus beweegt menigeen ook om er aantrekkelijker uit te zien. Echter beweging kan niet alleen zorgen voor een strakker lijf, maar ook voor een beperkter risico op hart- en vaatziekten en diabetes alsmede voor een betere slaap en een betere stemming. Bewegen versterkt tevens de executieve vaardigheden en de prefrontale hersenschors. Recent is er een grote overkoepelende studie uitgevoerd op allerlei onderzoeken naar de effecten van sporten. De algemene conclusie van dit onderzoek is dat alhoewel er nog aanvullend onderzoek nodig is om tegenstrijdige resultaten te verklaren, regelmatig trainen allerlei executieve vaardigheden lijkt te verbeteren. Zo is aangetoond dat sporten je aandacht, je (werk)geheugencapaciteit, je vermogen om ongewenste reacties te onderdrukken én switchen tussen taken kan verbeteren. Ook de snelheid van informatieverwerking kan toenemen. Het is echter ook belangrijk om te weten dat sommige studies laten zien dat enkele executieve vaardigheden, zoals het switchen van je aandacht *tijdens* het sporten, kunnen afnemen.

---

27 Zoals ook in het boek *Ik wil iets van jou, jij wilt iets van mij* (Sitskoorn, 2012) aan de hand van dit voorbeeld is beschreven.

Het meeste onderzoek naar het effect van beweging is uitgevoerd op het gebied van duurtraining, ook wel cardiovasculaire training of aerobic exercise genoemd. Bij duurtraining worden metabolische, respiratoire en cardiovasculaire veranderingen in het lichaam bewerkstelligd, zoals in het overzichtsartikel van Claudia Voelcker-Rehage en haar collega Claudia Niemann goed aangegeven wordt. Je maakt repeterende geautomatiseerde bewegingen, zoals bij joggen, fietsen of zwemmen waar je niet echt bij hoeft na te denken. Onderzoeken naar duurtraining hebben laten zien dat door de duurtraining niet alleen cognitieve vaardigheden toenemen, maar dat er ook allerlei structurele en functionele veranderingen in de hersenen plaatsvinden onder andere in de prefrontale hersenschors. Zo tonen verschillende studies aan dat de grijze stof in de prefrontale hersenschors toeneemt en dat de activatie in dit gebied tijdens het uitvoeren van taken die een beroep doen op de executieve vaardigheden verandert. Soms is er sprake van een efficiënter gebruik van de werking van de prefrontale hersenschors en soms wordt de prefrontale hersenschors ingezet ter compensatie, zodat een taak toch nog goed uitgevoerd kan worden, ook al is de werking van andere hersengebieden niet meer optimaal.

Duurtraining en neuroplasticiteit

Er zijn aanwijzingen dat duurtraining zorgt voor de aanmaak van nieuwe bloedvaten en (mede hierdoor) voor een betere doorbloeding van de prefrontale hersenschors en de hippocampus. Hierdoor kunnen deze gebieden beter van voedingsstoffen en zuurstof voorzien worden. Voorts lijkt duurtraining de kracht van de verbindingen, die deze hersengebieden met andere gebieden hebben, te doen toenemen. Ook lijken de serumconcentraties van de brain-derived-neurotrophic factor toe te nemen. Dit is een groeifactor die belangrijk is voor de aanmaak van nieuwe cellen in de hippocampus, maar tevens een rol speelt in andere plasticiteitondersteunende processen. Het effect van training lijkt dus niet alleen maar zichtbaar te zijn in de executieve vaardigheden, maar ook direct waarneembaar in de structuur en het functioneren van de hersenen.

De effecten van duurtraining gelden niet alleen voor jonge mensen. De meeste van de onderzoeken ten aanzien van sporten en executieve vaardigheden zijn uitgevoerd bij ouderen en deze studies laten zien dat bewegen en sporten het cognitieve verval bij het ouder worden tegengaat. Ook blijven de hersengebieden met grijze stof die normaal gesproken verval laten zien bij het ouder worden, zoals de prefrontale hersenschors en de hippocampus, beter bewaard. Ook deze onderzoeken laten zien dat sporten vooral effect heeft op vaardigheden die gerelateerd zijn aan de prefrontale hersenschors en aan de hippocampus. Sommige onderzoekers tonen aan dat er een verband is tussen de mate van fitness, het niveau van bepaalde executieve vaardigheden, zoals ruimtelijk werkgeheugen en het onderdrukken van ongewenste responsen, en het volume van de grijze stof in de prefrontale hersenschors. Dat is behoorlijk belangrijk want de prefrontale hersenschors en de bijbehorende executieve vaardigheden laten meestal als eerste verval zien bij het ouder worden. Dat dit verval niet onherroepelijk is, maar dat sporten het kan vertragen, tegengaan en/of compenseren, is dus heel erg goed nieuws.

Bewegen en nadenken

Er zijn ook studies die effecten aantonen van andere manieren van bewegen. Voelcker-Rehage en Niemann spreken bijvoorbeeld over de effecten van het oefenen van gecoördineerde bewegingen, die nodig zijn bij oog-handcoördinatietrainingen, zoals bij het reageren op snel bewegende objecten, bijvoorbeeld bij leren keepen, schieten, balanstrainingen en yoga. Dit soort trainingen vereisen de inzet van hogere cognitieve vaardigheden: aandacht, anticipatie en het integreren van complexe bewegingen. Ook dit soort trainingen zou een effect op de executieve vaardigheden hebben en zaken als het onderdrukken van afleidende informatie en een betere informatieverwerking bevorderen.

De eerste studies laten zien dat dit soort gecoördineerde-bewegingstrainingen net als conditietrainingen ook een toename van het volume van de grijze stof in onder andere de hippocampus en het frontopariëtale netwerk bewerkstelligen. Omdat je bij dit soort trainingen allerlei hogere cognitieve vaardigheden moet inzetten, denken Voelcker-Rehage en Niemann dat deze effecten toe te schrijven zijn aan de effecten van een verrijkte omgeving en niet zozeer aan het verhogen van het fitnessniveau, waar deze trainingen natuurlijk ook niet voor bedoeld zijn. Deze hypothese komt overeen met allerlei bevindingen uit onderzoeken met dieren. Dit zou weleens kunnen betekenen dat de combinatie van duur- en gecoördineerde bewegingstraining of duurtraining en verrijkte omgeving, of duur- en cognitieve training een nog groter effect kan hebben op hersenen en vaardigheden dan duurtraining alleen. Het lijkt erop dat fysieke training de hersenen klaarstoomt om nog beter te reageren op een verrijkte omgeving en cognitieve training.

Als je alle goede onderzoeken bij elkaar legt en op hun resultaten beoordeelt, is alleen maar aan conditietraining doen niet voldoende, stelt Adele Diamond, van de universiteit van British Columbia in Canada. Volgens haar moet je niet zomaar bewegen maar moet je ervoor zorgen dat je tijdens dat bewegen moet nadenken. Bijvoorbeeld door een spelelement aan het bewegen toe te voegen of doordat je gecoördineerde bewegingen moet maken, zoals bij dans en taekwondo of bij andere vechtsporten. Zij stelt tevens dat je het meeste effect uit dit soort trainingen haalt als de bewegingsactiviteiten je plezier geven en je zelfvertrouwen en trots vergroten, en als er een prettig sociaal aspect bij komt kijken. Vervolgens zegt zij terecht dat sporten een positief effect heeft op je slaap en op je stemming en dat dit per direct een positief effect op je executieve vaardigheden zal hebben, dus dat

Sporten is een potent middel. Het verhoogt de neuroplasticiteit van de hersenen, verbetert de executieve vaardigheden en daarmee het vermogen om je aan te passen aan de eisen van een veranderende omgeving.

gewone conditietraining in ieder geval een indirect positief effect op je executieve vaardigheden heeft. De precieze effecten van sporten op je executieve vaardigheden en de onderliggende mechanismen die dit bewerkstelligen, vereisen nog meer onderzoek, maar dat sporten goed is voor de hersenen staat buiten kijf.

Wat moet je nu doen? Op de eerste plaats, zoek een *bewegingsactiviteit* waar je passie voor kunt opbrengen. Iets waar je iedere keer weer blij van wordt. Dat kan gewoon basketbal of voetbal zijn, maar misschien ligt jouw hart meer bij koorddansen of acrobatiek. Kijk voor ideeën en informatie eens op allesporten.nl of op doeaansport.nl of nisb.nl.[28] Op de tweede plaats lijkt het *sociale aspect* dat bij sommige sporten komt kijken een positief effect te hebben op je executieve vaardigheden. Bekijk dus of je een sport ziet zitten waar dit sociale aspect tijdens het sporten deel van uitmaakt.

Richtlijnen intensiteit van trainen

Richtlijnen intensiteit van trainen Als je voor duurtraining kiest, zijn er nog wat aanvullende richtlijnen te geven. Zo weten we dat je niet op maximale intensiteit hoeft te trainen. Het beste effect wordt bereikt bij gematigde trainingen op bijvoorbeeld zo'n 60-70% van je maximale hartslag. Dit percentage kun je bij benadering berekenen met behulp van de methode van Karvonen. Zie het kader 'Formule voor Karvonen' voor hoe deze methode in haar werk gaat. Als je ongetraind bent, is het misschien beter om eerst op 50% van je maximale hartslag te beginnen en dit op te bouwen naar 70%. Dit om het beter vol te kunnen houden en snelle verzuring te voorkomen.

Alhoewel precieze richtlijnen nog ontbreken, bewerkstellig je in ieder geval effect als je minimaal drie keer in de week dertig minuten tot één uur op deze gematigde intensiteit traint voor tenminste een halfjaar tot een jaar. Het is natuurlijk het beste om regelmatig te sporten en te blijven sporten.

Ga ervan uit dat iedere keer sporten nut heeft en natuurlijk niet alleen voor je executieve vaardigheden maar ook voor je lijf, slapen, stemming en gezondheid in het algemeen. De effecten die je bereikt met trainen zijn afhankelijk van veel factoren, zoals je leeftijd, geslacht, stress tijdens je leven, hormoonhuishouding, genetische variabelen, niveau van fitness dat je al hebt maar ook van allerlei trainingsvariabelen, zoals duur en intensiteit en type training. Echter, op de juiste manier bewegen en sporten is altijd goed voor je lichaam en geest. Als je nog geen idee hebt hoe je op een goede manier kunt sporten, begin dan met sporten onder begeleiding en schat eerst in of je eventueel gezondheidsrisico's loopt.

---

28 www.doeaansport.nl/soorten-sport.php of www.nisb.nl/doen/interventies/overzicht-erkend-sport-en-beweegaanbod.html.

Formule van Karvonen

De formule van Karvonen gaat uit van je maximale hartslag en je hartslag in rust. Je *rusthartslag* bepalen is niet zo moeilijk: je bepaalt bijvoorbeeld gedurende een minuut 's ochtends vroeg je hartslag nog voordat je iets gedaan hebt en herhaalt dit een dag of drie en neemt dan de gemiddelde waarde van die drie dagen.

Je *maximale* hartslag bepalen vergt echter een hoop inspanning en is niet geheel zonder risico, daarom geef ik je hier aan hoe je die kunt schatten.

— Ben je een vrouw? Neem 226 en trek je leeftijd van dit getal af. Het getal dat je krijgt, is een schatting van je maximale hartslag, HF_{MAX}.
— Ben je een man? Neem dan 220 en trek daar je leeftijd van af. Het getal dat je krijgt, is een schatting van je maximale hartslag, HF_{MAX}.

Om tot de door je gewenste hartslagtrainingsfrequentie te komen, oftewel HF-training, gebruik je nu de formule van Karvonen. Deze is als volgt:

$HF_{TRAINING} = HF_{RUST} + (\text{trainingsintensiteit} \times HF_{RESERVE})$ en $HF_{RESERVE}$ (het verschil tussen hartslag in rust en maximale hartslagfrequentie) $= HF_{MAX} - HF_{RUST}$

Voorbeeld
Je bent een vrouw van 48 jaar, dus je maximale hartslag wordt geschat op 226 - 48 = 178. We gaan in dit geval uit van een rustfrequentie van 70. Dan gaat de berekening als volgt: $HF_{RESERVE} = 178 - 70 = 108$ slagen per minuut.

Als je wilt trainen op 70% is de trainingsfrequentie: $HF_{TRAINING} = HF_{RUST} + (70\% \times HF_{RESERVE})$ ofwel 70 + (0,70 × 108) = 70 + 75,6 = ongeveer **145** slagen per minuut.

Vind je het zelf berekenen wat complex, gebruik dan Karvonen-apps of Karvonen-calculators op internet. Zie bijvoorbeeld bewegingsvraagstukken.nl.[29]

Het schatten van je maximale hartslag is niet erg nauwkeurig. Om je echte maximale hartslag te bepalen, moet je je hartslag (laten) meten tijdens maximale inspanning. Je kunt dit het beste doen door een sportmedisch onderzoek in bijvoorbeeld een sportmedisch adviescentrum bij jou in de buurt. Je moet bij een dergelijk onderzoek op een soort hometrainer fietsen, terwijl de weerstand steeds hoger wordt maar je wel met de-

29 http://inspanningloont.nl/kenniscentrum/content.php?main_tag=Trainingszones&article=formule-van-karvonen

zelfde snelheid moet blijven trappen (CPET). Je hartslag wordt dan gemeten en er wordt ook een ademgasanalyse gedaan. Zo kan heel goed gemeten worden wat je maximale zuurstofopnamevermogen is (VO2max), de beste maat voor cardiorespiratoire fysieke fitness, en je weet meteen wat je maximale hartslag is. Veel aanvullende ziektekostenverzekeringen vergoeden (een deel van) dit onderzoek. Een voordeel van dit onderzoek is dat er ook aanvullende gezondheidsrisico's in kaart worden gebracht.

Als je nu aan duurtraining gaat doen, weet je als je een hartslagmeter draagt, op wat voor hartslag je ongeveer moet trainen om op 70% van je maximale hartslag, of 70% van je VO2max, te trainen.

Voor kinderen lijkt een training van zo'n 45 minuten per dag heel goed te zijn. Niet alleen voor nu maar ook voor de toekomst, want onderzoek laat zien dat jong beginnen met sporten heel goed is voor de algemene ontwikkeling van de executieve vaardigheden. We weten ook: als je vanaf ongeveer je vijftigste ten minste twee keer in de week sport, je meer grijze stof, hersencellen dus, in je prefrontale hersenschors op latere leeftijd laat beklijven, zo na je zeventigste. Onderzoeksresultaten suggereren verder dat je wel moet blijven trainen om de cognitieve effecten die je met je zweet bereikt hebt, te laten voortduren.

We hoeven er niet omheen te draaien. Bewegen is goed voor jong en oud. Voor nu en later. Voor van alles en nog wat. Als je nog niet echt regelmatig sport, loont het echt de moeite om dat wel te gaan doen. Laat ik proberen je een beetje op weg te helpen. Het is handig om te beginnen met inschatten hoeveel je nu al sport en als je nog niet echt sport of niet regelmatig sport, in hoeverre je bereid bent om daar verandering in te brengen. Dit lijkt namelijk een goede voorspeller te zijn of je ook echt gaat sporten en ermee door blijft gaan.

INZICHT

Sport je voldoende?

Er is een vragenlijst ontwikkeld waarmee je kunt bepalen wat je lichamelijke activiteitenniveau is en in hoeverre je bereid bent om (meer) te gaan bewegen of sporten. Die vragenlijst heet de PACE-vragenlijst (Physician-based Assessment and Counseling for Exercise), en ik heb hem vertaald gevonden op de website van het Nederlands Instituut van Sport en & Bewegen (NISB) en hier opgenomen.

1 Bepaal je lichamelijke activiteitenniveau. Lees eerst deze voorbeelden door zodat je inzicht krijgt in wat we intensieve sporten en wat we matig intensieve sporten noemen.

Voorbeelden van intensieve sport (je hartslag moet dus omhoog gaan):
- Joggen
- Hardlopen
- Wielrennen
- Aerobics
- Baantjes zwemmen (snel)
- Tennis enkelspel

Voorbeelden van matig intensieve sport:
- Wandelen
- Fietsen
- Tuinieren (zoals grasmaaien en grof snoeiwerk)
- Tennis dubbelspel
- Dansen
- Werk rond het huis

2 Kies de zin die het beste aansluit bij je huidige activiteitenniveau of je interesse in lichamelijke activiteiten. De activiteiten die je voor je werk uitvoert, worden uitgesloten.

Huidige activiteitenniveau

1 Op dit moment sport of wandel ik niet regelmatig en ik ben ook niet van plan hiermee te beginnen.
2 Ik sport of wandel niet regelmatig, maar ik ben wel van plan hiermee te beginnen.
3 Gedurende de laatste maand probeer ik af en toe te sporten of te wandelen.
4 Ik heb meer dan een maand af en toe gesport of gewandeld.
5 Ik sport minder dan 2 uur per week matig intensief.
6 De laatste 1 tot 6 maanden heb ik vaker dan 3 keer per week (of meer dan 2 uur per week) matig intensief gesport.
7 Ik heb meer dan 7 maanden vaker dan 3 keer per week (of meer dan 2 uur per week) matig intensief gesport.
8 Ik heb de afgelopen 1 tot 6 maanden 1 tot 3 keer per week intensief gesport.
9 Ik heb de afgelopen 7 tot 12 maanden 1 tot 3 keer per week intensief gesport.
10 A: Ik heb meer dan 12 maanden 1 tot 2 keer per week intensief gesport.
11 B: Ik heb meer dan 12 maanden 3 keer per week intensief gesport.
12 Ik sport meer dan 3 keer per week intensief.

Heb je een score van 1 dan ben je niet lichamelijk actief en heb je er ook geen lichamelijke interesse in om actief te worden.

Bij een score van 2-5 geef je aan dat je bereid bent om lichamelijk actief te worden.

Heb je een score van 6-11 dan heb je al regelmatig een actieve levensstijl.

3 En hoe is je activiteitenniveau? Lager of hoger dan je had gedacht of wist je precies hoe het ervoor stond?

Als je een score van 1 hebt, sport je dus niet en wil je ook niet gaan sporten. Op de website van het NISB worden allerlei tips gegeven hoe je dit kunt veranderen (al zul je daar gezien je score geen interesse in hebben, maar misschien kan ik je toch verleiden om eens een kijkje op die website te nemen[30] of op de website van 30-minutenbewegen.nl te kijken voor tips over hoe je bewegen in je leven kunt integreren).

4 Mocht je geïnteresseerd zijn om lichamelijker actief te worden, vul dan hier in welke sport of bewegingsactiviteit je graag zou willen doen.

Gekozen sport: ....

Mocht je ook na bestudering van de genoemde websites met allerlei sporten[31] (allesporten.nl, doeaansport.nl of nisb.nl) niet kunnen kiezen, dan raad ik je aan taekwondo of iets dergelijks te doen, aangezien deze sport alle ingrediënten in zich draagt om effect op je executieve vaardigheden te bewerkstelligen.

PFH

PFH-trainer: Je plan opvolgen

Vul in dit weekschema de tijdstippen in waarop je denkt te kunnen of willen sporten. Doe dit om ook eerder tot daadwerkelijk sporten te komen. Houd er rekening mee dat je niet te laat op de avond moet gaan sporten want als je vlak voor het slapengaan sport, komt dat je inslapen niet ten goede.

30 www.zel.nl/wp-content/uploads/2014/11/Pace_vragenlijst_NISB.pdf

31 http://allesporten.nl/ of op www.doeaansport.nl/soorten-sport.php of www.nisb.nl/doen/interventies/overzicht-erkend-sport-en-beweegaanbod.html

	zondag	maandag	dinsdag	woensdag	donderdag	vrijdag	zaterdag
6.00							
7.00							
8.00							
9.00							
10.00							
11.00							
12.00							
13.00							
14.00							
15.00							
16.00							
17.00							
18.00							
19.00							
20.00							

Schat vervolgens in of je denkt dat je deze plannen ook daadwerkelijk kunt uitvoeren. Hötting en Röder beschrijven in hun overzichtsartikel dat de mate waarin je gelooft of je ook in staat bent om je sportplannen te volgen, erg bepalend is in of je ze ook daadwerkelijk opvolgt.

Geef op de onderstaande balk aan in hoeverre je denkt in staat te zijn om je sportplannen op te volgen:

Helemaal niet	Misschien	Waarschijnlijk	Zeer waarschijnlijk	Zeker

Heb je 'helemaal niet' of 'misschien' ingevuld, vraag jezelf dan af waarom je denkt dat je je sportplannen niet (echt) gaat uitvoeren. Probeer die redenen om te zetten naar doelen en probeer daar dan, eventueel met hulp van anderen of de tips die op de eerder genoemde websites staan, aan te werken.

Ik denk niet (echt) te gaan sporten omdat ....

....

Hoewel de meeste mensen zeggen te willen sporten, is het probleem vaak dat ook sporten, net als zoveel andere dingen die goed voor ons zijn, zoals slapen en meditatie, vaak een sluitpost is. Toch is het ontzettend belangrijk om sporten een vast onderdeel van je leven te laten zijn en het in te plannen, zoals tandenpoetsen en naar je werk of naar school gaan. Wil je echt niet gaan sporten, begin dan in ieder geval met zoiets als een stappenteller. Die kan je op een eenvoudige manier motiveren je lichamelijke activiteit te verhogen.

Apps die je kunnen helpen bij het sporten:

- Fitnessbuddy
- Argus
- My fitness pall
- Runkeeper
- Joggy coach
- Sprint gps

Sporten is een potent middel. Het verhoogt de neuroplasticiteit van de hersenen, verbetert de executieve vaardigheden en daarmee het vermogen om je aan te passen aan de eisen van een veranderende omgeving. Trainen dus, niet alleen voor een beter lijf en een betere lichamelijke gezondheid, maar ook om de vermogens die je nodig hebt om succesvol te zijn en te blijven in deze veranderende wereld te verbeteren. In het volgende hoofdstuk laat ik je zien hoe je je vermogen kunt verbeteren om het heden en de toekomst aan elkaar te koppelen, iets wat je nodig hebt om je doelen te behalen.

‘What you do today can improve all your tomorrows.’

Ralph Marston

brainyquote.com

Hoofdstuk 10 **Connect Today and Tomorrow – Maak de toekomst vandaag**

In dit hoofdstuk leer je hoe gisteren, vandaag en morgen gekoppeld zijn aan succes en mislukking door je keuzes en gedrag. Hoe je de vaardigheid om morgen voor ogen te houden en te integreren in je gedrag kunt verbeteren.

INZICHT

Iowa Gambling Task

Speel de Iowa Gambling Task, op je iPad of Android-telefoon.[32] Heb je geen van beide, dan kun je het volgende filmpje op je computer op YouTube bekijken.[33]

Deze taak vraagt je om een gokspelletje te spelen en doet een beroep op je warme executieve vaardigheden, zoals beschreven in hoofdstuk 3, *Het CEO-brein*. Speel het spelletje eerst en lees dan verder.

Uitgestelde beloning

Herinner je je nog dat ik je in hoofdstuk 3, *Het CEO-brein*, vertelde over de marshmallowtest? Die test waarbij kinderen in een kamertje een marshmallow krijgen en de proefleider even weggaat? Er wordt hen verteld dat ze de marshmallow mogen opeten, maar dat als ze wachten met het opeten van de marshmallow totdat de proefleider terug is, ze nog een marshmallow krijgen. Het is dus één marshmallow nu, of met een beetje geduld en het onderdrukken van je drang om de marshmallow meteen op te eten twee marshmallows later. We noemen het onderdrukken van je genotbevrediging van nu ten behoeve van iets groters of langdurigers later *delay of gratification*. Oftewel uitgestelde beloning.

Ik legde je uit dat deze marshmallowtest voorspellend is voor succes op allerlei fronten in het leven van de geteste kinderen zo'n dertig jaar later. (Let wel, voordat je bij thuisgebruik van deze test voorbarige conclusies trekt, als kinderen er

32 iPad: https://itunes.apple.com/nl/app/iowa-gambling-task/id807409936?mt=8
Android-telefoon: https://play.google.com/store/apps/details?id=com.zsimolabs.iowa&hl=en

33 www.youtube.com/watch?v=39A3z3S6aY0, of gewoon verder lezen

moeite mee hebben is er, gezien de neuroplasticiteit van de hersenen, ruimte en tijd om uitgestelde beloning te helpen ontwikkelen.) Als je daarover nadenkt, is dat nogal wat. Het lijkt het leven ineens heel simpel en voorspelbaar te maken. Mensen vragen zich af of er ook een marshmallowtest voor volwassenen is. Wat voor jou de beste marshmallowtest is, kun je natuurlijk zelf het beste beschrijven en dat heb je als het goed is in hoofdstuk 3, *Het CEO-brein*, en nog wat uitgebreider in hoofdstuk 5, *Valkuilen*, ook gedaan.

Je zou de Iowa Gambling Task die je net gedaan hebt ook kunnen zien als een soort marshmallowtest. De Iowa Gambling Task is oorspronkelijk ontwikkeld door Antoine Bechara en Antonio Damasio, maar er zijn vandaag de dag talloze varianten gemaakt. Het idee achter de taken is over het algemeen echter wel hetzelfde. Je hebt vier stapeltjes met kaarten voor je en je moet steeds van een van de stapeltjes een kaart trekken. Op elke kaart die je trekt, staat of je geld wint of verliest. Bij twee van de stapeltjes kaarten win je hoge bedragen, maar heb je gaandeweg ook grote verliezen, die de winst tenietdoen en je zelfs geld laten verliezen. Bij de andere twee stapeltjes kaarten is er sprake van kleinere winst, maar ook het verlies dat je ten deel valt, is kleiner. Uiteindelijk kun je met het trekken van kaarten van deze twee stapeltjes stap voor stap geld winnen. Wat heb je gedaan tijdens het spel? Voor welke stapels heb je gekozen? Had je de verborgen regels in het spel snel door? Ben je voor de snelle winst en het uiteindelijke verlies gegaan, of heb je je niet laten verleiden en ben je met winst geëindigd?

Om te bereiken wat je wilt, zul je in staat moeten zijn een doel te stellen, een plan te vormen dat je naar dit doel leidt, dat plan voor ogen houden, op tijd doen wat je moet doen, maar minstens zo belangrijk is *laten* wat je moet laten. Om dit alles te kunnen doen (en laten), heb je je executieve vaardigheden nodig. Even een klein opfrissertje. De drie kernexecutieve vaardigheden, zoals ik heb beschreven in hoofdstuk 3, *Het CEO-brein*, bestaan uit het vermogen om impulsen te onderdrukken (inhiberen), cognitieve en mentale flexibiliteit en werkgeheugen.

1 *Het vermogen om impulsen te onderdrukken en verleidingen te weerstaan* (inhiberen) is een vaardigheid die ons in staat stelt gewoontes, waar we last van hebben, te doorbreken. In hoofdstuk 4, *Het recept voor succes*, ben ik uitgebreid op deze vaardigheid ingegaan. Je hebt daar onder andere inzicht gekregen in je S-sR-ketens, oftewel in de ketens met stimuli die bij jou stereotypische responsen uitlokken. Ook kreeg je inzicht in het ontwikkelen van S-wR-ketens, oftewel stimuli- en daaropvolgende wijze-responsketen. Inhiberen stelt ons in staat om niet alleen kortetermijnwezens te zijn die zich elk moment van de dag laten leiden door de sterkste prikkel uit de omgeving en in onszelf, maar om ons ook op de lange termijn te richten en hierdoor een kans in het leven te krijgen.

2 Onder *cognitieve en mentale flexibiliteit* verstaan we dat je niet vastzit in wat je ooit deed, dacht of geleerd hebt, maar dat je omdat dingen veranderd zijn of omdat er veranderingen op komst zijn, vloeiend kunt schakelen en je aanpassen aan veranderende eisen, prioriteiten, regels, omgevingen en inzichten. Hierdoor hoeven we geen speelbal of slachtoffer te zijn van het verleden, het heden of de toekomst, maar kunnen we in het optimale geval zo mee veranderen of zelfs prospectief veranderen zodat we ook onder veranderende omstandigheden gelukkig en succesvol kunnen zijn en zelfs de omstandigheden die het beste voor ons zijn, kunnen creëren.

3 *Werkgeheugen* is het vermogen om over een tijdspanne informatie te onthouden en iets met deze informatie te doen. Je werkgeheugen zorgt ervoor dat je informatie online houdt met een bepaald doel voor ogen. Je werkgeheugen houdt bij wat eerder gebeurd is en kan dat in relatie brengen met wat er moet gebeuren. Je werkgeheugen koppelt dus je verleden, je heden en je toekomst aan elkaar. Je ziet meteen dat dit een vaardigheid is die je absoluut moet beheersen als je je doelen wilt bereiken.

Als je goed naar de drie kernexecutieve vaardigheden kijkt, zie je een belangrijke overeenkomst. Het bezit van al deze vaardigheden zorgt ervoor dat tijd een continue variabele wordt. Dat verleden, heden en toekomst aan elkaar gekoppeld worden. Dat klinkt heel logisch, maar als je naar het dagelijkse gedrag van jezelf en de mensen om ons heen kijkt, zie je deze ogenschijnlijk open deur daar vaak niet in terug. Velen hebben het gevoel dat allerlei negatieve dingen in hun leven hen domweg overkomen en zomaar uit het niets op hun pad verschijnen. Bij sommige dingen is dat natuurlijk ook zo, maar dat geldt natuurlijk voor veel dingen niet. Dan heb ik het over zaken als: je geld is op omdat je het aan de verkeerde dingen hebt uitgegeven, je huwelijk is naar de knoppen omdat je het met die collega deed en bleef doen, je hebt een baan die niet naar je zin is omdat je je niet inzet voor een andere opleiding, of klanten hebben geen vertrouwen meer in jou en je producten omdat je ze hebt bedrogen. Heel veel zaken zijn een direct gevolg van je keuzes in het verleden en je keuzes van vandaag.

Kort samengevat, voor dit soort zaken geldt: vandaag is de oogst van gisteren en het bevat het zaad voor morgen en dat geldt voor morgen net zo goed. Iedere dag weer geldt eigenlijk dat verleden, heden en toekomst niet van elkaar gescheiden zijn, maar dat elke dag het verleden en de toekomst ook in zich heeft. Ik zag het ooit mooi samengevat in een zin in de film *The Counselor*. Daarin vraagt de hoofdpersoon, na heel domme beslissingen te hebben genomen met als gevolg nu dik in de ellende te zitten (en zijn vrouw nog meer) en alles kwijt te zijn, wat hij moet doen om de situatie te veranderen. Het antwoord dat hij daarop krijgt is dat het te laat is. Dat hij, als hij iets anders had gewild, eerder een andere afslag had moeten nemen. Nu hij voor dit pad gekozen heeft, zal hij de consequenties daarvan moeten dragen. In die film was het allemaal ontzettend dramatisch, maar hij laat wel zien dat je, om ellende te voorkomen, je maar beter de vaardigheid 'morgen voor ogen houden' kunt ontwikkelen. Laten we beginnen met de basis en dat is kijken naar hoe je kunt onthouden dat je bepaalde dingen moet doen om je doel te bereiken.

Prospectief geheugen

In hoofdstuk 3, *Het CEO-brein*, introduceerde ik de term *het geheugen van de toekomst*, een term die zo'n dertig jaar geleden geponeerd werd door de Zweedse neurowetenschapper David Ingvar. Ingvar doelde met deze term op ons vermogen om ons onze plannen voor de toekomst en de bijbehorende acties die nodig zijn om deze plannen uit te voeren, te herinneren en zo de mogelijkheid te hebben om ons daadwerkelijk een toekomst voor te stellen, erop te anticiperen en deze te creëren. Kunnen onthouden dat je in de toekomst een bepaalde taak moet uitvoeren noemen we ook wel *prospectief geheugen.*

Ons hele leven is gevuld met taken, doelen en dingen die een beroep doen op ons prospectieve geheugen. Denk maar eens aan een alledaagse dag, of je die nu thuis, op het werk besteedt of een combinatie van beide. Je moet bedenken wat je vandaag allemaal moet doen; je tas inpakken, afspraken verzetten, wat je nog moet veranderen in dat rapport voordat je het doorstuurt, welke boodschappen gekocht moeten worden, hoe laat je terug moet zijn om je zoon van voetbal op te halen en niet vergeten om je dochter alvast de spullen mee te geven voor pianoles waar ze na schooltijd meteen naartoe gaat. Je kunt deze lijst ongetwijfeld zelf eindeloos aanvullen.

Er zijn theoretisch gesproken meerdere vormen van prospectief geheugen te onderscheiden. Men spreekt vaak over een *event-based*, oftewel gebeurtenisafhankelijk, en *time-based*, oftewel tijdafhankelijk, prospectief geheugen.

Een *gebeurtenisafhankelijk prospectief geheugen* betreft het geheugen dat je bepaalde dingen moet doen als er zich een bepaalde gebeurtenis voordoet of als er zich bepaalde omstandigheden voordoen. Bijvoorbeeld, die memorystick ophalen als je in de buurt van het gebouw komt waar je 'm gisteren vergeten bent.

Tijdafhankelijk prospectief geheugen betreft het geheugen dat je een bepaalde actie op een bepaald moment in de tijd moet uitvoeren. Bijvoorbeeld om 15.30 uur je kind van school halen.

Onderzoek suggereert dat het makkelijker is om op het juiste moment te doen wat je moet doen als datgene wat je moet doen gebaseerd is op gebeurtenisafhankelijke signalen, dus op basis van je gebeurtenisafhankelijk prospectief geheugen, dan op basis van je tijdafhankelijk prospectief geheugen. Dit geldt met name als je op het gebeurtenissignaal meteen met de juiste actie kunt reageren. Ik zie nu het gebouw waar ik mijn memorystick heb laten liggen, dus ik haal 'm nu op en niet straks na mijn afspraak die ik hier in de buurt heb. Onderzoek laat tevens zien dat mensen met een goed ontwikkeld prospectief geheugen beter zijn in het stellen en bereiken van hun doelen.

Implementation intention (als, dan)

Er is veel onderzoek gedaan naar ons prospectieve geheugen en de manieren waarop we het kunnen verbeteren. Een van die manieren wordt ook wel *implementation intention* genoemd. Dit is een methode die het beste te omschrijven is als: '*Als* deze situatie optreedt, *dan* doe ik dat.' Het is dus eigenlijk een stimulus-respons, dus een S-R-methode zoals ik in hoofdstuk 4, *Het recept voor succes*, beschrijf, maar dan heel bewust gebruikt, eigenlijk een S-wR-methode dus. Implementation intention bestaat uit twee componenten:

1 Anticiperen op een bepaalde omstandigheid of gebeurtenis waarna bepaald gedrag ingezet kan worden. Dit noemen we het *als*-deel.
2 Een reactie omschrijven die je zal helpen je doel te bereiken. Dit is het *dan*-gedeelte.

Recent is er een artikel verschenen van Xing-jie Chen en collegae waarin de verschillende onderzoeken naar de effecten van *implementation intention* op het prospectieve geheugen eens bij elkaar worden gezet. Uit dit overzichtsartikel blijkt dat de implementation intention-methode effect heeft bij gebruik door gezonde mensen van verschillende leeftijden. De volgende PFH-trainer laat je implementation intention toepassen in je dagelijks leven ten aanzien van je eigen doelen.

PFH-trainer: Implementation intention PFH

Deze PFH-trainer zal je helpen je intenties vol te houden en je doelen te bereiken omdat hij ervoor zorgt dat het gat tussen je doelen of intenties en het uiteindelijke gedrag dat je moet verrichten om je doelen te bereiken overbrugd wordt. Met andere woorden: de PFH-trainer verbindt nu met later oftewel, *it connects today and tomorrow*.

Schrijf eerst het doel dat je wilt behalen op.

Doel: ____

____

____

____

____

Wat moet je zoal doen om je doelen te bereiken? Welke obstakels verwacht je op weg naar je doel? Dit heb je al in het eerste hoofdstuk, *Een doel voor ogen*, beschreven bij de opdracht 'Doel en stappenplan formuleren' (p. 27) en kun je dus gewoon overnemen en eventueel aanvullen.

Wat moet ik doen om mijn doel te bereiken?

Stap 1 ____

____

____

Stap 2 ____

____

____

Stap 3 ____

____

____

Stap 4 ____

____

____

Stap 5 ____

____

____

Stap 6 ____

____

____

Stap 7 ____

____

____

Stap 8

Stap 9

Stap 10

Stap 11

Stap 12

Welke obstakels/verleidingen verwacht ik op weg naar mijn doel?

Obstakel 1

Obstakel 2

Obstakel 3

Obstakel 4

Obstakel 5

Obstakel 6 ....

Obstakel 7 ....

Obstakel 8 ....

Obstakel 9 ....

Obstakel 10 ....

Obstakel 11 ....

Obstakel 12 ....

Schrijf vervolgens op wanneer de situatie zich voordoet dat je de verschillende acties moet ondernemen om je doel te bereiken. Bijvoorbeeld:

- Mijn doel is gezonder eten.
- Stap 1. Gezond eten inkopen zodat ik gezond eten in huis heb.
- Actie 1. De implementation intention is: als ik boodschappen ga doen, dan loop ik eerst naar de groente- en fruitafdelingen en koop ik gezond eten.

Implementation intention: Wat moet ik doen om mijn doel te bereiken en hoe implementeer ik dat in mijn dagelijks leven?

Doel: ....

Actie 1 Als ....
Dan ....
Actie 2 Als ....
Dan ....
Actie 3 Als ....
Dan ....
Actie 4 Als ....
Dan ....
Actie 5 Als ....
Dan ....
Actie 6 Als ....
Dan ....
Actie 7 Als ....
Dan ....
Actie 8 Als ....
Dan ....
Actie 9 Als ....
Dan ....
Actie 10 Als ....
Dan ....
Actie 11 Als ....
Dan ....
Actie 12 Als ....
Dan ....

Doe ditzelfde bij de obstakels die je verwacht. Bijvoorbeeld:

- Obstakel 1. Ik koop altijd meteen ongezonde dingen, als ik boodschappen ga doen terwijl ik honger heb.
- Actie 1. Als ik boodschappen ga doen, dan eet ik eerst een salade of iets dergelijks, zodat ik geen honger meer heb als ik boodschappen ga doen.

Implementation intention: Hoe vermijd ik de verwachte obstakels en verleidingen?

Obstakel 1 Als ....
Dan ....
Obstakel 2 Als ....
Dan ....
Obstakel 3 Als ....
Dan ....

Obstakel 4	Als	....
	Dan	....
Obstakel 5	Als	....
	Dan	....
Obstakel 6	Als	....
	Dan	....
Obstakel 7	Als	....
	Dan	....
Obstakel 8	Als	....
	Dan	....
Obstakel 9	Als	....
	Dan	....
Obstakel 10	Als	....
	Dan	....
Obstakel 11	Als	....
	Dan	....
Obstakel 12	Als	....
	Dan	....

Ik snap het als je wat reacties voelt, zoals je zelf beschreven hebt in de oefening 'Uit je comfortzone' in hoofdstuk 2 (p. 48). Deze oefening is echter een enorm sterke PFH-trainer, dus probeer haar in ieder geval. Visualiseer en verbaliseer de *als-dan-ketens* goed en maak er zo een sterke mentale representatie van. Dit zal je helpen ze ook daadwerkelijk uit te voeren als de verschillende momenten zich voordoen. Het laat je als het ware beslagen ten ijs komen, zodat je niet door de omstandigheden overvallen wordt en al klaar bent met een S-wR-keten om juist te handelen in moeilijke situaties. In het begin zal dit veel moeite kosten, maar hoe vaker je de ketens uitvoert des te bewuster je je wordt van hun belang en des te meer zullen ze door de plasticiteit van je hersenen geautomatiseerd worden in je denken en doen.

Er zal een verband ontstaan tussen de situatie en de respons. Maak er een sport van de S-wR-ketens iedere keer als het nodig is uit te voeren en bedenk dat je hiermee iedere keer je prefrontaalkwab en je executieve vaardigheden versterkt. Je oefent met een deel van deze PFH-trainer in uitgestelde beloning en dit brengt je dichter bij je doel en het versterken van je prefrontale netwerken in het algemeen. Ook het verleggen van aandacht, zoals in een PFH-trainer 'Aandacht verleggen' in hoofdstuk 7 (p. 165) is besproken, zal je helpen om uitgestelde beloning te bewerkstelligen. Implementation intention helpt je echter niet alleen de verleidingen te laten voor wat ze zijn, maar ook nog eens om concreet stappen te zetten naar je uiteindelijke doel.

Sommige mensen hebben moeite om zich te vereenzelvigen met hun doelen, ook al kiezen ze die doelen zelf. Ze zeggen bijvoorbeeld meer te willen sporten, innovatie de ruimte te willen geven of meer vrijwilligerswerk te willen doen, maar kiezen keer op keer voor gedragingen die daarmee niet rijmen. Het lijkt bijna wel of ze datgene wat ze moeten doen om hun doel te bereiken, bijvoorbeeld gaan hardlopen, niet alleen op kortetermijnwinst te sturen, of tijd vrijmaken voor een goed doel, als iets negatiefs zien; iets waartoe ze bijna iedere keer gedwongen moeten worden om het te doen. Vraag je even in alle eerlijkheid af of dat ook niet voor jou en je doelen geldt.

Als dit zo is, moet je misschien je doelen herdefiniëren of meer moeite doen om je wel met je doelen te identificeren. Je keuze van hoe je wilt zijn en wat je wilt bereiken, moet weerspiegeld worden in je gedrag, de dingen die je doet en zegt, en je kracht je niet van het voorgenomen pad af te laten slaan. Implementation intention kan je hier in zekere zin bij helpen. Doordat de gebeurtenis uit de omgeving, het 'als-deel' van implementation intention, iedere keer de reactie oproept, het 'dan-gedeelte', worden je intenties in je hersenen herhaald en herhaald en daardoor versterkt. Voor de mensen die aanvankelijk moeite hebben met het identificeren met hun intentie, worden die intenties onder invloed van neuroplasticiteit zo letterlijk een groter deel van henzelf. Dit is echter niet de echte oplossing. Vraag je eerst in alle eerlijkheid af of je je echt identificeert met de doelen die je jezelf gesteld hebt, want daar ligt de grootste kracht.

Implementation intention versterkt je prospectieve geheugen en helpt je je intenties vol te houden en je doelen te bereiken. Er is nog een simpele manier om je prospectieve geheugen te helpen, namelijk met behulp van je smartphone. Zo kun je bijvoorbeeld met iPhone of Android jezelf reminders om iets te doen laten sturen als je op een bepaalde plaats bent (bepaald door je gps) en zo kun je dus gebruikmaken van een extern gebeurtenisafhankelijk prospectief geheugen. Kijk voor hoe je dit moet doen op internet.[34]

Je kunt natuurlijk ook de wekker op je telefoon laten afgaan als je iets moet doen en zo je tijdafhankelijk prospectief geheugen helpen. Let wel: deze tips zijn meer een hulpmiddel dan een training. Het uitvoeren van implementation intention heeft, zoals ik al eerder schreef, meer voordelen, waaronder het versterken van je prospectieve geheugen, het overbruggen van het gat tussen je doelen/intenties en de gedragingen die daarbij horen en het automatiseren van S-wR-ketens.

---

34 Bijvoorbeeld op: https://support.apple.com/nl-nl/HT202335.

Om implementation intention goed te kunnen uitvoeren, heb je onder andere je werkgeheugen nodig. Je moet namelijk niet alleen onthouden wat je op een bepaald moment moet doen, je moet ook over de specifieke informatie beschikken die ervoor zorgt dat je je acties op het juiste moment op een juiste manier kunt uitvoeren. Je werkgeheugen koppelt immers, net zoals je prospectieve geheugen overigens, je verleden, je heden en je toekomst aan elkaar. Je werkgeheugen zorgt ervoor dat je informatie online houdt waarmee je iets moet doen, met een bepaald doel voor ogen en dat je op basis hiervan bepaalde acties uitvoert en andere acties laat.

Werkgeheugen trainen

Je werkgeheugen stuurt je aandacht, kan je zo weghouden van dingen die je doel in de weg staan en kan je helpen om met behulp van koude executieve vaardigheden een warme executieve-vaardighedentaak wat kouder te maken (zie hoofdstuk 3). Het laat je je bijvoorbeeld richten op de S-wR-ketens in plaats van op de geur van gebraden kip (en je mag deze geur zien als een metafoor voor allerlei verleidingen). Hierdoor wordt de stap die je moet verrichten om je doel te bereiken wat makkelijker om te zetten. Onderzoek laat zien dat mensen die een goed ontwikkeld werkgeheugen hebben, niet alleen beter zijn om al vroeg in het proces de verleidelijke stimuli, die hun doelen ondermijnen, minder belangrijk te maken door zich te richten op de dingen die wel belangrijk zijn om hun doel te bereiken, maar dat ze ook beter zijn in het reguleren van de negatieve emoties die ze op zulke momenten ervaren. Mensen met een zwak ontwikkeld werkgeheugen lijken te gaan voor het snoep, de alcohol, het snelle scoren en de seks. Mensen met een sterk ontwikkeld werkgeheugen bereiken eerder de doelen die ze voor zichzelf stellen.

Het mooie is dat meerdere onderzoeken laten zien dat je je werkgeheugen kunt trainen. Er zijn bewijzen dat het trainen van je werkgeheugen voor veranderingen in de frontale en pariëtale hersenschors en de basale ganglia zorgt en dat er ook veranderingen optreden in de gevoeligheid voor dopamine in de hersenen. Er is een enorme discussie onder wetenschappers gaande of het trainen van je werkgeheugen ook een positieve invloed heeft op bepaalde vormen van intelligentie en of werkgeheugentraining alleen maar effect heeft op de taak die je traint of ook een effect heeft op gerelateerde werkgeheugentaken. Over het eerste geschilpunt is het laatste woord nog niet gesproken, maar je lijkt in ieder geval je werkgeheugen zelf te kunnen trainen. Al lijk je vooral beter te worden in datgene wat je traint of wat veel lijkt op wat je traint.

PFH-trainer: Werkgeheugen trainen, simpel

PFH

De volgende taak is een werkgeheugentaak. Lees de regel met letters. Iedere keer als je een bepaalde letter drie plaatsen eerder ook al hebt gezien, zet je een streep door de letter.

l c o o m z m z a a d m n c c n c l v e e h e g h

q b q f f f g x y x q g a o m m o f d e f g v h v

d n o n m d q q w t w d p e q e h w b f f g s g s

p p o p m q m d e f r e r f g k l l t b t d k k l

b d d b d c c f c g f h q i q q k t l t w w t r r

v c o o x z z x q d h d l i k g k h w o w l o l j

l e g a l p a i s k o t m o r w a v e a s s t c o

r e n c l i g l w i e h t o s e e a s b r l y s t

o p s o f r c e s t e p s e l h o u d o w r t e c

o a s t t r i e d k e s a e n h a s f t e t t r n

g r o r b a m o u n u l l n l h o s t e l a v l a

n o s e p u l i s h t e s e n l e g a n b e p r n

h w a h h c t h l o r o w k s s e d t h r o m w a

e d m a t c w e a u p w a l l w s a r s f r g r a

b a s e n e d w n s m a s k c h m a v i n z r e d

o o r m o d e e d e n s t t e n e n e i p j d l r

i e t i e n z n d e n r a i n t e n t t e n m e n

PFH-trainer: Werkgeheugen trainen, complex

De volgende taak is een complexere variant van de vorige werkgeheugentaak. Lees de regels met cijfers en letters tegelijkertijd. Iedere keer als je een bepaalde letter of een bepaald getal drie plaatsen eerder ook al hebt gezien, zet je een streep door de letter of het getal.

h	i	w	k	i	w	p	m
6	8	3	6	8	2	9	5
r	a	h	o	a	p	e	n
1	6	4	8	1	7	8	9
l	j	h	a	g	h	a	b
1	8	1	5	1	9	2	1
k	e	j	k	d	j	n	g
1	0	1	6	9	4	1	9
m	v	f	m	u	f	g	i
5	2	5	4	2	3	7	2
f	m	g	f	k	i	e	d
8	8	1	3	5	5	9	3
c	v	c	b	c	v	c	n
2	2	0	3	3	8	9	8
l	f	d	a	h	g	a	j
3	0	5	0	8	4	7	4
g	u	i	d	u	s	b	h
5	7	6	2	7	1	1	8
b	x	c	v	c	c	v	i
6	4	4	0	6	7	7	9
v	m	f	u	e	f	h	h
6	6	1	6	0	5	2	3

Dit waren slechts twee voorbeelden van een werkgeheugentaak. Op internet worden ook allerlei verschillende manieren – al dan niet tegen betaling aangeboden – om je werkgeheugen te trainen en te testen. Hierna enkele voorbeelden van de mogelijkheden:

- www.cogmed.com/working-memory-challenge
- http://cognitivefun.net/test/4
- www.gocognitive.net/demo/working-memory-capacity
- www.lumosity.com/
- http://zap.psy.utwente.nl/zaps/zaps/zaps/sternbergsearch.res/frames.html

Als je deze testen doet schrijf dan hier op welke scores je hebt behaald. Ik kom terug op deze scores in het laatste hoofdstuk van dit boek.

Taak	Score

Ook van andere onderdelen van het EFFECT-programma, zoals Flow Focus en Exercise, is bewezen dat ze het werkgeheugen versterken. Een handige manier om je werkgeheugen in het dagelijks leven te trainen, is door het zo veel mogelijk te gebruiken en niet alles op te schrijven of op een andere manier te noteren voor gebruik. Probeer bijvoorbeeld recepten bewuster te lezen en te onthouden als je aan het koken of bakken bent. Kijk niet steeds terug naar formules, maar besteedt er meer aandacht aan zodat je ze onthoudt en klaar voor gebruik in je hoofd hebt. Al dit soort kleine dingen zal je werkgeheugen trainen op dagelijkse basis ten aanzien van de dingen die jij nodig hebt in het leven.

Executieve vaardigheden bij kinderen

Dit hoofdstuk gaat over de verbinding tussen vandaag en morgen. De ultieme verbinding tussen vandaag en morgen is natuurlijk dat we ervoor zorgen dat onze kinderen hun prefrontale hersenschors ontwikkelen. Dat zal, gezien het belang van de prefrontale hersenschors voor toekomstig succesvol gedrag op het gebied van opleiding, werk, lichamelijke en psychische gezondheid, sociale relaties en geluk in het algemeen, de toekomst op allerlei mogelijke fronten voor iedereen beter maken.

Ten aanzien van het ontwikkelen van executieve functies bij kinderen begint het onderzoek goed op gang te komen en het is duidelijk dat goede voorbeelden, ervaringen en veel oefenen van groot belang zijn voor het ontwikkelen van de prefrontale hersenschors, de verbindingen met andere gebieden in de hersenen en de bijbehorende executieve vaardigheden. De Britse National Scientific Council on the Developing Child en de daaruit voortgevloeide National Forum on Early Childhood Policy and Programs geven verschillende tips hoe je die ontwikkeling kunt helpen. Zo zeggen zij dat het integreren van routines, zoals 's ochtends en 's avonds je tanden poetsen en iedere avond de tafel dekken, die passend zijn bij een bepaalde leeftijd, het geven van *cues* bij bepaalde taken en het opdelen van taken in kleinere delen waarbij executieve vaardigheden nodig zijn, kinderen helpt hun executieve vaardigheden te ontwikkelen. Ouders zouden dit moeten doen totdat kinderen in staat zijn de vaardigheden zelf te oefenen en de taken zelfstandig uit te voeren. Als dit het geval is kunnen de ouders steeds doorbewegen naar complexere taken. Samenvattend beschrijven ze dat het geven van structuur in een consequente, liefdevolle, stabiele en veilige omgeving met opvoeders die gevoelig zijn voor de behoefte van een kind en daar op de juiste manier op reageren, ervoor zorgt dat de zo belangrijke executieve vaardigheden ontwikkelen.

Opgroeien met stress

De netwerken in de hersenen die gerelateerd zijn aan de executieve vaardigheden hebben uitgebreide verbindingen met de gebieden in de hersenen die gerelateerd zijn aan het ervaren van gevaar en stress. Het is dan ook niet zo verwonderlijk dat zeer stressvolle gebeurtenissen vooral vroeg in het leven een direct effect op de ontwikkeling van de prefrontale hersenschors hebben, zoals onderzoek laat zien. Paul Tough beschrijft in zijn boek *How children succeed* (het boek is er ook in het Nederlands en heet *Een kwestie van karakter*) hoe kinderen die in stressvolle omstandigheden opgroeien en stressvolle dingen meemaken (*adversive childhood events*), meer moeite hebben met executieve vaardigheden. Ze vinden het moeilijk om zich te concentreren en stil te zitten, om aanwijzingen te onthouden en op te volgen, om kortetermijnbehoeftebevrediging uit de weg te gaan in het voordeel van grotere langeretermijnwinsten (uitgestelde beloning) en om hun emoties te reguleren. Tough beschrijft verder op basis van allerlei onderzoeken hoe het gebrek aan deze vaardigheden een direct effect heeft op allerlei belangrijke gebeurtenissen en aspecten in hun leven, zoals scholing, relaties, gezondheid en werk.

Kinderen
maken zich
het gedrag van
hun ouders
eigen. Goed
voorbeeld doet
goed volgen.

Angst, stress en andere sterke negatieve emoties beïnvloeden, door de verbindingen die ze hebben met de prefrontale hersenschors, direct de ontwikkeling van het hersensysteem dat ten grondslag ligt aan de executieve vaardigheden. Er zit bij een goede ontwikkeling ook een direct positief effect aan deze verbindingen. Door de verbindingen tussen de prefrontale hersenschors en het stresssysteem kan het executieve vaardighedensysteem in de hersenen direct de ervaring van angst, stress en andere negatieve emoties reguleren, en zo ervaring en leven op een positieve manier beïnvloeden. Verwaarlozing, misbruik, blootstelling aan geweld en andere vormen van langdurige dan wel ernstige stress, en opvoeders die niet gevoelig zijn voor de behoefte van een kind, kunnen de ontwikkeling van de executieve vaardigheden direct in gevaar brengen (zie voor meer over dit onderwerp working paper 11 van de National Scientific Council on the Developing Child/National Forum on Early Childhood Policy and Programs en de ACE Study (ACE staat voor Adversive Childhood Events). Daarentegen kunnen liefdevol ouderschap, opvoeding en scholing een schild vormen tegen de destructieve gevaren van *adversive childhood events* en direct de ontwikkeling van de prefrontale hersenschors en al haar verbindingen ondersteunen.

We weten dat eigenlijk al sinds het hechtingsonderzoek van de Britse psychiater John Bowlby van bijna een eeuw geleden waarin hij aantoonde dat een veilige hechting tussen moeder (of vervangende moeder) en kind onontbeerlijk is voor een gezonde emotionele, explorerende en ook cognitieve ontwikkeling van het kind. Het onderzoek van Harry Harlow die aapjes liet opgroeien met voldoende voedsel maar zonder warmte van een kippengaas-surrogaatmoeder, is fameus en laat de destructieve gevolgen van gebrek aan warmte, liefde, responsiviteit en bescherming op de ontwikkeling goed zien. Michael Meaney toonde dit tevens overtuigend aan met zijn rattenonderzoek. Met dit onderzoek lieten hij en zijn medewerkers zien dat rattenbaby's die meer door hun moeder gelikt en verzorgd worden nieuwsgieriger zijn, meer tijd besteden aan het onderzoeken van de wereld, beter hun weg vinden in een doolhof (een soort rattenwerkgeheugentaak), socialer en minder agressief zijn, betere zelfcontrole hebben en zelfs langer leven. Als de ratten niet door hun moeder, maar door een andere wijfjesrat liefdevol waren opgevoed, was het positieve effect hetzelfde. De effecten van die liefdevolle opvoeding waren niet alleen terug te zien in het gedrag en de ontwikkeling van de ratjes maar ook in hun hersenen, vooral in het systeem dat stress verwerkt en reguleert. Dat dit niet alleen voor ratten geldt maar ook voor mensen, werd in allerlei vervolgonderzoek met kinderen van allerlei leeftijden aangetoond.

Consequent gedrag

Een liefdevolle, gestructureerde opvoeding dus. Het gaat hier niet alleen om het vermijden van stressvolle gebeurtenissen, maar tevens om de emotionele behoeften van een kind zien en daarop adequaat te reageren en om consequent gedrag te vertonen. Let wel, ik zeg niet dat je een kind altijd zijn zin moet geven of jezelf volledig moet wegcijferen. Dat bedoel ik niet. Kinderen moeten ook ervaring krijgen met falen en tegenvallers om met tegenslag om te kunnen gaan en om te leren doorzetten en aangepaste plannen te maken. Maar daarnaast moeten ze zeker de kans krijgen om de vaardigheden en eigenschappen te ontwikkelen die hen op verschillende leeftijden in staat stellen om succes te kunnen behalen.

Ik heb het over opvoeden waarbij je consequent in een veilige, liefdevolle omgeving regels stelt en je kind op het juiste niveau laat ontdekken en begeleidt. En niet alleen tot twaalf jaar, maar nog ver daarna. Je ziet soms dat ouders als de kinderen naar de middelbare school gaan de teugels laten vieren ten aanzien van een hoop zaken, maar vooral ten aanzien van de tijd die ze in hun kinderen investeren. Kinderen zijn duidelijk zelfstandiger. Ze eten zelf en douchen en kleden zichzelf. Ze gaan zelf op de fiets naar school en naar voetbal en besteden veel tijd aan vrienden en zijn meer uit huis. Wat ze kunnen, moeten ze natuurlijk zelf doen, maar ze zijn ten aanzien van de hogere vaardigheden nog beginners.

Pubertijd

Het is net in de periode tussen de tien en midden twintig jaar dat de prefrontale hersengebieden zich het meest ontwikkelen en het is tijdens deze periode dat de executieve vaardigheden sterk verder kunnen ontwikkelen. Het is daarom heel krachtig te bedenken dat je nog steeds net als toen ze nog heel jong waren, veel tijd aan je kinderen moet besteden. Deze keer echter niet aan leren kruipen, lopen, eten, zindelijk worden, samen spelen, lezen, schrijven en rekenen maar aan zaken als:

- je niet voortdurend laten afleiden (door bijvoorbeeld apps, Xbox, Instagram, Facebook en Snapchat);
- je emoties reguleren (waar je tijdens de pubertijd meer dan genoeg gelegenheid voor krijgt);
- flexibel kunnen zijn als dingen veranderen (wat in de VUCA-wereld voortdurend gaande is);
- ongewenst gedrag kunnen onderdrukken (uitgelokt door allerlei verleidingen om je heen);
- de dingen die gedaan moeten worden plannen, organiseren en initiëren;
- bijhouden of je nog *on track* bent (een grote stap naar zelfstandigheid en iets waarbij je werkgeheugen enorm van belang is).

En dan heb ik het nog niet eens over zaken als moraliteit, prosociaal gedrag en verantwoordelijkheid. Ook al deze dingen behoren tot de opvoeding die kinderen klaarstoomt voor een zelfstandig, gelukkig en succesvol leven. Ze zijn zelfs de bouwstenen voor de ontwikkeling van een goede cognitieve, emotionele, sociale en morele ontwikkeling en daarom moet er tijdens de hele levensloop aandacht aan besteed worden, te beginnen in de vroege jeugd maar ook in de periode daarna. Ook bij dit alles geldt: goed voorbeeld doet goed volgen. Verschillende onderzoeken laten zien dat kinderen zich de regels en het gedrag van hun ouders eigen maken en dat dit, afhankelijk van de voorbeelden die ze van hun ouders krijgen, een positief dan wel een negatief effect heeft op hun executieve vaardigheden.

Toen ik dit stuk over opvoeden en frontaalkwabontwikkeling aan het schrijven was, werd ik heen en weer geslingerd tussen: het hoort niet in dit boek, want dit boek gaat uiteindelijk over hoe de frontaalkwab bij volwassenen te ontwikkelen is. Ik was echter zo onder de indruk van al deze informatie en de negatieve consequenties van *adversive childhood events* en de positieve gevolgen voor de frontaalkwab en de ontwikkeling van de executieve vaardigheden van een liefdevolle, consequente, stabiele opvoeding voor de rest van de levens van kinderen, dat ik besloten heb toch een behoorlijk stuk hierover in dit boek op te nemen. Er is nog veel meer over te zeggen, maar ik wilde dat zo veel mogelijk mensen in ieder geval deze kennis verkrijgen, de impact ervan inzien en proberen er op de een of andere manier iets mee te doen. Er liefdevol, consequent zijn voor kinderen – of ze nou van jezelf of van anderen zijn – heeft een ongelooflijke positieve impact op hun hersenen, emoties, gedrag en daden en uiteindelijk op de wereld. En nu houd ik erover op. Het is tijd voor het laatste hoofdstuk in dit ontwikkeldeel van dit boek, het hoofdstuk *Time*.

‘De enige plek waar succes voorafgaat aan werken is het woordenboek.’

Vidal Sassoon

Hoofdstuk 11 **Time – Gun jezelf tijd**

In dit hoofdstuk leer je twee dingen die je al lang weet en ongetwijfeld al gedurende de oefeningen in dit boek ervaren hebt. Ten eerste: je kunt weten wat je moet doen, maar om het effect te laten hebben moet je het ook daadwerkelijk doen en ten tweede: het bereiken van een doel gaat over het algemeen niet over één nacht ijs maar vergt tijd. Lees toch nog maar even door, ook al weet je dit, want het hoofdstuk zal je helpen die twee open deuren ook daadwerkelijk te gebruiken.

Secondewijzer

INZICHT

Voor dit inzicht heb je een analoge klok met een secondewijzer nodig. Ga ergens rustig zitten en kijk plotseling naar de klok. Zie je iets raars?

Als het goed is wel, namelijk dat het is alsof de eerste seconde langer duurt dan de seconden die daarna wegtikken. Met andere woorden, het is alsof de secondewijzer eerst blijft hangen en dan weer gewoon doortikt. Eén seconde leek de tijd een beetje stil te staan.

Wat je zonet hebt ervaren, noemen we de *stopped clock illusion*. De stopped clock illusion is een vorm van chronostasis ofwel een temporele illusie. Waarom deze illusie ontstaat, is goed te verklaren. Als we onze ogen snel van het ene punt naar het andere punt bewegen, iets wat in de wetenschap saccadische oogbewegingen wordt genoemd, dan denken we dat we een continue eenduidige stroom van informatie waarnemen. Maar dat is niet zo. In de snelle switch van het ene naar het andere punt zit een periode waarin je eigenlijk geen echte visuele informatie binnenkrijgt, waardoor er een gat in je waarneming ontstaat. Onze hersenen doen echter enorm hun best om je niet te laten merken dat er gaten in je waarnemingen vallen en proberen de hele korte periodes waarin die gaten eigenlijk wel vallen, op te vullen, zodat je een continu gevoel van bewustzijn hebt. De hersenen vullen het kleine zwarte gat in de waarneming, dat ontstaan is in de periode dat je je ogen van een bepaald punt naar de secondewijzer van de klok bewoog, op met de volgende visuele informatie die ze binnenkrijgen en dat is de volgende stand van de secondewijzer. Hierdoor lijkt het of die seconde langer duurt dan andere seconden waardoor de stopped clock illusion ontstaat. Dit voorbeeld laat zien dat zelfs zoiets als tijd, iets waarvan we over het algemeen denken dat het iets absoluuts is, afhankelijk is van de werking van onze hersenen en dat we tijdwaarneming dus kunnen manipuleren.

Er is ondertussen enorm veel de revue gepasseerd. We leven in een VUCA-wereld waar we continu worden afgeleid en waar veranderingen sneller dan snel lijken te gaan en we kunnen dit nu ook benoemen. Deze VUCA-wereld doet meer dan ooit een beroep op onze executieve vaardigheden om zo onze doelen te bereiken en in het algemeen succesvol te zijn. Of het nu gaat om werk, gezin, gezondheid of samenleving – overal hebben we executieve vaardigheden voor nodig. Die executieve vaardigheden zijn gerelateerd aan de ontwikkeling van de prefrontale hersenschors en die kunnen we ontwikkelen omdat onze hersenen plastisch zijn. Uit onderzoek blijkt wat we moeten doen om dit te bewerkstelligen. We kunnen de prefrontale hersenschors en de bijbehorende executieve vaardigheden ontwikkelen door ons bloot te stellen aan een verrijkte omgeving, weer meester te worden over onze aandacht, voldoende te slapen volgens een vast schema, meer te bewegen en te sporten dan we over het algemeen doen en heel specifiek ons werkgeheugen te trainen zodat vandaag en morgen niet meer van elkaar gescheiden lijken te zijn. Nou geschiedt dit alles natuurlijk niet per direct en met gemak.

Als je iets wilt bereiken dan vraagt dat inzet en commitment. Niet voor even, maar voor zo lang als nodig is. Die inzet en toewijding zullen ervoor zorgen dat bepaalde ingesleten paden in je hersenen veranderen. Paden die onderliggen aan specifiek gedrag dat, en emoties die je graag wilt veranderen omdat ze geluk en succes in de weg staan. Je kunt deze paden vervangen en bijschaven naar paden en netwerken die het gedrag mogelijk maken wat je voor jezelf voor ogen hebt. Gedrag dat je leidt naar succes. Je moet dus neurale netwerken, die je sturen naar minder gezonde automatismen, veranderen naar netwerken die gedragingen sturen die je helpen je doelen te bereiken. Dat kost tijd, dat kost moeite, dat vereist toewijding en veerkracht. Bedenk dat je er jaren over hebt gedaan om van bepaalde gewoontes waar je nu vanaf wilt de netwerken te versterken en er automatismen van te maken. Maak nu van de andere vaardigheden die je je wilt aanleren gewoontes en doe dat door te oefenen, te oefenen en te oefenen. Dat kost natuurlijk tijd.

Tijd, *Time*, is het laatste element van het EFFECT-programma. Geef jezelf die tijd. Tijd is echt een noodzakelijk ingrediënt in deze hele training. Toen ik zelf al deze elementen in mijn bestaan ging integreren en bij mezelf op weerstand of opgeven stuitte, hielp het me altijd als ik terugdacht aan bepaalde reizen die ik heb gemaakt. Ik heb veel *basic* gereisd. Lange voet-, bus-, trein- en bootreizen met bepakking die voerden naar de nomaden in Tibet tot de verschillende stammen in de Baliemvallei op Papoea. Maanden weg met weinig geld op zak, maar wel een muskietennet om onder te slapen en een uitgebreide eerstehulpkit op mijn rug. Als ik het door moeheid, ongedierte, geweld, honger, tegenslag en dergelijke niet meer zag zitten, maar echt door moest omdat ik anders dood zou vriezen of niet veilig kon overnachten, bedacht ik altijd het volgende: gewoon de ene voet voor de andere zetten. Letterlijk stap voor stap. Ik deelde de weg naar het einddoel op in subdoelen en ging zo van subdoel naar subdoel totdat ik bij het einddoel was.

Op deze manier zou je ook de verschillende onderdelen van het Ontwikkel-deel van dit boek kunnen aanpakken. Als je het moeilijk vindt om al die verschillende elementen in je leven te integreren, begin dan met het element dat je leuk vindt en makkelijk kunt integreren. De toepassing van deze elementen zal je prefrontale hersenschors al wat versterken waardoor het gaandeweg makkelijker wordt om ook de elementen die je in het begin wat minder zag zitten, te integreren.

Growth mindset

Er zijn nog andere behulpzame tips te geven. Zo laat Carol Dweck zien dat je mindset er al heel veel toe doet. Zij spreekt over een *fixed mindset* en een *growth mindset*. Een *fixed mindset* staat voor 'dat je niet gelooft dat je een bepaalde vaardigheid of eigenschap kunt veranderen' (Dweck deed onderzoek naar intelligentie). Je denkt dat deze vaardigheden aangeboren zijn en niet echt kunnen ontwikkelen. Mensen met een *growth mindset* geloven dat je een bepaalde vaardigheid of eigenschap wél kunt veranderen. Dat eigenschappen dynamisch van aard zijn. Dweck toonde aan dat studenten met een growth mindset het beter op school doen en hun punten verbeterden, in tegenstelling tot studenten met een fixed mindset. Ander onderzoek liet zien dat dit voor meerdere eigenschappen en vaardigheden geldt, bijvoorbeeld voor empathie. Ik hoop dat de kennis over plasticiteit die je hebt opgedaan je ten minste een growth mindset heeft gegeven, want dat zou al een stap op weg zijn naar het integreren van de elementen van het EFFECT-programma in je leven en het bereiken van je doel.

Een andere manier om het integreren van EFFECT in je leven vol te houden is je wilskracht trainen. Verschillende boeken leggen je uit hoe je dit moet doen (zoals het boek *De kracht van wilskracht* van Kelly McGonigal). Een manier om per direct wat meer doorzettingsvermogen te krijgen als het even moeilijk is, is door gebruik te maken van *embodied cognition*. Embodied cognition, zo legde ik al in hoofdstuk 9, *Exercise*, uit, gaat ervan uit dat je bewegingen je doen, voelen en denken beïnvloeden. Zo kunnen je bewegingen dus ook je doorzettingsvermogen beïnvloeden. De volgende PFH-trainer, die ik ook beschreven heb in het boek *Ik wil iets van jou, jij wilt iets van mij*, laat zien hoe je dat doet.

PFH-trainer: Opgeven

Als je iets moet doen om je doel te bereiken of je wilt de elementen van Enriched Environment, Flow Focus, Fixed Sleep Pattern, Exercise en Connect Today and Tomorrow uitvoeren, maar je dreigt op het moment op te geven, ga dan rustig op een stoel zitten met je armen over elkaar.
Het rare is dat je zult merken dat je het vaak toch nog in je hebt om te doen wat je moet doen om door te zetten.

Wat ik je hier laat doen, is gebaseerd op het onderzoek van Ron Friedman en Andrew Elliot. Zij lieten in een onderzoek proefpersonen anagrammen (woorden waar je een ander woord van moet maken) oplossen waar meerdere mogelijkheden voor waren. In een ander onderzoek lieten ze proefpersonen anagrammen oplossen die eigenlijk niet op te lossen waren. De ene helft van de proefpersonen in de onderzoeken moest proberen de anagrammen op te lossen terwijl ze hun armen over elkaar hadden, terwijl de andere helft de handen op de benen moest leggen terwijl ze de taak probeerden uit te voeren. De groep die de armen over elkaar had geslagen, bleek meer volhardingsvermogen te hebben dan de andere groep. Deze mensen probeerden langer de anagrammen op te lossen (zelfs als die niet oplosbaar waren) en zij bleken ook meer oplossingen voor de anagrammen te vinden. Volgens de onderzoekers kan dit effect verklaard worden vanuit het principe van *embodied cognition*.

Door de eeuwen heen hebben de hersenen het slaan van de armen over elkaar geassocieerd met doorzetten, want mensen die doorzetten met iets, slaan vaak de armen over elkaar. Omdat de twee in de tijd aan elkaar geassocieerd zijn geraakt, is het mogelijk dat er ook een wederkerig verband is ontstaan. Het doorzetten zorgt er dus niet alleen voor dat je je armen over elkaar slaat, maar het over elkaar slaan van je armen zet misschien ook automatisch volharding in werking. De bevinding van het onderzoek van Friedman en Elliot is iets waar je in je dagelijks leven op moeilijke momenten makkelijk gebruik van kunt maken.

Negatieve emoties als je handlanger

Op basis van ideeën van Michael Inzlicht en collegae weet ik nog iets wat je kan helpen. Zij beschrijven heel mooi in hun artikel hoe het leren verkrijgen van controle over je denken, doen en laten begint met negatieve emoties. Ik heb het hier over emoties als weerstand, angst, jezelf zielig vinden, frustratie, enzovoort. We zien deze emoties vaak als onze vijand, maar Inzlicht legt duidelijk uit dat deze emoties *erbij horen* en je *helpen* bij het verkrijgen van controle over jezelf. Deze negatieve emoties ontstaan namelijk door het conflict tussen wat je nu wilt doen, hebben of moet laten, of nu niet wilt maar eigenlijk toch moet doen. De emoties die je ervaart bij dit conflict, zijn een signaal dat je meer moeite moet gaan doen om jezelf te reguleren. Dat je heel snel en heel bewust je executieve vaardigheden in moet schakelen om te doen wat je echt wilt doen en wat bij je langeretermijndoelen past. Doe je dit niet, dan is de kans groot dat je overgenomen gaat worden door automatismen die je sturen naar kortetermijnfijn, maar langeretermijnpijn.

Je hebt dus eigenlijk een ingebouwde bewaker die je waarschuwt wanneer je het verkeerde pad dreigt in te slaan; die bewaker slaat alarm in de vorm van het voelen van negatieve emoties. Dit alarm betekent dat je op je schrede van dat verkeerde pad moet terugkeren en het andere pad moet inslaan. Het mooie van die negatieve emoties is dat ze meteen je aandacht opeisen. Je kunt ze bijna niet niet-opmerken. Het is alleen wel zo dat je die negatieve emoties anders moet leren labelen. Je moet ze dus niet gebruiken om juist toe te geven aan kortetermijnfijn, oftewel de verleidingen en gedragingen die je in je grotere doelplaatje juist wilt vermijden, maar je moet ze zien als een interne waarschuwing dat het tijd is om meer executieve kracht in te zetten.

Inzlicht beschrijft ook dat, als we de negatieve angel uit het conflict halen, mensen meer problemen hebben met controle. De negativiteit lijkt echt een noodzakelijk ingrediënt te zijn om met executieve vaardigheden, tegenkracht te gaan bieden in moeilijke situaties. Let wel, een *noodzakelijk ingrediënt*, niet voldoende om ook echt te doen wat je moet doen. Je zult nog steeds tijd en energie moeten steken in dat te doen wat je moet doen om je doelen te bereiken. Onthoud dus als je negatieve emoties ervaart omdat er een conflict is ontstaan tussen wat je nu moet doen of laten en wat je nu wilt doen of laten, dat dit het perfecte signaal is om meer bewuste controle op je denken en doen te gaan uitoefenen. Op het moment dat je dat doet, zet je stappen in de richting van je eigen doel, zullen de negatieve gevoelens afnemen en versterk je iedere keer je prefrontale hersenschors. Zie de negatieve gevoelens, die je ervaart bij kortetermijnfijn, maar langetermijnpijn-conflicten dus niet als je vijand maar als je handlanger. En ja ik weet het, dat is makkelijker gezegd dan gedaan.

Negatieve emoties INZICHT

Schrijf hier de negatieve gevoelens op die je ervaart bij kortetermijnfijn, maar langetermijnpijn-conflicten. Dit zal je helpen om ze beter te herkennen en te gebruiken om je executieve vaardigheden in te zetten waar het nodig is.

Inzicht

Negatieve emoties die ik ervaar bij kortetermijnfijn, maar langetermijnpijn-conflicten:

....

Nog wat laatste tips aan het eind van dit hoofdstuk. Om echt tijd te besteden en te blijven besteden aan de verschillende dingen die je prefrontale hersenschors versterken, moet je er bij aanvang voor zorgen dat je dingen uitzoekt die je graag doet. Deze intrinsieke motivatie is natuurlijk de makkelijkste manier om iets te blijven volhouden. Het is een manier om de tijd te manipuleren, want de algemene ervaring is dat de tijd sneller lijkt te gaan als je iets doet wat je leuk vindt, dan als je iets doet wat je niet leuk vindt. Ook hierdoor zul je langer iets volhouden, sporten bijvoorbeeld. Iets uitzoeken wat je graag doet, zal bij een Enriched Environment niet zo moeilijk zijn, bij het onderdeel Exercise en Flow Focus vergt het misschien al wat meer inspanning om dingen te kiezen die bij je passen. En als je niet echt van slapen houdt of denkt er niet voldoende tijd voor vrij te kunnen maken, dan is dat nog een hele uitdaging om ook het onderdeel Fixed Sleep Pattern in je dagelijks leven in te bouwen. Het meest effectieve zou natuurlijk zijn dat je alle onderdelen in je dagelijks leven opneemt, maar als dat moeilijk voor je is, begin dan met de onderdelen die je wel ziet zitten en van daaruit kun je je programma verder uitbreiden.

Adele Diamond geeft in haar overzichtsartikel over executieve vaardigheden nog enkele richtlijnen hoe het trainen van executieve functies volgens haar het meeste effect zal hebben. Ze pleit ervoor dat je de moeilijkheidsgraad van de verschillende componenten opbouwt. Je moet jezelf blijven uitdagen en verveling voorkomen. De grootste effecten lijken gevonden te worden bij die taken die het meest van je vergen. Misschien een motiverende troost als je eigenlijk wilt opgeven.

Om je het makkelijker te maken om vol te houden, heb ik enkele apps opgezocht die ontwikkeld zijn om je te helpen bij volhouden als je bepaalde doelen wilt bereiken. Helaas zijn ze wel allemaal in het Engels.

- Dosomethingdifferent
- Stridesapp
- Goalsontrack
- Superbetter

- Beeminder
- Omnifocus
- Sociidot
- Unstuck (helpt beslissingen nemen)

Het is heel eenvoudig. Om je doelen te bereiken zul je inspanning moeten plegen en die inspanning kost energie en tijd. Om je inzicht te geven in hoeveel inspanning je pleegt voor het ontwikkelen van de executieve vaardigheden met het EFFECT-programma, is het goed om dit gewoon bij te houden. Deze inspanningsadministratie zullen we ook in het volgende hoofdstuk gebruiken als we de effecten van je inspanning gaan meten.

INZICHT

Tijd bijhouden

Vul iedere week voor de overige vijf onderdelen van het EFFECT-programma in hoeveel tijd je daadwerkelijk besteed hebt aan deze onderdelen. Je kunt dit in het volgende hoofdstuk gebruiken om het effect van je inspanningen te bepalen.

	Maandag	Dinsdag	Woensdag	Donderdag	Vrijdag	Zaterdag	Zondag
Enriched Environment							
Flow Focus							
Fixed Sleep Pattern							
Exercise							
Connect Today and Tomorrow							

Ik weet het, het voelt ongetwijfeld of ik heel wat van je vraag. Maar als dat zo is, geeft dat eigenlijk aan hoever je afstaat van een goed, gezond leven. Ik vraag je namelijk je leven echt interessant te maken (*Enriched Environment*) volgens je eigen keuze, controle te hebben over waar je je aandacht aan geeft (dus over wat je leven beheerst, wat je aan informatie tot je neemt en hoe je ontwikkelt – *Flow Focus*), goed te slapen (*Fixed Sleep Pattern*), voldoende te bewegen (*Exercise*) en vandaag en morgen wat vaker te integreren (*Connect Today and Tomorrow*) en hier dusdanig tijd aan te besteden (*Time*) dat al deze onderdelen een normaal aspect worden van je leven, zodat je je prefrontale hersenschors en executieve vaardigheden ontwikkelt waardoor je minder een speelbal zult zijn, meer controle krijgt over alles en je beter in staat zult zijn om de doelen die je voor jezelf en anderen voor ogen hebt te bereiken. (Een hele mond vol, maar het geeft wel goed weer wat ik bedoel.) Ik vraag je eigenlijk het volle potentieel uit jezelf te halen en gelukkiger, gezonder en succesvoller te zijn. En je doet dit door dingen te doen die eigenlijk niet zo absurd maar eerder *common sense* zijn. Het spijt me om het te moeten zeggen, maar als je voelt dat ik echt te veel van je vraag, heb je het des te harder nodig. En ik weet waar ik over praat, want ik ervoer precies hetzelfde.

Je pleegt al die inspanning natuurlijk niet voor niets; je wilt effect zien. Een verbeterde versie van jezelf: IK^2. Dit brengt ons bij het laatste hoofdstuk van dit boek: Het EFFECT: IK^2.

‘Zijn en worden, daar draait het om.’

Margriet Sitskoorn

goodreads.com

Inleiding DEEL III

Dit laatste deel van het boek is erop gericht om je de effecten van de tijd en energie die je hebt gestoken in het ontwikkelen van je prefrontale hersenschors en de executieve vaardigheden te laten bepalen. Je zult dit vooral doen door de vragenlijsten die je eerder hebt ingevuld en de testen die je eerder hebt gedaan te herhalen en te vergelijken met je eerdere prestaties. Voorts wordt er gekeken naar hoever je bent gekomen met het behalen van je eerder geselecteerde doel en maak je de cirkel rond door eventueel nieuwe doelen op je agenda te zetten.

Dit deel van het boek, het meten van effect, heeft natuurlijk alleen maar zin als je ook daadwerkelijk tijd besteed hebt aan het uitvoeren van de onderdelen van het EFFECT-programma.

Wacht dus met dit deel van het boek totdat je minimaal zes maanden aan de uitvoering van de delen van het EFFECT-programma hebt besteed.

DEEL III
PLUK DE VRUCHTEN: WEES IK²

Wat is het effect van het volgen van (delen van) het EFFECT-programma en alle inzichten die ik verkregen heb? Ben ik dichter bij mijn doelen gekomen en wat is het grotere doel dat ik bereikt heb?

’It is good to have an end to journey toward; but it is the journey that matters, in the end.’

Ernest Hemmingway

goodreads.com

Hoofdstuk 12 **Het effect: meet de resultaten van het EFFECT-programma**

In dit hoofdstuk laat ik je in zekere mate de effecten van je inspanningen meten en krijg je het inzicht dat je inspanningen niet alleen een gunstig effect hebben op het bereiken van het doel dat je bij aanvang van dit boek gekozen hebt, maar ook op allerlei andere doelen die je nog wilt bereiken.

INZICHT

Doolhof in de herhaling

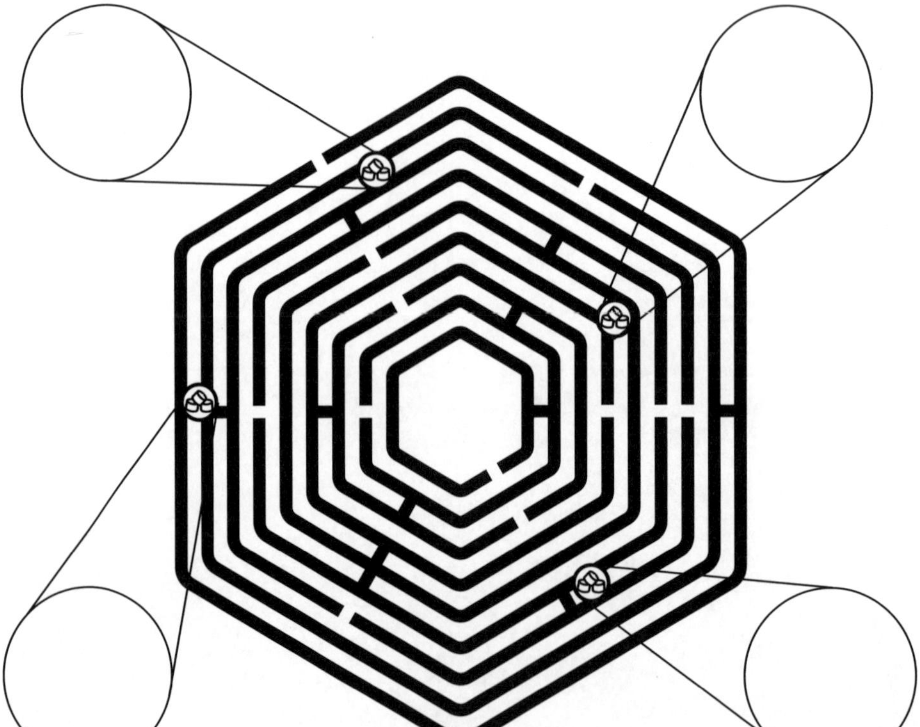

Welk pad leidt naar het doel?

Kijk naar de afbeelding en zet het doel dat je in het begin gekozen hebt in het midden van de afbeelding en zet bij de verschillende obstakels de marshmallows die je verwachtte tegen te komen en de moral licenses-verleidingen die je vermoedde te gebruiken of ook wel gebruikt hebt (zie inzicht 'Jouw valkuilen' in hoofdstuk 5 (p. 116), want daar heb je ze al eerder ingevuld). Probeer net als je in hoofdstuk 1 gedaan hebt door het doolhof bij het doel te komen.

Je zult deze afbeelding herkennen van het eerste hoofdstuk van dit boek (p. 18) en begrijpen dat deze figuur een metafoor is voor de reis die je hebt afgelegd of aan het afleggen bent. Eigenlijk is het een visuele samenvatting van wat je geleerd en gedaan hebt. Ik beschreef in het eerste hoofdstuk dat deze figuur is gebaseerd op de Minsky-Papert-figuren en dat figuren als deze de beperkingen van onze waarneming laten zien. De figuur was een metafoor voor het feit dat we niet altijd van tevoren weten hoe we ons doel moeten bereiken omdat we gewoonweg niet alles kunnen waarnemen en weten. Ik schreef: 'Als je een doel voor ogen hebt, ga je er vaak vanuit dat je het ook kunt bereiken. Echter, het is niet altijd duidelijk welk pad je moet bewandelen om dit ook daadwerkelijk te bewerkstelligen en of je wel de juiste vaardigheden hebt om de reis tot een goed einde te brengen. Dit kan ervoor zorgen dat je soms het verkeerde pad kiest. Dat kan gebeuren omdat je dingen niet goed kunt overzien, je je keuze op verkeerde informatie baseert, of omdat je je laat afleiden door van alles op weg naar je doel. Als dit gebeurt, ben je nog steeds veel energie kwijt, maar zijn je pogingen om je doel te bereiken over het algemeen gedoemd te mislukken. Al je inspanning leidt dan vaak tot meer van hetzelfde, doodlopende paden, schade aan je gezondheid, financiën, geluk, frustratie en teleurstelling. Het loont over het algemeen dus de moeite om, net zoals je zou doen als je met de auto op vakantie gaat, niet alleen energie te steken in het volgen van een weg, maar ook in het kiezen van de beste weg door eerst informatie te verzamelen en je van tevoren te wapenen tegen problemen.'

Dit is precies wat we met dit boek hebben gedaan. We hebben informatie verzameld, vaardigheden getraind en ons gewapend tegen valkuilen op ons pad. Als het goed is, heeft dit alles ertoe geleid dat je het doel dat je voor ogen had, nu makkelijker kunt bereiken.

Terugblik

In het eerste deel van het boek, *Krijg inzicht: ik,* heb je allerlei inzichten verworven over het kiezen van een doel, de VUCA-wereld, het CEO-brein, welke vaardigheden en eigenschappen verbonden zijn met succes en welke valkuilen je zoal kunt tegenkomen op weg naar succes. In het tweede deel heb je kennis gemaakt met de verschillende onderdelen waarvan is bewezen dat ze je prefrontale hersenschors en je executieve vaardigheden ontwikkelen. Deze onderdelen zijn: Enriched Environment, Flow Focus, Fixed Sleep Pattern, Exercise, Connect Today and Tomorrow en Time. Als je de eerste letters van al deze onderdelen achter elkaar zet, krijg je het woord EFFECT, een acroniem dat het makkelijk maakt om de verschillende onderdelen van het programma te onthouden.

E = Enriched Environment
F = Flow Focus
F = Fixed Sleep Pattern
E = Exercise
C = Connect Today and Tomorrow
T = Time

EFFECT

De tijd die je aan de eerste vijf onderdelen van het EFFECT-programma hebt besteed, heb je bijgehouden in een schema in hoofdstuk 11 (p. 232).

	Maandag	Dinsdag	Woensdag	Donderdag	Vrijdag	Zaterdag	Zondag
Enriched Environment							
Flow Focus							
Fixed Sleep Pattern							
Exercise							
Connect Today and Tomorrow							

Deze tijd is een belangrijk werkzaam bestanddeel van het effect van het programma. Heb je dus nog bijna geen tijd besteed aan de verschillende onderdelen, dan is het zinvoller om nog even te wachten met het bepalen van het effect en eerst meer tijd aan het integreren van de onderdelen in je leven te besteden.

De effecten die je hebt bereikt door het integreren van de verschillende onderdelen van het EFFECT-programma in je leven kun je op een subjectieve dan wel meer objectieve manier bepalen. De subjectieve manier geeft aan wat je zelf vindt en wat je ervaart, en wordt vaak gemeten met behulp van vragenlijsten. De objectieve manier bepaalt meer direct je werkelijke vaardigheden, vaak gebeurt dit met behulp van allerlei testen. Dit boek is vooral gericht op zelfreflectie en inzicht en op wat je zelf kunt doen, vandaar dat we een meer subjectieve manier van meten gebruiken. Door de testjes die je hebt gedaan op verschillende websites nog een keer te doen, krijg je meer inzicht in hoe je functioneert ten aanzien van verschillende executieve vaardigheden. Dit is een meer objectieve meetmanier. Wil je graag je executieve vaardigheden op een officiële objectieve manier laten meten, dan kun je dat bij een neuropsycholoog laten doen. De beste test ten aanzien van het doel van dit boek is: heb je je doel bereikt? Of als je daar nog niet mee bezig bent geweest, ben je na de integratie van de verschillende elementen van het EFFECT-programma in je leven beter in staat om je doel te bereiken.

Tijd om te meten

In hoofdstuk 2 maakte je kennis met de executieve vaardigheden en in hoofdstuk 3 met de vaardigheden waarvan is bewezen dat ze tot wijsheid en succes leiden. Je hebt jezelf beoordeeld op deze lijstjes en je hebt ook iemand laten beoordelen hoe hij of zij vindt dat je presteert op deze variabelen. Vul deze lijsten nogmaals in en vergelijk je huidige scores met de scores van destijds.

INZICHT

Je executieve vaardigheden beoordelen

Geef jezelf een score op de twaalf belangrijke geselecteerde onderdelen van de executieve vaardigheden. Laat je bij het invullen leiden door hoe je deze vaardigheden over het algemeen beheerst.

Beoordeling door jezelf	**Niet**	**Slecht**	**Redelijk**	**Goed**
1 Aandacht kunnen richten, vasthouden, verdelen en loslaten	☐	☐	☐	☐
2 Emoties kunnen reguleren (incl. omgaan met stress)	☐	☐	☐	☐
3 Flexibel kunnen zijn als dingen veranderen	☐	☐	☐	☐
4 Ongewenst gedrag kunnen onderdrukken	☐	☐	☐	☐
5 Taken en zaken kunnen starten	☐	☐	☐	☐
6 Dingen kunnen organiseren	☐	☐	☐	☐
7 Dingen kunnen plannen	☐	☐	☐	☐
8 Jezelf kunnen monitoren	☐	☐	☐	☐
9 Je werkgeheugen kunnen gebruiken	☐	☐	☐	☐
10 Een reëel zelfbeeld vormen	☐	☐	☐	☐
11 Het vermogen tot theory of mind hebben	☐	☐	☐	☐
12 Prosociaal gedrag laten zien (het belang van anderen voor ogen houden)	☐	☐	☐	☐

Laat vervolgens om je zelfinzicht te onderzoeken en hopelijk te staven, de persoon die de lijst ook eerder heeft ingevuld om je te beoordelen, deze lijst nogmaals invullen door je een score te geven op de twaalf belangrijke geselecteerde onderdelen van de executieve vaardigheden. Hij of zij mag zich bij het invullen laten leiden door hoe hij/zij vindt dat je deze vaardigheden over het algemeen beheerst. Kijk of er verschillen zijn en of je je in de mening van de ander kunt vinden. Pas je eigen beoordeling eventueel aan.

Beoordeling door de ander		**Niet**	**Slecht**	**Redelijk**	**Goed**
1	Aandacht kunnen richten, vasthouden, verdelen en loslaten	☐	☐	☐	☐
2	Emoties kunnen reguleren (incl. omgaan met stress)	☐	☐	☐	☐
3	Flexibel kunnen zijn als dingen veranderen	☐	☐	☐	☐
4	Ongewenst gedrag kunnen onderdrukken	☐	☐	☐	☐
5	Taken en zaken kunnen starten	☐	☐	☐	☐
6	Dingen kunnen organiseren	☐	☐	☐	☐
7	Dingen kunnen plannen	☐	☐	☐	☐
8	Jezelf kunnen monitoren	☐	☐	☐	☐
9	Je werkgeheugen kunnen gebruiken	☐	☐	☐	☐
10	Een reëel zelfbeeld kunnen vormen	☐	☐	☐	☐
11	Het vermogen tot theory of mind hebben	☐	☐	☐	☐
12	Prosociaal gedrag laten zien (het belang van anderen voor ogen houden)	☐	☐	☐	☐

Bekijk vervolgens of er verschillen zijn met de eerste keer dat jullie beiden de lijst hebben ingevuld in hoofdstuk 3 (p. 70). Vat die verschillen eventueel samen. ____________

INZICHT

Je wijsheid beoordelen

Schaal jezelf in op de mate waarin je vindt dat je de eigenschappen op het wijsheid/succeslijstje bezit.

		Niet	Beetje	Voldoende	Veel
1	Grit (toewijding aan iets)	☐	☐	☐	☐
2	Zelfcontrole	☐	☐	☐	☐
3	Energie/levenslust	☐	☐	☐	☐
4	Sociale intelligentie	☐	☐	☐	☐
5	Dankbaarheid	☐	☐	☐	☐
6	Optimisme	☐	☐	☐	☐
7	Nieuwsgierigheid	☐	☐	☐	☐
8	Prosociale waarden en prosociaal gedrag hebben	☐	☐	☐	☐
9	In staat zijn tot reflectie en zelfbegrip	☐	☐	☐	☐
10	Onderkennen van en kunnen omgaan met onzekerheid	☐	☐	☐	☐
11	Tolerant zijn	☐	☐	☐	☐
12	Spiritueel zijn	☐	☐	☐	☐
13	Gevoel voor humor hebben	☐	☐	☐	☐

Bekijk vervolgens of er veranderingen zijn opgetreden ten opzichte van de eerste keer dat je de lijst hebt ingevuld in inzicht 'Test je wijsheid- en succeseigenschappen' in hoofdstuk 4 (p. 97). Vat die veranderingen eventueel samen. ______

Je grit beoordelen

INZICHT

Grit, oftewel de mate van toewijding die je kunt opbrengen, is een belangrijke eigenschap om je doelen te bereiken. Als het goed is, hebben de componenten van het EFFECT-programma een positief effect gehad op je grit. Vul de grit-vragenlijst nogmaals op internet in[35] en vergelijk wederom je huidige score met je genoteerde score op pagina 101.

Eerste gritscore: ____________ Huidige gritscore: ____________

In hoofdstuk 7 heb je gekeken of je meester over je aandacht was. Als je de Flow Focus bent gaan doen, zou dat effect gehad moeten hebben op het richten, vasthouden en loslaten van je aandacht. Beoordeel hier opnieuw in hoeverre je (weer) master bent (geworden) over je aandacht.

Waar geef jij je aandacht aan?

INZICHT

1 Probeer je eens voor een dag bewust te zijn van waar jij je aandacht aan besteedt. Probeer dit niet alleen overdag te doen maar ook 's nachts als je wakker ligt omdat je misschien ligt te malen. Bekijk of je aandacht vooral getrokken wordt door prikkels uit je eigen lichaam, dus sensaties, gedachten en gevoelens, of meer door prikkels uit je omgeving, bijvoorbeeld beelden, geluiden en geuren. Bekijk vervolgens of je je aandacht blijft geven aan datgene waardoor het getrokken wordt en of dit positief of negatief is. Trek hieruit de conclusie of jij meester over je eigen aandacht bent en of je je aandacht geeft aan datgene waar je het ook daadwerkelijk aan wilt geven of dat je eigenlijk meer een marionet bent van allerlei interne en externe prikkels.

Aandacht getrokken door	Aandacht blijven geven ja/nee	Positief	Negatief

35 https://sasupenn.qualtrics.com/SE/?SID=SV_06f6QSOS2pZW9qR

Ik ben meester over mijn aandacht ja ☐ nee ☐
Ik geef mijn aandacht aan datgene wat ik wil ontwikkelen of bereiken ja ☐ nee ☐

2 Bepaal nu waar je je aandacht aan zou willen geven en probeer bij te houden of je dat ook lukt.

Ik wil mijn aandacht geven aan: ...

Bekijk vervolgens of er veranderingen zijn opgetreden ten opzichte van de eerste keer dat je je aandacht bepaalde in de opdracht in hoofdstuk 7 (p. 150). Vat die veranderingen eventueel samen. ...

Beter slapen

INZICHT

In hoofdstuk 8 heb je allerlei inzichten gekregen over het belang van slapen, en tips gelezen over hoe je je slapen kunt verbeteren. Als je toen een slaapdagboek hebt bijgehouden (p. 178), dan zou je dat nu weer een tijdje kunnen doen om je eventueel (nog) bewuster te worden van veranderingen die opgetreden zijn of veranderingen die je graag nog zou zien optreden.

Mocht je geen dagboek bijgehouden hebben, dan heb je misschien gedurende enkele dagen waarop je kort dan wel lang geslapen hebt, het onderstaande lijstje ingevuld om zo meer inzicht te krijgen in je slaappatroon en de effecten daarvan op je stemming, energie niveau, slaperigheid gedurende dag, stressgevoel en geduld. Je kunt dat nogmaals doen en uit de eventuele verschillen je conclusies trekken. Ben je beter gaan slapen?

Moet of wil je nog beter slapen? Kijk dan nog eens naar de tips die gegeven worden in hoofdstuk 8 (p. 183) om dit ook daadwerkelijk te bereiken.

Aantal uren slaap ____			
Stemming	☐ goed	☐ middelmatig	☐ slecht
Energieniveau	☐ hoog	☐ normaal	☐ laag
Geduld	☐ weinig	☐ normaal	☐ veel
Gevoel van stress	☐ veel	☐ normaal	☐ geen
Slaperig tijdens dag	☐ niet	☐ soms	☐ vaak
Gebruik alcohol	☐ Soort ____		Aantal ____
Gebruik cafeïne	☐		
Ik kan mijn aandacht goed bij dingen houden		☐ ja ☐ nee	
Ik heb zin in dingen		☐ ja ☐ nee	
Ik vind dat ik goed geslapen heb		☐ ja ☐ nee	

Vergelijk de uitkomsten van deze oefening met die in hoofdstuk 8. Je kunt je conclusies hieronder samenvatten. ____

INZICHT

Drie kernexecutieve vaardigheden

In hoofdstuk 3, *Het CEO-brein*, en in hoofdstuk 10, *Connect Today and Tomorrow*, zijn wat links opgenomen die je in staat stellen om de drie kernexecutieve vaardigheden – het vermogen om impulsen te onderdrukken (inhiberen), cognitieve en mentale flexibiliteit en werkgeheugen – met testjes te bekijken. Als je wilt, kun je deze testen nogmaals doen en bekijken hoe je het er nu in vergelijking met toen vanaf brengt. Let wel op dat er zo'n zes maanden tijd tussen het doen van de testen toen en het testen nu moet zitten. Dit om te voorkomen dat je hebt onthouden hoe je de test moet doen en daarom beter scoort zonder dat je executieve vaardigheden echt zijn toegenomen. Vergelijk wederom je huidige score met je eerder genoteerde scores.

Hier nogmaals de links naar de testen:

- www.mathsisfun.com/games/towerofhanoi.html
- http:/zap.psy.utwente.nl/
- http:/www.cognitivefun.net/
- www.cogmed.com/working-memory-challenge
- http://cognitivefun.net/test/4
- www.gocognitive.net/demo/working-memory-capacity

Eerste keer		**Tweede keer**	
Taak	**Score**	**Taak**	**Score**

INZICHT

Reflectie op je doel

Ondertussen heb je, als het goed is, tijd besteed aan het integreren van de verschillende onderdelen van het EFFECT-programma om je executieve vaardigheden die belangrijk zijn om je doelen te bereiken, te versterken. Ik weet niet of je in de tussentijd naast het integreren van EFFECT ook gewerkt hebt aan het bereiken van het doel dat je voor jezelf aan het begin van dit boek geformuleerd hebt. Als dat niet zo is, dan is het nu tijd om dat te gaan doen. Als je aan je doel gewerkt hebt, bepaal je hoever je bent met het bereiken van je doel(en) en of het mogelijke bereiken ervan je gebracht heeft wat je dacht dat het je zou brengen.

Gekozen doel: ______________________________

____

____

____

____

Doel bereikt als: ______________________________

____

Doel: Niet bereikt / Gedeeltelijk bereikt / Helemaal bereikt

Wat levert dit doel mij op? (Wat is de reden dat ik doel heb gekozen?) ______________________________

____

____

____

Heeft het doel je gebracht wat je voor ogen had? ☐ ja ☐ nee

Als het goed is, heb je door het lezen van dit boek, het doen van de oefeningen en de opdrachten, en het toepassen van verkregen inzichten in de praktijk meer vaardigheden in handen gekregen om het doel, dat je voorin dit boek hebt opgeschreven, te behalen. Maar dat doel is echter niet het eindpunt. Dat doel was slechts het begin. De ontwikkeling van je executieve vaardigheden zorgt ervoor dat je niet alleen dat eerste gekozen doel makkelijker kunt bereiken, het zorgt er ook voor dat je andere doelen waarvoor je moet plannen, volhouden, weerstand moet bieden aan verleiding, wijze beslissingen moet nemen, het pad moet monitoren en bijstellen op basis van verandering en feedback makkelijker kunt bereiken. Kortweg: doelen waarvoor je steeds weer vandaag en morgen moet verbinden.

INZICHT

Je volgende doel bepalen

In hoofdstuk 1, *Een doel voor ogen*, heb je nog meer doelen en dromen gedefinieerd. Je hebt gedefinieerd wat succes en geluk voor jou inhoudt en wat jij wilt bereiken op je werk, ten aanzien van je vrienden en gezin, je karaktereigenschappen, je lichaam en gezondheid, opleiding en ontwikkeling, ontspanning en bezit, de wereld in het algemeen en dit alles heb je eventueel nog aangevuld met wat voor jou nog meer belangrijk is.

1. Je kunt nu nog een keer beoordelen welke van deze doelen je hoogste prioriteit hebben. Geef in je ranking een 1 voor de variabele die je het meest belangrijk vindt (bijvoorbeeld werk), een 2 die je daarna het belangrijkste vindt (bijvoorbeeld gezin) enzovoort.
2. Beoordeel vervolgens de doelen op de verschillende vlakken op de mate van succes die je reeds ten aanzien van deze doelen hebt behaald. De score die je kunt geven, loopt wederom van 'totaal geen succes behaald', 'een beetje succes behaald', 'voldoende succes behaald' tot 'veel succes'. Vul de variabelen eventueel aan met variabelen die er verder voor jou nog toedoen. Hiermee krijg je weer inzicht in waar het volgens je eigen normen nu prima gaat in je leven en aan welke doelen je verder wilt werken en met welke prioriteit.

Behaald succes	Geen	Beetje	Voldoende	Veel	Ranking
Werk	☐	☐	☐	☐	....
Gezin	☐	☐	☐	☐	....
Vrienden	☐	☐	☐	☐	....
Opleiding	☐	☐	☐	☐	....
Ontspanning	☐	☐	☐	☐	....
Gezondheid/lichaam	☐	☐	☐	☐	....
Bezit	☐	☐	☐	☐	....
Geluk	☐	☐	☐	☐	....
Eigenschappen	☐	☐	☐	☐	....
Bijdrage aan de wereld	☐	☐	☐	☐	....
....	☐	☐	☐	☐	....
....	☐	☐	☐	☐	....
....	☐	☐	☐	☐	....
....	☐	☐	☐	☐	....

Een nieuw doel: voor jezelf of voor een ander

Als je aan nog meer doelen wilt werken, kun je weer teruggaan naar hoofdstuk 1 en een nieuw doel en stappenplan formuleren voor het doel of de doelen waaraan je nu zou willen werken. Je kunt dit wederom voor jezelf doen, maar je kunt het boek met al zijn opdrachten, inzichten en vragenlijsten ook gebruiken om anderen te helpen met het bereiken van hun doelen en het ontwikkelen van hun executieve vaardigheden. Er is ook een apart werkboek met alle vragenlijsten en formulieren verkrijgbaar. Dit kun je gebruiken om anderen te helpen ontwikkelen en om de effecten van het EFFECT-programma te meten.

INZICHT

Je nieuwe doel en stappenplan formuleren

Formuleer je nieuwe doel hieronder op een realistische 'ik wil'-manier. Dit betekent dat je dat wat je wilt bereiken op een duidelijke, concrete manier opschrijft, zodat je kunt bepalen wanneer je doel bereikt is en beschrijft wat het bereiken van je doel je in jouw ogen zal opleveren. Tevens moet je beschrijven wat je moet doen om je doel te bereiken en wat de mogelijke problemen/verleidingen zijn waar je tegenaan loopt.

Doel: ______

Ik heb mijn doel bereikt als ______

Wat levert dit doel mij op? (Wat is de reden dat ik dit doel kies?)

Wat moet ik doen om mijn doel te bereiken?

Welke obstakels en verleidingen verwacht ik op weg naar mijn doel?

Het spijt me dat ik het moet zeggen, maar als je denkt dat ik teveel van je vraag, heb je het des te harder nodig. En ik weet waarover ik praat.

Tot slot **IK²: De beste versie van jezelf**

Je hebt in dit boek geleerd om niet alleen te *zijn* maar ook om bewust te *worden* en nog preciezer, om te worden wat je wilt zijn. Steeds weer. Dat was mijn doel met dit boek. Dat lijkt een paradox te zijn, tegelijkertijd zijn en worden, want zijn is een constante factor en worden een dynamische, maar dat is het niet. Op het moment dat je je identificeert met het leven, de reis, je plannen, je doelen, je dromen en met het idee dat alles verandert, zul je zien dat je meer bereid bent tot ontwikkeling. Die bereidheid zal een constante factor worden in je zijn. Een constante die voortdurend worden mogelijk maakt en dit voortdurend worden je steeds makkelijker af zal laten gaan. Je zult niet alleen meer willen veranderen als ontsnapping of redding, puur omdat het moet, maar je zult willen veranderen als manier van leven, open voor ervaring en ontwikkeling. Op het moment dat je dat kunt, hoeft verandering niet meer zo vaak onrust en stress te veroorzaken. Nieuwe ervaringen en veranderingen kunnen dan een verwacht en welkom onderdeel van je leven worden. Het ontwikkelen van executieve vaardigheden zal je hierbij helpen.

In dit boek heb ik de methoden beschreven die op een algemene manier je executieve vaardigheden ontwikkelen. Ik heb daarvoor gekozen omdat dit de meest basale en de meest bewezen effectieve manier is om de default mode van je hersenen te verbeteren. In mijn volgende boeken zal ik meer ingaan op de ontwikkeling van specifieke executieve vaardigheden, zoals de ontwikkeling van motivatie, prosociaal gedrag en creativiteit.

Executieve vaardigheden stellen ons in staat om succesvol (lees dus ook gezond en gelukkig) te zijn in het complexe tijdperk waarin we leven. Door onze executieve vaardigheden kunnen we onze impulsen en reflexen als het moet ontstijgen. Loskomen van onze stereotypische gedragingen, socialer zijn, creatiever zijn, proactiever en innovatiever zijn, verleidingen weerstaan, minder stress hebben, de dingen beter onder controle hebben, uitdagingen zien, onszelf sneller ontwikkelen, meer bijdragen aan ons eigen leven en aan dat van anderen – om maar wat te noemen. Maar het gaat veel verder dan dat. We kunnen door de plasticiteit van onze hersenen onze executieve vaardigheden ontwikkelen en zo zelf onze vooruitgang een richting geven. Ik ben enorm gepassioneerd door dit idee. Want wat ik in dit boek heb beschreven, kan er mede voor zorgen dat we onszelf ontwikkelen van *homo sapiens* (de wijze mens) naar de *homo sapiens versus* (de waarachtig wijze mens. Om het volledige potentieel uit jezelf te halen oftewel om je te ontwikkelen naar IK² en zo de wereld te ontwikkelen naar beter, gezonder, socialer en eerlijker. De mogelijkheden zijn in je hersenen aanwezig. Laat ze niet ongebruikt. Gebruik ze, ontwikkel en draag bij.

Literatuur

Hoofdstuk 1 Een doel voor ogen

Duckworth, A. L., Kirby, T., Gollwitzer, A., & Oettingen, G. (2013). From fantasy to action: Mental contrasting with implementation intentions (MCII) improves academic performance in children. *Social Psychological and Personality Science, 4*(6), 745-753.

Hall, P. A., & Fong, G. T. (2015). Temporal self-regulation theory: A neurobiologically informed model for physical activity behavior. *Frontiers in Human Neuroscience, 9*, 117.

Heatherton, T. F., & Wagner, D. D. (2011). Cognitive neuroscience of self-regulation failure. *Trends in Cognitive Sciences, 15*(3), 132-139.

Hofmann, W., Schmeichel, B. J., & Baddeley, A. D. (2012). Executive functions and self-regulation. *Trends in Cognitive Sciences, 16*(3), 174-180.

Inzlicht, M., Bartholow, B. D., & Hirsh, J. B. (2015). Emotional foundations of cognitive control. *Trends in Cognitive Sciences, 19*(3), 126-132.

Koestner, R., Lekes, N., Powers, T. A., & Chicoine, E. (2002). Attaining personal goals: Self-concordance plus implementation intentions equals success. *Journal of Personality and Social Psychology, 83*(1), 231-244.

Mann, T., Ridder, D. de, & Fujita, K. (2013). Self-regulation of health behavior: Social psychological approaches to goal setting and goal striving. *Health Psychology, 32*(5), 487-498.

Sevincer, A. T., & Oettingen, G. (2013). Spontaneous mental contrasting and selective goal pursuit. *Personality and Social Psychology Bulletin, 39*(9), 1240-1254.

Sheldon, K. M. (2014). Becoming oneself the central role of self-concordant goal selection. *Personality and Social Psychology Review, 18*(4), 349-365.

Hoofdstuk 2 De VUCA-wereld

Actieagenda smart industry: Dutch industry fit for the future. (2014). Geraadpleegd op: http://www.smartindustry.nl/wp-content/uploads/2014/11/Smart-Industry-actieagenda-LR.pdf.

Carr, N. G. (2010). *The shallows: What the internet is doing to our brains*. New York, NY: W.W. Norton & Company.

Carroll, L. (1871). *Through the looking-glass (and what Alice found there)*. Londen: Macmillan Publishers Ltd.

Chitta, K. (2014). *Change agility: Leadership, transformation and the pursuit of purpose*. North Charleston, SC: CreateSpace.

Cobb, V. (1999). *How to really fool yourself: Illusions for all your senses*. New York, NY: John Wiley & Sons.

Diamond, J. M. (2005). *Collapse: How societies choose to fail or succeed*. New York, NY: Viking Press.

Friedman, T. L. (2005). *The world is flat: A brief history of the twenty-first century*. New York, NY: Farrar, Straus and Giroux.

Goldberg, E., & Podell, K. (1999). Adaptive versus veridical decision making and the frontal lobes. *Consciousness and Cognition, 8(3)*, 364-377.

Heuvel, M. van den (2014). *Vrijheid gelijkheid broederschap: Oude waarden in nieuwe tijden*. Amsterdam: Boom.

Levitin, D. J. (2014). *The organized mind: Thinking straight in the age of information overload.* New York, NY: Dutton Penguin.

May, J., & May, C. (2014). *Are you VUCA ready?* North Charleston, SC: CreateSpace.

Restak, R. (2003). *The new brain: How the modern age is rewiring your mind.* Emmaus, PA: Rodale.

Sitskoorn, M. M. (2010). *Passies van het brein: Waarom zondigen zo verleidelijk is.* Amsterdam: Bert Bakker.

Sitskoorn, M. M. (2014, 19 december). Het 'executive brain'. *FD Outlook, 7*(4), 126.

Spencer, H. (1864, 1867). *Principles of Biology* (2 vols., 2nd ed., 1898-99). Londen: Williams and Norgate.

Stichting Adverteerdersjury Nederland (2014). *SAN Jaarboek 2014*, 3-5.

Stiehm, J. H., & Townsend, N. W. (2002). *U.S. Army war college: Military education in a democracy* (p. 6). Philadelphia, PA: Temple University Press.

Trilling, B., & Fadel, C. (2012). *21st Century skills: Learning for life in our times.* San Francisco, CA: Jossey-Bass.

Hoofdstuk 3 Het CEO-brein

Anderson, J. R., & Gallup, G. G. (2011). Which primates recognize themselves in mirrors? *PLoS Biology, 9*(3), e1001024.

Ardila, A. (2008). On the evolutionary origins of executive functions. *Brain and Cognition, 68*(1), 92-99.

Asimov, I. (1981). *Asimov on science fiction.* New York, NY: Doubleday.

Barkley, R. A. (2001). The executive functions and self-regulation: An evolutionary neuropsychological perspective. *Neuropsychology Review, 11*(1), 1-29.

Bechara, A. (2004). The role of emotion in decision-making: Evidence from neurological patients with orbitofrontal damage. *Brain and Cognition, 55*(1), 30-40.

Bechara, A., Damasio, A. R., Damasio, H., & Anderson, S. W. (1994). Insensitivity to future consequences following damage to human prefrontal cortex. *Cognition, 50*(1), 7-15.

Brodmann, K. (2006). *Brodmann's Localisation in the Cerebral Cortex* (translated and edited by Laurence Garey). New York: Springer.

Casey, B. J., Somerville, L. H., Gotlib, I. H., Ayduk, O., Franklin, N. T., Askren, M. K., … Teslovich, T. (2011). Behavioral and neural correlates of delay of gratification 40 years later. *Proceedings of the National Academy of Sciences, 108(36)*, 14998-15003.

Center on the Developing Child at Harvard University (2011). *Building the brain's 'Air Traffic Control' system: How early experiences shape the development of executive function: Working paper No. 11.* Op 24 juli 2015 geraadpleegd op www.developingchild.harvard.edu.

Chitta, K. (2014). *Change agility: Leadership, transformation and the pursuit of purpose.* North Charleston, SC: CreateSpace.

Damasio, A., R., Anderson, S. W., & Tranel, D. (2011). The frontal lobes. In K. M. Heilman & E. Valenstein (Eds.), *Clinical neuropsychology* (5e ed., pp. 417-465). New York, NY: Oxford University Press.

Dawson, P., & Guare, R. (2014). Interventions to promote executive development in children and adolescents. In S. Goldstein & J. A. Naglieri (Eds.), *Handbook of executive functioning* (tabel op pp. 428-429). New York, NY: Springer.

Diamond, A. (2013). Executive functions. *Annual Review of Psychology, 64*, 135-168.

Duckworth, A. L., & Seligman, M. E. (2005). Self-discipline outdoes IQ in predicting academic performance of adolescents. *Psychological Science, 16*(12), 939-944.

Duckworth, A. L., Quinn, P. D., & Tsukayama, E. (2012). What no child left behind leaves behind: The roles of IQ and self-control in predicting standardized achievement test scores and report card grades. *Journal of Educational Psychology, 104*(2), 439-451.

Duckworth, A. L., Tsukayama, E., & Kirby, T. A. (2013). Is it really self-control? Examining the predictive power of the delay of gratification task. *Personality and Social Psychology Bulletin, 39*(7), 843-855.

Duckworth, A. L., Kirby, T., Gollwitzer, A., & Oettingen, G. (2013). From fantasy to action: Mental contrasting with implementation intentions (MCII) improves academic performance in children. *Social Psychological and Personality Science, 4*(6), 745-753.

Duckworth, A. L., Weir, D., Tsukayama, E., & Kwok, D. (2012). Who does well in life? Conscientious adults excel in both objective and subjective success. *Frontiers in Psychology, 3*, 356.

Eigsti, I.-M., Zayas, V., Mischel, W., Shoda, Y., Ayduk, O., Dadlani, M. B., ... Casey, B. (2006). Predicting cognitive control from preschool to late adolescence and young adulthood. *Psychological Science, 17*(6), 478-484.

Frith, C. D., & Frith, U. (2012). Mechanisms of social cognition. *Annual Review of Psychology, 63*, 287-313.

Gallup, G. G. (1970). Chimpanzees: Self-recognition. *Science, 167*(3914), 86-87.

Goldberg, E. (2009). *The new executive brain: Frontal lobes in a complex world.* Oxford University Press.

Goldstein, S., & Naglieri, J. A. (2014). *Handbook of executive functioning.* New York, NY: Springer.

Hongwanishkul, D., Happaney, K. R., Lee, W. S., & Zelazo, P. D. (2005). Assessment of hot and cool executive function in young children: Age-related changes and individual differences. *Developmental Neuropsychology, 28*(2), 617-644.

Ingvar, D. H. (1984). 'Memory of the future': An essay on the temporal organization of conscious awareness. *Human Neurobiology, 4*(3), 127-136.

Kolb, B., & Whishaw, I. Q. (2009). *Fundamentals of human neuropsychology* (6e ed.). New York, NY: Worth.

Lezak, M. D., Howieson, D. B., Bigler, E. D., & Tranel, D. (2012). *Neuropsychological assessment* (5th ed.). New York, NY: Oxford University Press.

Li, W., Mai, X., & Liu, C. (2014). The default mode network and social understanding of others: What do brain connectivity studies tell us. *Frontiers in Human Neuroscience, 8*, 74.

McClelland, M. M., & Cameron, C. E. (2011). Self-regulation and academic achievement in elementary school children. *New Directions for Child and Adolescent Development, 2011*(133), 29-44.

McCloskey, G., & Perkins, L. A. (2012). *Essentials of executive functions assessment.* New York, NY: John Wiley & Sons.

Meshberger, F. L. (1990). An interpretation of Michelangelo's creation of Adam based on neuroanatomy. *JAMA, 264*(14), 1837-1841.

Mischel, W., Shoda, Y., & Rodriguez, M. I. (1989). Delay of gratification in children. *Science, 244*(4907), 933-938.

Mischel, W., Ayduk, O., Berman, M. G., Casey, B. J., Gotlib, I. H., Jonides, J., ... Shoda, Y. (2011). 'Willpower' over the life span: Decomposing self-regulation. *Social Cognitive and Affective Neuroscience, 6*(2), 252-256.

Mitchell, R. L., & Phillips, L. H. (2015). The overlapping relationship between emotion perception and theory of mind. *Neuropsychologia, 70*, 1-10.

Miyake, A., Friedman, N. P., Emerson, M. J., Witzki, A. H., Howerter, A., & Wager, T. D. (2000). The unity and diversity of executive functions and their contributions to complex 'frontal lobe' tasks: A latent variable analysis. *Cognitive Psychology, 41*(1), 49-100.

Naglieri, J. A., & Goldstein, S. (2013). *Comprehensive executive functioning inventory technical manual.* Toronto: Multi-Health Systems.

Nigg, J. T. (2000). On inhibition/disinhibition in developmental psychopathology: Views from cognitive and personality psychology and a working inhibition taxonomy. *Psychological Bulletin, 126*(2), 220-246.

Rajkowska, G., & Goldman-Rakic, P. S. (1995a). Cytoarchitectonic definition of prefrontal areas in the normal human cortex: I. Remapping of areas 9 and 46 using quantitative criteria. *Cerebral Cortex, 5*(4), 307-322.

Rajkowska, G., & Goldman-Rakic, P. S. (1995b). Cytoarchitectonic definition of prefrontal areas in the normal human cortex: II. Variability in locations of areas 9 and 46 and relationship to the Talairach Coordinate System. *Cerebral Cortex, 5*(4), 323-337.

Shamosh, N. A., & Gray, J. R. (2008). Delay discounting and intelligence: A meta-analysis. *Intelligence, 36*(4), 289-305.

Shamosh, N. A., DeYoung, C. G., Green, A. E., Reis, D. L., Johnson, M. R., Conway, A. R., ... Gray, J. R. (2008). Individual differences in delay discounting relation to intelligence, working memory, and anterior prefrontal cortex. *Psychological Science, 19*(9), 904-911.

Sitskoorn, M. M. (2010). *Passies van het brein: Waarom zondigen zo verleidelijk is.* Amsterdam: Bert Bakker.

Smith, M. E. (2002). Success rates for different types of organizational change. *Performance Improvement, 41*(1), 26-33.

Uylings, H., Rajkowska, G., Sanz-Arigita, E., Amunts, K., & Zilles, K. (2005). Consequences of large interindividual variability for human brain atlases: Converging macroscopical imaging and microscopical neuroanatomy. *Anatomy and Embryology, 210*(5-6), 423-431.

Wagner, D. D., Altman, M., Boswell, R. G., Kelley, W. M., & Heatherton, T. F. (2013). Self-regulatory depletion enhances neural responses to rewards and impairs top-down control. *Psychological Science, 24*(11), 2262-2271.

Ward, J. (2015). The executive brain. In J. Ward (Ed.), *The student's guide to cognitive neuroscience* (3e ed., pp. 345-372). New York, NY: Psychology Press.

Zelazo, P. D., Qu, L., & Müller, U. (2005). Hot and cool aspects of executive function: Relations in early development. In W. Schneider, R. Schumann-Hengsteler & B. Sodian (Eds.), *Young children's cognitive development: Interrelationships among executive functioning, working memory, verbal ability, and theory of mind* (pp. 71-93). Mahwah, NJ: Lawrence Erlbaum.

Hoofdstuk 4 Het recept voor succes

Bailey, C. E. (2007). Cognitive accuracy and intelligent executive function in the brain and in business. *Annals of the New York Academy of Sciences, 1118*(1), 122-141.

Bangen, K. J., Meeks, T. W., & Jeste, D. V. (2013). Defining and assessing wisdom: A review of the literature. *American Journal of Geriatric Psychiatry, 21*(12), 1254-1266.

Brown, T. E., & Landgraf, J. M. (2010). Improvements in executive function correlate with enhanced performance and functioning and health-related quality of life: Evidence from 2 large, double-blind, randomized, placebo-controlled trials in ADHD. *Postgraduate Medicine, 122*(5), 42-51.

Carr, N. G. (2010). *The shallows: What the internet is doing to our brains*. New York, NY: W.W. Norton & Company.

Cobb, V. (1999). *How to really fool yourself: Illusions for all your senses*. New York, NY: John Wiley & Sons.

Crescioni, A. W., Ehrlinger, J., Alquist, J. L., Conlon, K. E., Baumeister, R. F., Schatschneider, C., & Dutton, G. R. (2011). High trait self-control predicts positive health behaviors and success in weight loss. *Journal of Health Psychology, 16*(5), 750-759.

Davis, C. L., Tomporowski, P. D., McDowell, J. E., Austin, B. P., Miller, P. H., Yanasak, N. E., ... Naglieri, J. A. (2011). Exercise improves executive function and achievement and alters brain activation in overweight children: A randomized, controlled trial. *Health Psychology, 30*(1), 91-98.

Davis, J. C., Marra, C. A., Najafzadeh, M., & Liu-Ambrose, T. (2010). The independent contribution of executive functions to health related quality of life in older women. *BMC Geriatrics, 10*(1), 16.

De Sousa, A., & Cunha, E. (2012). Hominins and the emergence of the modern human brain. *Progress in Brain Research, 195*, 293-322.

Duckworth, A. L., & Seligman, M. E. (2005). Self-discipline outdoes IQ in predicting academic performance of adolescents. *Psychological Science, 16*(12), 939-944.

Duckworth, A. L., Quinn, P. D., & Tsukayama, E. (2012). What no child left behind leaves behind: The roles of IQ and self-control in predicting standardized achievement test scores and report card grades. *Journal of Educational Psychology, 104*(2), 439-451.

Duckworth, A. L., Tsukayama, E., & Kirby, T. A. (2013). Is it really self-control? Examining the predictive power of the delay of gratification task. *Personality and Social Psychology Bulletin, 39*(7), 843-855.

Duckworth, A. L., Kirby, T., Gollwitzer, A., & Oettingen, G. (2013). From fantasy to action: Mental contrasting with implementation intentions (MCII) improves academic performance in children. *Social Psychological and Personality Science, 4*(6), 745-753.

Duckworth, A. L., Peterson, C., Matthews, M. D., & Kelly, D. R. (2007). Grit: Perseverance and passion for long-term goals. *Journal of Personality and Social Psychology, 92*(6), 1087-1101.

Duckworth, A. L., Weir, D., Tsukayama, E., & Kwok, D. (2012). Who does well in life? Conscientious adults excel in both objective and subjective success. *Frontiers in Psychology, 3*, 356.

Eigsti, I.-M., Zayas, V., Mischel, W., Shoda, Y., Ayduk, O., Dadlani, M. B., ... Casey, B. (2006). Predicting cognitive control from preschool to late adolescence and young adulthood. *Psychological Science, 17*(6), 478-484.

Frankl, V. E., Kushner, H. S., & Winslade, W. J. (2006). *Man's search for meaning.* Boston: Beacon Press.

Gibson, J. J. (1979). *The ecological approach to visual perception.* Boston, MA: Houghton Mifflin.

Goldberg, E. (2009). *The new executive brain: Frontal lobes in a complex world.* New York, NY: Oxford University Press.

Lhermitte, F. (1983). 'Utilization behaviour' and its relation to lesions of the frontal lobes. *Brain, 106* (Pt 2), 237-255.

Lövdén, M., Bäckman, L., Lindenberger, U., Schaefer, S., & Schmiedek, F. (2010). A theoretical framework for the study of adult cognitive plasticity. *Psychological Bulletin, 136*(4), 659-676.

Lövdén, M., Wenger, E., Mårtensson, J., Lindenberger, U., & Bäckman, L. (2013). Structural brain plasticity in adult learning and development. *Neuroscience & Biobehavioral Reviews, 37*(9), 2296-2310.

May, A. (2011). Experience-dependent structural plasticity in the adult human brain. *Trends in Cognitive Sciences, 15*(10), 475-482.

McClelland, M. M., & Cameron, C. E. (2011). Self-regulation and academic achievement in elementary school children. *New Directions for Child and Adolescent Development, 2011(*133), 29-44.

Meeks, T. W., & Jeste, D. V. (2009). Neurobiology of wisdom: A literature overview. *Archives of General Psychiatry, 66*(4), 355-365.

Mischel, W., Shoda, Y., & Rodriguez, M. I. (1989). Delay of gratification in children. *Science, 244*(4907), 933-938.

Mischel, W., Ayduk, O., Berman, M. G., Casey, B. J., Gotlib, I. H., Jonides, J., ... Shoda, Y. (2011). 'Willpower' over the life span: Decomposing self-regulation. *Social Cognitive and Affective Neuroscience, 6*(2), 252-256.

Neubauer, S. (2014). Endocasts: Possibilities and limitations for the interpretation of human brain evolution. *Brain, Behavior and Evolution, 84*(2), 117-134.

Park, D. C., & Reuter-Lorenz, P. (2009). The adaptive brain: Aging and neurocognitive scaffolding. *Annual Review of Psychology, 60*, 173-196.

Pearce, E., Stringer, C., & Dunbar, R. I. (2013). New insights into differences in brain organization between Neanderthals and anatomically modern humans. *Proceedings of the Royal Society of London B: Biological Sciences, 280*(1758), 20130168.

Peterson, C., & Seligman, M. E. (2004). *Character strengths and virtues: A handbook and classification.* New York, NY: Oxford University Press.

Restak, R. (2003). *The new brain: How the modern age is rewiring your mind.* Emmaus, PA: Rodale.

Shamosh, N. A., & Gray, J. R. (2008). Delay discounting and intelligence: A meta-analysis. *Intelligence, 36*(4), 289-305.

Shamosh, N. A., DeYoung, C. G., Green, A. E., Reis, D. L., Johnson, M. R., Conway, A. R., ... Gray, J. R. (2008). Individual differences in delay discounting relation to intelligence, working memory, and anterior prefrontal cortex. *Psychological Science, 19*(9), 904-911.

Sitskoorn, M. M. (2006). *Het maakbare brein: Gebruik je hersens en word wie je wilt zijn*. Amsterdam: Bert Bakker.

Sitskoorn, M. M. (2010). *Passies van het brein: Waarom zondigen zo verleidelijk is*. Amsterdam: Bert Bakker.

Sitskoorn, M. M. (2012). *Ik wil iets van jou, jij wilt iets van mij*. Amsterdam: Bert Bakker.

Tough, P. (2013). *How children succeed: Grit, curiosity and the hidden power of character*. Londen: Random House Books.

Valkanova, V., Eguia Rodriguez, R., & Ebmeier, K. P. (2014). Mind over matter – what do we know about neuroplasticity in adults? *International Psychogeriatrics, 26*(6), 891-909.

Wagner, D. D., Altman, M., Boswell, R. G., Kelley, W. M., & Heatherton, T. F. (2013). Self-regulatory depletion enhances neural responses to rewards and impairs top-down control. *Psychological Science, 24*(11), 2262-2271.

Hoofdstuk 5 Valkuilen

Alquist, J., & Baumeister, R. F. (2012). Self-control: Limited resources and extensive benefits. *Wiley interdisciplinary reviews: Cognitive Science, 3*(3), 419-423.

Berridge, K. C. (2009). 'Liking' and 'wanting' food rewards: Brain substrates and roles in eating disorders. *Physiology & Behavior, 97*(5), 537-550.

Berridge, K. C., Ho, C.-Y., Richard, J. M., & DiFeliceantonio, A. G. (2010). The tempted brain eats: Pleasure and desire circuits in obesity and eating disorders. *Brain Research, 1350*, 43-64.

Bishop, M., Elder, S. T., & Heath, R. G. (1963). Intracranial self-stimulation in man. *Science, 140*(3565), 394-396.

Briers, B., Pandelaere, M., Dewitte, S., & Warlop, L. (2006). Hungry for money: The desire for caloric resources increases the desire for financial resources and vice versa. *Psychological Science, 17*(11), 939-943.

Burghardt, P. R., Love, T. M., Stohler, C. S., Hodgkinson, C., Shen, P.-H., Enoch, M.-A., ... Zubieta, J.-K. (2012). Leptin regulates dopamine responses to sustained stress in humans. *The Journal of Neuroscience, 32*(44), 15369-15376.

Dutton, K. (2011). *Split-second persuasion: The ancient art and new science of changing minds.* Boston: Houghton Mifflin Harcourt.

Fishbach, A., & Dhar, R. (2005). Goals as excuses or guides: The liberating effect of perceived goal progress on choice. *Journal of Consumer Research, 32*(3), 370-377.

Fishbach, A., Dhar, R., & Zhang, Y. (2006). Subgoals as substitutes or complements: The role of goal accessibility. *Journal of Personality and Social Psychology, 91*(2), 232-242.

Gardner, E. L. (2011). Addiction and brain reward and antireward pathways. *Advances in Psychosomatic Medicine, 30*, 22-60.

Heath, R. G. (1963). Electrical self-stimulation of the brain in man. *American Journal of Psychiatry, 120*(6), 571-577.

Heath, R. G. (1972). Pleasure and brain activity in man: Deep and surface electroencephalograms during orgasm. *The Journal of Nervous and Mental Disease, 154*(1), 3-18.

Heatherton, T. F., & Wagner, D. D. (2011). Cognitive neuroscience of self-regulation failure. *Trends in Cognitive Sciences, 15*(3), 132-139.

Hildebrandt, T., & Greif, R. (2013). Stress and addiction. *Psychoneuroendocrinology, 38*(9), 1923-1927.

Hofmann, W., Schmeichel, B. J., & Baddeley, A. D. (2012). Executive functions and self-regulation. *Trends in Cognitive Sciences, 16*(3), 174-180.

Khan, U., & Dhar, R. (2006). Licensing effect in consumer choice. *Journal of Marketing Research, 43*(2), 259-266.

Knutson, B., & Cooper, J. C. (2005). Functional magnetic resonance imaging of reward prediction. *Current Opinion in Neurology, 18*(4), 411-417.

Lieberman, M. D., & Eisenberger, N. I. (2009). Neuroscience. Pains and pleasures of social life. *Science, 323*(5916), 890-891.

Lüscher, C., & Malenka, R. C. (2011). Drug-evoked synaptic plasticity in addiction: From molecular changes to circuit remodeling. *Neuron, 69*(4), 650-663.

Mann, T., de Ridder, D., & Fujita, K. (2013). Self-regulation of health behavior: Social psychological approaches to goal setting and goal striving. *Health Psychology, 32*(5), 487-498.

McGonigal, K. (2012). *De kracht van wilskracht: Hoe zelfbeheersing werkt en wat je eraan kunt doen.* Amsterdam: Nieuwerzijds.

Mick, D. G., & DeMoss, M. (1990). Self-gifts: Phenomenological insights from four contexts. *Journal of Consumer Research, 17*(3), 322-332.

Olds, J. (1956a). Pleasure centers in the brain. *Scientific American, 195*, 105-117.

Olds, J. (1956b). Runway and maze behavior controlled by basomedial forebrain stimulation in the rat. *Journal of Comparative and Physiological Psychology, 49*(5), 507-512.

Olds, J. (1958). Self-stimulation of the brain its use to study local effects of hunger, sex, and drugs. *Science, 127*(3294), 315-324.

Olds, J., & Milner, P. (1954). Positive reinforcement produced by electrical stimulation of septal area and other regions of rat brain. *Journal of Comparative and Physiological Psychology, 47*(6), 419-427.

Richard, J. M., Castro, D. C., DiFeliceantonio, A. G., Robinson, M. J., & Berridge, K. C. (2013). Mapping brain circuits of reward and motivation: In the footsteps of Ann Kelley. *Neuroscience & Biobehavioral Reviews, 37*(9), 1919-1931.

Rock, D. (2009). *Your brain at work.* New York, NY: Harper Business.

Sachdeva, S., Iliev, R., & Medin, D. L. (2009). Sinning saints and saintly sinners: The paradox of moral self-regulation. *Psychological Science, 20*(4), 523-528.

Sinha, R., & Jastreboff, A. M. (2013). Stress as a common risk factor for obesity and addiction. *Biological Psychiatry, 73*(9), 827-835.

Sitskoorn, M. M. (2010). *Passies van het brein: Waarom zondigen zo verleidelijk is.* Amsterdam: Bert Bakker.

Vincent, A. (2009). *Believe it, be it: How being the biggest loser won me back my life.* Emmaus, PA: Rodale.

Williams, M. A., Li, C., Kash, T. L., Matthews, R. T., & Winder, D. G. (2014). Excitatory drive onto dopaminergic neurons in the rostral linear nucleus is enhanced by norepinephrine in an α_1 adrenergic receptor-dependent manner. *Neuropharmacology, 86*, 116-124.

Zhang, Y., Fishbach, A., & Kruglanski, A. W. (2007). The dilution model: How additional goals undermine the perceived instrumentality of a shared path. *Journal of Personality and Social Psychology*, *92*(3), 389-401.

Hoofdstuk 6 Enriched Environment – Verrijk je omgeving

Alwis, D. S., & Rajan, R. (2014). Environmental enrichment and the sensory brain: The role of enrichment in remediating brain injury. *Frontiers in Systems Neuroscience*, *8*, 156.

Barulli, D., & Stern, Y. (2013). Efficiency, capacity, compensation, maintenance, plasticity: Emerging concepts in cognitive reserve. *Trends in Cognitive Sciences*, *17*(10), 502-509.

Draganski, B., Gaser, C., Busch, V., Schuierer, G., Bogdahn, U., & May, A. (2004). Neuroplasticity: Changes in grey matter induced by training. *Nature*, *427*(6972), January, 311-312.

Kuboshima-Amemori, S., & Sawaguchi, T. (2007). Plasticity of the primate prefrontal cortex. *The Neuroscientist*, *13*(3), 229-240.

Maguire, E.A., Spiers, H.J. Good, C.D., Hartley, T., Frackowiak, R.S., & Burgess, N. (2003). Navigation expertise and the human hippocampus: A structural brain imaging analysis. *Hippocampus*, *13*(2), 208-217.

Nithianantharajah, J., & Hannan, A. J. (2009). The neurobiology of brain and cognitive reserve: Mental and physical activity as modulators of brain disorders. *Progress in Neurobiology*, *89*(4), 369-382.

Petrosini, L., De Bartolo, P., Foti, F., Gelfo, F., Cutuli, D., Leggio, M. G., & Mandolesi, L. (2009). On whether the environmental enrichment may provide cognitive and brain reserves. *Brain Research Reviews*, *61*(2), 221-239.

Renoir, T., Pang, T. Y., Mo, C., Chan, G., Chevarin, C., Lanfumey, L., & Hannan, A. J. (2013). Differential effects of early environmental enrichment on emotionality related behaviours in Huntington's disease transgenic mice. *Journal of Physiology*, *591*(1), 41-55.

Sitskoorn, M. M. (2006). *Het maakbare brein: Gebruik je hersens en word wie je wilt zijn*. Amsterdam: Bert Bakker.

Valkanova, V., Eguia Rodriguez, R., & Ebmeier, K. P. (2014). Mind over matter – what do we know about neuroplasticity in adults? *International Psychogeriatrics*, *26*(6), 891-909.

Woollett, K., & Maguire, E.A. (2011). Acquiring 'the Knowledge' of London's layout drives structural brain changes. *Current Biology*, *21*(24), December, 2109-2114.

Hoofdstuk 7 Flow Focus – Geef richting aan de plasticiteit van je hersenen

Al-Hashimi, O., Zanto, T. P., & Gazzaley, A. (2015). Neural sources of performance decline during continuous multitasking. *Cortex*, *71*, 49-57.

Alavash, M., Hilgetag, C. C., Thiel, C. M., & Gießing, C. (2015). Persistency and flexibility of complex brain networks underlie dual-task interference. *Human Brain Mapping*, *36*(9), 3542-3562.

Arden, J. B. (2010). *Rewire your brain: Think your way to a better life*. New York, NY: John Wiley & Sons.

Chiesa, A., & Serretti, A. (2010). A systematic review of neurobiological and clinical features of mindfulness meditations. *Psychological Medicine, 40*(8), 1239-1252.

Chiesa, A., Calati, R., & Serretti, A. (2011). Does mindfulness training improve cognitive abilities? A systematic review of neuropsychological findings. *Clinical Psychology Review, 31*(3), 449-464.

Chiesa, A., Serretti, A., & Jakobsen, J. C. (2013). Mindfulness: Top-down or bottom-up emotion regulation strategy? *Clinical Psychology Review, 33*(1), 82-96.

Conrad, C. D. (2011). *The handbook of stress: Neuropsychological effects on the brain.* Hoboken, NJ: Wiley-Blackwell.

Csikszentmihalyi, M. (1990). *Flow: The psychology of optimal experience.* New York, NY: Harper & Row.

Davidson, R. J., & Lutz, A. (2008). Buddha's brain: Neuroplasticity and meditation. *IEEE Signal Processing Magazine, 25*(1), 176-174.

Diamond, A. (2013). Executive functions. *Annual Review of Psychology, 64*, 135-168.

Ding, X., Tang, Y.-Y., Tang, R., & Posner, M. I. (2014). Improving creativity performance by short-term meditation. *Behavioral and Brain Functions, 10*(9), 1-8.

Ding, X., Tang, Y.-Y., Cao, C., Deng, Y., Wang, Y., Xin, X., & Posner, M. I. (2015). Short-term meditation modulates brain activity of insight evoked with solution cue. *Social Cognitive and Affective Neuroscience, 10*(1), 43-49.

Dresler, M., & Repantis, D. (2015). Chapter 11 - Cognitive enhancement in humans. In S. Knafo & C. Venero (Eds.), *Cognitive enhancement: Pharmacologic, environmental and genetic factors* (pp. 273-306). San Diego, CA: Academic Press.

Fan, Y., Tang, Y.-Y., Tang, R., & Posner, M. I. (2014). Short term integrative meditation improves resting alpha activity and stroop performance. *Applied Psychophysiology and Biofeedback, 39*(3-4), 213-217.

Feil, J., Sheppard, D., Fitzgerald, P. B., Yücel, M., Lubman, D. I., & Bradshaw, J. L. (2010). Addiction, compulsive drug seeking, and the role of frontostriatal mechanisms in regulating inhibitory control. *Neuroscience & Biobehavioral Reviews, 35*(2), 248-275.

Feltenstein, M., & See, R. (2008). The neurocircuitry of addiction: An overview. *British Journal of Pharmacology, 154*(2), 261-274.

Froeliger, B., Garland, E., & McClernon, F. (2012). Yoga meditation practitioners exhibit greater gray matter volume and fewer reported cognitive failures: Results of a preliminary voxel-based morphometric analysis. *Evidence-based Complementary and Alternative Medicine: eCAM, 2012*, 821307-821307.

Gard, T., Taquet, M., Dixit, R., Holzel, B. K., de Montjoye, Y. A., Brach, N., ... Lazar, S. W. (2014). Fluid intelligence and brain functional organization in aging yoga and meditation practitioners. *Frontiers in Aging Neuroscience, 6*, 76.

Harp, D., & Feldman, N. (1997). *Drie minuten meditaties.* Amsterdam: Maarten Muntinga.

Hodgins, H. S., & Adair, K. C. (2010). Attentional processes and meditation. *Consciousness and Cognition, 19*(4), 872-878.

Hofmann, W., Schmeichel, B. J., & Baddeley, A. D. (2012). Executive functions and self-regulation. *Trends in Cognitive Sciences, 16*(3), 174-180.

Hölzel, B. K., Carmody, J., Vangel, M., Congleton, C., Yerramsetti, S. M., Gard, T., & Lazar, S. W. (2011). Mindfulness practice leads to increases in regional brain gray matter density. *Psychiatry Research: Neuroimaging, 191*(1), 36-43.

Kabat-Zinn, J. (1994). *Wherever you go, there you are: Mindfulness training in everyday life.* New York, NY: Hyperion.

Levitin, D. J. (2014). *The organized mind: Thinking straight in the age of information overload.* New York, NY: Dutton Penguin.

Luders, E., Toga, A. W., Lepore, N., & Gaser, C. (2009). The underlying anatomical correlates of long-term meditation: Larger hippocampal and frontal volumes of gray matter. *NeuroImage, 45*(3), 672-678.

Lutz, A., Slagter, H. A., Dunne, J. D., & Davidson, R. J. (2008). Attention regulation and monitoring in meditation. *Trends in Cognitive Sciences, 12*(4), 163-169.

McEwen, B. S. (2004). Protection and damage from acute and chronic stress: Allostasis and allostatic overload and relevance to the pathophysiology of psychiatric disorders. *Annals of the New York Academy of Sciences, 1032*(1), 1-7.

McGonigal, K. (2012). *De kracht van wilskracht: Hoe zelfbeheersing werkt en wat je eraan kunt doen.* Amsterdam: Nieuwerzijds.

Moore, A., & Malinowski, P. (2009). Meditation, mindfulness and cognitive flexibility. *Consciousness and Cognition, 18*(1), 176-186.

Moore, A., Gruber, T., Derose, J., & Malinowski, P. (2012). Regular, brief mindfulness meditation practice improves electrophysiological markers of attentional control. *Frontiers in Human Neuroscience, 6*, 18.

Nakamura, J., & Csikszentmihalyi, M. (2002). The concept of flow. In C. R. Snyder & S. J. Lopez (Eds.), *Handbook of positive psychology* (pp. 89-105). New York, NY: Oxford University Press.

Ophir, E., Nass, C., & Wagner, A. D. (2009). Cognitive control in media multitaskers. *Proceedings of the National Academy of Sciences, 106*(37), 15583-15587.

Opialla, S., Lutz, J., Scherpiet, S., Hittmeyer, A., Jäncke, L., Rufer, M., ... Brühl, A. B. (2014). Neural circuits of emotion regulation: A comparison of mindfulness-based and cognitive reappraisal strategies. *European Archives of Psychiatry and Clinical Neuroscience, 265*(1), 45-55.

Park, G., & Thayer, J. (2014). From the heart to the mind: Cardiac vagal tone modulates top-down and bottom-up visual perception and attention to emotional stimuli. *Frontiers in Psychology, 5*, 278.

Posner, M. I., Tang, Y.-Y., & Lynch, G. (2014). Mechanisms of white matter change induced by meditation training. *Frontiers in Psychology, 5*, 1220.

Rubinstein, J., Meyer, D., & Evans, J. (2001). Executive control of cognitive processes in task switching. *Journal of Experimental Psychology, 27*(4), 763-797.

Sapolsky, R. M. (2004). *Why zebra's don't get ulcers* (3rd ed.). New York, NY: Henry Holt and Company.

Schwartz, J. M., & Gladding, R. (2011). *You are not your brain: The 4-step solution for changing bad habits, ending unhealthy thinking, and taking control of your life.* Garden City, NY: Avery.

Slagter, H. A., Davidson, R. J., & Lutz, A. (2011). Mental training as a tool in the neuroscientific study of brain and cognitive plasticity. *Frontiers in Human Neuroscience, 5*, 17.

Song, H.-S., & Lehrer, P. M. (2003). The effects of specific respiratory rates on heart rate and heart rate variability. *Applied Psychophysiology and Biofeedback, 28*(1), 13-23.

Steckler, T., Kalin, N. H., & Reul, J. M. H. M. (2005). *Handbook of stress and the brain part 1: The neurobiology of stress.* Amsterdam: Elsevier Science.

Tang, Y.-Y., Hölzel, B. K., & Posner, M. I. (2015). The neuroscience of mindfulness meditation. *Nature reviews Neuroscience, 16*(4), 213-225.

Tang, Y.-Y., Posner, M. I., & Rothbart, M. K. (2014). Meditation improves self-regulation over the life span. *Annals of the New York Academy of Sciences, 1307*(1), 104-111.

Tang, Y.-Y., Lu, Q., Fan, M., Yang, Y., & Posner, M. I. (2012). Mechanisms of white matter changes induced by meditation. *Proceedings of the National Academy of Sciences, 109*(26), 10570-10574.

Tang, Y.-Y., Lu, Q., Feng, H., Tang, R., & Posner, M. I. (2015). Short-term meditation increases blood flow in anterior cingulate cortex and insula. *Frontiers in Psychology, 6*, 212.

Tang, Y.-Y., Ma, Y., Fan, Y., Feng, H., Wang, J., Feng, S., ... Li, J. (2009). Central and autonomic nervous system interaction is altered by short-term meditation. *Proceedings of the National Academy of Sciences, 106*(22), 8865-8870.

Tang, Y.-Y., Ma, Y., Wang, J., Fan, Y., Feng, S., Lu, Q., ... Fan, M. (2007). Short-term meditation training improves attention and self-regulation. *Proceedings of the National Academy of Sciences, 104*(43), 17152-17156.

Teper, R., & Inzlicht, M. (2013). Meditation, mindfulness and executive control: The importance of emotional acceptance and brain-based performance monitoring. *Social cognitive and affective Neuroscience, 8*(1), 85-92.

Tough, P. (2013). *How children succeed: Grit, curiosity and the hidden power of character.* Londen: Random House Books.

Travis, F., & Shear, J. (2010). Focused attention, open monitoring and automatic self-transcending: Categories to organize meditations from Vedic, Buddhist and Chinese traditions. *Consciousness and Cognition, 19*(4), 1110-1118.

Winbush, N. Y., Gross, C. R., & Kreitzer, M. J. (2007). The effects of mindfulness-based stress reduction on sleep disturbance: A systematic review. *Explore: The Journal of Science and Healing, 3*(6), 585-591.

Witkiewitz, K., Lustyk, M. K. B., & Bowen, S. (2013). Retraining the addicted brain: A review of hypothesized neurobiological mechanisms of mindfulness-based relapse prevention. *Psychology of Addictive Behaviors, 27*(2), 351-365.

Xue, S.-W., Tang, Y.-Y., & Posner, M. I. (2011). Short-term meditation increases network efficiency of the anterior cingulate cortex. *NeuroReport, 22*(12), 570-574.

Xue, S.-W., Tang, Y.-Y., Tang, R., & Posner, M. I. (2014). Short-term meditation induces changes in brain resting EEG theta networks. *Brain and Cognition, 87*, 1-6.

Zanesco, A. P., King, B. G., MacLean, K. A., & Saron, C. D. (2013). Executive control and felt concentrative engagement following intensive meditation training. *Frontiers in Human Neuroscience, 7*, 566.

Zeidan, F., Gordon, N. S., Merchant, J., & Goolkasian, P. (2010). The effects of brief mindfulness meditation training on experimentally induced pain. *Journal of Pain*, *11*(3), 199-209.

Zeidan, F., Johnson, S. K., Diamond, B. J., David, Z., & Goolkasian, P. (2010). Mindfulness meditation improves cognition: Evidence of brief mental training. *Consciousness and Cognition*, *19*(2), 597-605.

Zeidan, F., Martucci, K. T., Kraft, R. A., McHaffie, J. G., & Coghill, R. C. (2014). Neural correlates of mindfulness meditation-related anxiety relief. *Social Cognitive and Affective Neuroscience*, *9*(6), 751-759.

Hoofdstuk 8 Fixed Sleep Pattern – Ontdek de kracht van slapen

Arden, J. B. (2010). *Rewire your brain: Think your way to a better life*. New York, NY: John Wiley & Sons.

Buysse, D. J., Reynolds, C. F., Monk, T. H., Berman, S. R., & Kupfer, D. J. (1989). The Pittsburgh Sleep Quality Index: A new instrument for psychiatric practice and research. *Psychiatry Research*, *28*(2), 193-213.

Dhand, R., & Sohal, H. (2006). Good sleep, bad sleep! The role of daytime naps in healthy adults. *Current Opinion in Pulmonary Medicine*, *12*(6), 379-382.

Diekelmann, S. (2014). Sleep for cognitive enhancement. *Frontiers in Systems Neuroscience*, *8*, 46.

Diekelmann, S., Wilhelm, I., & Born, J. (2009). The whats and whens of sleep-dependent memory consolidation. *Sleep Medicine Reviews*, *13*(5), 309-321.

Dresler, M., & Repantis, D. (2015). Chapter 11 - Cognitive enhancement in humans. In S. Knafo & C. Venero (Eds.), *Cognitive enhancement: Pharmacologic, environmental and genetic factors* (pp. 273-306). San Diego, CA: Academic Press.

Durmer, J. S., & Dinges, D. F. (2005). Neurocognitive consequences of sleep deprivation. *Seminars in Neurology*, *25*(1), 117-129.

Durning, S. J., Capaldi II, V. F., Artino Jr, A. R., Graner, J., van der Vleuten, C., Beckman, T. J., ... Schuwirth, L. (2014). A pilot study exploring the relationship between internists' self-reported sleepiness, performance on multiple-choice exam items and prefrontal cortex activity. *Medical Teacher*, *36*(5), 434-440.

Elmenhorst, D., Elmenhorst, E.-M., Luks, N., Maass, H., Mueller, E.-W., Vejvoda, M., ... Samel, A. (2009). Performance impairment during four days partial sleep deprivation compared with the acute effects of alcohol and hypoxia. *Sleep Medicine*, *10*(2), 189-197.

Ficca, G., Axelsson, J., Mollicone, D. J., Muto, V., & Vitiello, M. V. (2010). Naps, cognition and performance. *Sleep Medicine Reviews*, *14*(4), 249-258.

Filevich, E., Dresler, M., Brick, T. R., & Kühn, S. (2015). Metacognitive mechanisms underlying lucid dreaming. *The Journal of Neuroscience*, *35*(3), 1082-1088.

Genzel, L., Quack, A., Jäger, E., Konrad, B., Steiger, A., & Dresler, M. (2012). Complex motor sequence skills profit from sleep. *Neuropsychobiology*, *66*(4), 237-243.

Genzel, L., Kiefer, T., Renner, L., Wehrle, R., Kluge, M., Grözinger, M., ... Dresler, M. (2012). Sex and modulatory menstrual cycle effects on sleep related memory consolidation. *Psychoneuroendocrinology, 37*(7), 987-998.

Gorgoni, M., D'Atri, A., Lauri, G., Rossini, P. M., Ferlazzo, F., & De Gennaro, L. (2013). Is sleep essential for neural plasticity in humans, and how does it affect motor and cognitive recovery? *Neural Plasticity, 2013.*

Jackson, M. L., Gunzelmann, G., Whitney, P., Hinson, J. M., Belenky, G., Rabat, A., & Van Dongen, H. P. (2013). Deconstructing and reconstructing cognitive performance in sleep deprivation. *Sleep Medicine Reviews, 17*(3), 215-225.

Killgore, W. D. (2010). Effects of sleep deprivation on cognition. *Progress in Brain Research, 185*, 105-129.

Killgore, W. D., Balkin, T. J., & Wesensten, N. J. (2006). Impaired decision making following 49 h of sleep deprivation. *Journal of Sleep Research, 15*(1), 7-13.

Killgore, W. D., Lipizzi, E. L., Kamimori, G. H., & Balkin, T. J. (2007). Caffeine effects on risky decision making after 75 hours of sleep deprivation. *Aviation, Space, and Environmental Medicine, 78*(10), 957-962.

Kubitz, K. A., Landers, D. M., Petruzzello, S. J., & Han, M. (1996). The effects of acute and chronic exercise on sleep. *Sports Medicine, 21*(4), 277-291.

Lahl, O., Wispel, C., Willigens, B., & Pietrowsky, R. (2008). An ultra short episode of sleep is sufficient to promote declarative memory performance. *Journal of Sleep Research, 17*(1), 3-10.

Nettersheim, A., Hallschmid, M., Born, J., & Diekelmann, S. (2015). The role of sleep in motor sequence consolidation: Stabilization rather than enhancement. *The Journal of Neuroscience, 35*(17), 6696-6702.

O'Connor, P., & Youngstedt, S. (1995). Influence of exercise on human sleep. *Exercise and Sport Sciences Reviews, 23*, 105-134.

Perrier, J., Clochon, P., Bertran, F., Couque, C., Bulla, J., Denise, P., & Bocca, M.-L. (2015). Specific EEG sleep pattern in the prefrontal cortex in primary insomnia. *PLoS one, 10*(1).

Rechtschaffen, A. (1971). The control of sleep. In W. A. Hunt (Ed.), *Human behavior and its control* (pp. 75-92). Cambridge, MA: Schenkman.

Ritter, S. M., Strick, M., Bos, M. W., Van Baaren, R. B., & Dijksterhuis, A. (2012). Good morning creativity: Task reactivation during sleep enhances beneficial effect of sleep on creative performance. *Journal of Sleep Research, 21*(6), 643-647.

Siengsukon, C. F., & Boyd, L. A. (2009). Does sleep promote motor learning? Implications for physical rehabilitation. *Physical Therapy, 89*(4), 370-383.

Sitskoorn, M. M. (2008). Masterclass besluitvorming. *Management Scope*, juni, 23.

Stickgold, R., & Walker, M. (2004). To sleep, perchance to gain creative insight? *Trends in Cognitive Sciences, 8*(5), 191-192.

Venkatraman, V., Chuah, Y., Huettel, S., & Chee, M. (2007). Sleep deprivation elevates expectation of gains and attenuates response to losses following risky decisions. *Sleep, 30*(5), 603-609.

Vercoulen, J. H., Swanink, C. M., Fennis, J. F., Galama, J. M., van der Meer, J. W., & Bleijenberg, G. (1994). Dimensional assessment of chronic fatigue syndrome. *Journal of Psychosomatic Research, 38*(5), 383-392.

Verleger, R., Rose, M., Wagner, U., Yordanova, J., & Kolev, V. (2013). Insights into sleep's role for insight: Studies with the number reduction task. *Advances in Cognitive Psychology, 9*(4), 160-172.

Werf, Y. D. van der, Altena, E., Schoonheim, M. M., Sanz-Arigita, E. J., Vis, J. C., Rijke, W. de, & Someren, E. J. van (2009). Sleep benefits subsequent hippocampal functioning. *Nature Neuroscience, 12*(2), 122-123.

Hoofdstuk 9 Exercise – Vorm en versterk je hersenen

Angevaren, M., Aufdemkampe, G., Verhaar, H., Aleman, A., & Vanhees, L. (2008). Physical activity and enhanced fitness to improve cognitive function in older people without known cognitive impairment. *The Cochrane Database of Systematic Reviews (2)*, CD005381.

Best, J. R., Nagamatsu, L. S., & Liu-Ambrose, T. (2014). Improvements to executive function during exercise training predict maintenance of physical activity over the following year. *Frontiers in Human Neuroscience, 8*, 353.

Burdette, J. H., Laurienti, P. J., Espeland, M. A., Morgan, A., Telesford, Q., Vechlekar, C. D., ... Kraft, R. A. (2010). Using network science to evaluate exercise-associated brain changes in older adults. *Frontiers in Aging Neuroscience, 2*, 23.

Calfas, K. J., Sallis, J. F., Oldenburg, B., & Ffrench, M. (1997). Mediators of change in physical activity following an intervention in primary care: PACE. *Preventive Medicine, 26*(3), 297-304.

Cassilhas, R. C., Viana, V. A., Grassmann, V., Santos, R. T., Santos, R. F., Tufik, S., & Mello, M. T. (2007). The impact of resistance exercise on the cognitive function of the elderly. *Medicine and Science in Sports and Exercise, 39*(8), 1401.

Chang, Y.-K., Labban, J., Gapin, J., & Etnier, J. (2012). The effects of acute exercise on cognitive performance: A meta-analysis. *Brain Research, 1453*, 87-101.

Chang, Y.-K., Labban, J., Gapin, J., & Etnier, J. (2012). Corrigendum to 'The effects of acute exercise on cognitive performance: A meta-analytic review' [Brain Res. 1453 (2012) 87-101]. *Brain Research, 1470*, 159.

Chang, Y.-K., Pan, C., Chen, F., Tsai, C., & Huang, C. (2012). Effect of resistance-exercise training on cognitive function in healthy older adults: A review. *Journal of Aging and Physical Activity, 20*(4), 497-517.

Cotman, C. W., Berchtold, N. C., & Christie, L.-A. (2007). Exercise builds brain health: Key roles of growth factor cascades and inflammation. *Trends in Neurosciences, 30*(9), 464-472.

Courneya, K. S., Friedenreich, C. M., Quinney, H. A., Fields, A. L., Jones, L. W., & Fairey, A. S. (2004). Predictors of adherence and contamination in a randomized trial of exercise in colorectal cancer survivors. *Psycho-Oncology, 13(12)*, 857-866.

Cress, M., Buchner, D., Prohaska, T., Rimmer, J., Brown, M., Macera, C., ... Chodzko-Zajko, W. (2005). Best practices for physical activity programs and behavior counseling in older adult populations. *Journal of Aging and Physical Activity, 13*(1), 61-74.

Curlik, D., & Shors, T. (2013). Training your brain: Do mental and physical (MAP) training enhance cognition through the process of neurogenesis in the hippocampus? *Neuropharmacology, 64*, 506-514.

Diamond, A. (2015). Effects of physical exercise on executive functions: Going beyond simply moving to moving with thought. *Annals of Sports Medicine and Research, 2*(1), 1011.

Dresler, M., & Repantis, D. (2015). Chapter 11 - Cognitive enhancement in humans. In S. Knafo & C. Venero (Eds.), *Cognitive enhancement: Pharmacologic, environmental and genetic factors* (pp. 273-306). San Diego, CA: Academic Press.

Dupuy, O., Gauthier, C. J., Fraser, S. A., Desjardins-Crèpeau, L., Desjardins, M., Mekary, S., ... Bherer, L. (2015). Higher levels of cardiovascular fitness are associated with better executive function and prefrontal oxygenation in younger and older women. *Frontiers in Human Neuroscience, 9*, 66.

Endo, K., Matsukawa, K., Liang, N., Nakatsuka, C., Tsuchimochi, H., Okamura, H., & Hamaoka, T. (2013). Dynamic exercise improves cognitive function in association with increased prefrontal oxygenation. *The Journal of Physiological Sciences, 63*(4), 287-298.

Erickson, K. I., Leckie, R. L., & Weinstein, A. M. (2014). Physical activity, fitness, and gray matter volume. *Neurobiology of Aging, 35*, S20-S28.

Guiney, H., & Machado, L. (2013). Benefits of regular aerobic exercise for executive functioning in healthy populations. *Psychonomic Bulletin & Review, 20*(1), 73-86.

Haller, J., Raczkevy-Deak, G., Gyimesine, K. P., Szakmary, A., Farkas, I., & Vegh, J. (2014). Cardiac autonomic functions and the emergence of violence in a highly realistic model of social conflict in humans. *Frontiers in Behavioral Neuroscience, 8*, 364.

Holzschneider, K., Wolbers, T., Röder, B., & Hötting, K. (2012). Cardiovascular fitness modulates brain activation associated with spatial learning. *NeuroImage, 59*(3), 3003-3014.

Hötting, K., & Röder, B. (2013). Beneficial effects of physical exercise on neuroplasticity and cognition. *Neuroscience & Biobehavioral Reviews, 37*(9), 2243-2257.

Imayama, I., Alfano, C. M., Mason, C. E., Wang, C., Xiao, L., Duggan, C., ... McTiernan, A. (2013). Exercise adherence, cardiopulmonary fitness, and anthropometric changes improve exercise self-efficacy and health-related quality of life. *Journal of Physical Activity and Health, 10*, 676-689.

Labelle, V., Bosquet, L., Mekary, S., Vu, T., Smilovitch, M., & Bherer, L. (2014). Fitness level moderates executive control disruption during exercise regardless of age. *Journal of Sport & Exercise Psychology, 36*(3), 258-270.

Lakes, K. D., Bryars, T., Sirisinahal, S., Salim, N., Arastoo, S., Emmerson, N., ... Kang, C. J. (2013). The Healthy for Life Taekwondo pilot study: A preliminary evaluation of effects on executive function and BMI, feasibility, and acceptability. *Mental Health and Physical Activity, 6*(3), 181-188.

Liu-Ambrose, T., Nagamatsu, L. S., Graf, P., Beattie, B. L., Ashe, M. C., & Handy, T. C. (2010). Resistance training and executive functions: A 12-month randomized controlled trial. *Archives of Internal Medicine, 170*(2), 170-178.

Manjunath, N., & Telles, S. (2001). Improved performance in the Tower of London test following yoga. *Indian Journal of Physiology and Pharmacology, 45*(3), 351-354.

Martins, A. Q., Kavussanu, M., Willoughby, A., & Ring, C. (2013). Moderate intensity exercise facilitates working memory. *Psychology of Sport and Exercise, 14*(3), 323-328.

Matta Mello Portugal, E., Cevada, T., Sobral Monteiro-Junior, R., Teixeira Guimarães, T., da Cruz Rubini, E., Lattari, E., … Camaz Deslandes, A. (2013). Neuroscience of exercise: From neurobiology mechanisms to mental health. *Neuropsychobiology, 68*(1), 1-14.

Nanda, B., Balde, J., & Manjunatha, S. (2013). The acute effects of a single bout of moderate-intensity aerobic exercise on cognitive functions in healthy adult males. *Journal of Clinical and Diagnostic Research, 7*(9), 1883-1885.

Nouchi, R., Taki, Y., Takeuchi, H., Sekiguchi, A., Hashizume, H., Nozawa, T., … Kawashima, R. (2014). Four weeks of combination exercise training improved executive functions, episodic memory, and processing speed in healthy elderly people: Evidence from a randomized controlled trial. *Age, 36*(2), 787-799.

Park, G., & Thayer, J. F. (2014). From the heart to the mind: Cardiac vagal tone modulates top-down and bottom-up visual perception and attention to emotional stimuli. *Frontiers in Psychology, 5*, 278.

Prakash, R. S., Voss, M. W., Erickson, K. I., & Kramer, A. F. (2015). Physical activity and cognitive vitality. *Annual Review of Psychology, 66*, 769-797.

Rattray, B., & Smee, D. (2013). Exercise improves reaction time without compromising accuracy in a novel easy-to-administer tablet-based cognitive task. *Journal of Science and Medicine in Sport, 16*(6), 567-570.

Reynard, A., Gevirtz, R., Berlow, R., Brown, M., & Boutelle, K. (2011). Heart rate variability as a marker of self-regulation. *Applied Psychophysiology and Biofeedback, 36*(3), 209-215.

Roig, M., Nordbrandt, S., Geertsen, S. S., & Nielsen, J. B. (2013). The effects of cardiovascular exercise on human memory: A review with meta-analysis. *Neuroscience & Biobehavioral Reviews, 37*(8), 1645-1666.

Rooks, C. R., Thom, N. J., McCully, K. K., & Dishman, R. K. (2010). Effects of incremental exercise on cerebral oxygenation measured by near-infrared spectroscopy: A systematic review. *Progress in Neurobiology, 92*(2), 134-150.

Sitskoorn, M. M. (2006). *Het maakbare brein: Gebruik je hersens en word wie je wilt zijn.* Amsterdam: Bert Bakker.

Sitskoorn, M. M. (2012). *Ik wil iets van jou, jij wilt iets van mij.* Amsterdam: Bert Bakker.

Smith, P. J., Blumenthal, J. A., Hoffman, B. M., Cooper, H., Strauman, T. A., Welsh-Bohmer, K., … Sherwood, A. (2010). Aerobic exercise and neurocognitive performance: A meta-analytic review of randomized controlled trials. *Psychosomatic Medicine, 72*(3), 239-252.

Suls, J. (2013). Anger and the heart: Perspectives on cardiac risk, mechanisms and interventions. *Progress in Cardiovascular Diseases, 55*(6), 538-547.

Thayer, J. F., Hansen, A. L., Saus-Rose, E., & Johnsen, B. H. (2009). Heart rate variability, prefrontal neural function, and cognitive performance: The neurovisceral integration perspective on self-regulation, adaptation, and health. *Annals of Behavioral Medicine, 37*(2), 141-153.

Thomas, L. E., & Lleras, A. (2009). Swinging into thought: Directed movement guides insight in problem solving. *Psychonomic Bulletin & Review, 16*(4), 719-723.

Verburgh, L., Königs, M., Scherder, E., & Oosterlaan, J. (2014). Physical exercise and executive functions in preadolescent children, adolescents and young adults: A meta-analysis. *British Journal of Sports Medicine, 48*(12), 973-979.

Voelcker-Rehage, C., & Niemann, C. (2013). Structural and functional brain changes related to different types of physical activity across the life span. *Neuroscience & Biobehavioral Reviews, 37*(9), 2268-2295.

Weinstein, A. M., Voss, M. W., Prakash, R. S., Chaddock, L., Szabo, A., White, S. M., ... Kramer, A. F. (2012). The association between aerobic fitness and executive function is mediated by prefrontal cortex volume. *Brain, Behavior, and Immunity, 26*(5), 811-819.

Williams, P., & Lord, S. R. (1997). Effects of group exercise on cognitive functioning and mood in older women. *Australian and New Zealand Journal of Public Health, 21*(1), 45-52.

Yanagisawa, H., Dan, I., Tsuzuki, D., Kato, M., Okamoto, M., Kyutoku, Y., & Soya, H. (2010). Acute moderate exercise elicits increased dorsolateral prefrontal activation and improves cognitive performance with Stroop test. *NeuroImage, 50*(4), 1702-1710.

Hoofdstuk 10 Connect Today and Tomorrow – Maak de toekomst vandaag

Anda, R. F., Felitti, V. J., Bremner, J. D., Walker, J. D., Whitfield, C., Perry, B. D., ... Giles, W. H. (2006). The enduring effects of abuse and related adverse experiences in childhood. *European Archives of Psychiatry and Clinical Neuroscience, 256*(3), 174-186.

Baniqued, P. L., Lee, H., Voss, M. W., Basak, C., Cosman, J. D., DeSouza, S., ... Kramer, A. F. (2013). Selling points: What cognitive abilities are tapped by casual video games? *Acta Psychologica, 142*(1), 74-86.

Barkley, R. A. (2001). The executive functions and self-regulation: An evolutionary neuropsychological perspective. *Neuropsychology Review, 11*(1), 1-29.

Bierman, K. L., Domitrovich, C. E., Nix, R. L., Gest, S. D., Welsh, J. A., Greenberg, M. T., ... Gill, S. (2008). Promoting academic and social-emotional school readiness: The Head Start REDI program. *Child Development, 79*(6), 1802-1817.

Blair, C., & Diamond, A. (2008). Biological processes in prevention and intervention: The promotion of self-regulation as a means of preventing school failure. *Development and Psychopathology, 20*(3), 899-911.

Blair, C., & Raver, C. C. (2012). Child development in the context of adversity: Experiential canalization of brain and behavior. *American Psychologist, 67*(4), 309-318.

Blair, C., Zelazo, P. D., & Greenberg, M. T. (2005). The measurement of executive function in early childhood. *Developmental Neuropsychology, 28*(2), 561-571.

Blair, C., Granger, D. A., Kivlighan, K. T., Mills-Koonce, R., Willoughby, M., Greenberg, M. T., ... Fortunato, C. K. (2008). Maternal and child contributions to cortisol response to emotional arousal in young children from low-income, rural communities. *Developmental Psychology, 44*(4), 1095-1109.

Bodrova, E., & Leong, D. J. (2005). Promoting student self-regulation in learning. *Education Digest, 71*(2), 54-57.

Bodrova, E., & Leong, D. J. (2007). Play and early literacy: A vygotskian approach. In K. A. Roskos & J. F. Christie (Eds.), *Play and early literacy in early childhood: Research from multiple perspectives* (2nd ed., pp. 185-200). Mahwah, NJ: Lawrence Erlbaum Associates.

Bogg, T., & Lasecki, L. (2015). Reliable gains? Evidence for substantially underpowered designs in studies of working memory training transfer to fluid intelligence. *Frontiers in Psychology, 5*, 1589.

Bowlby, J. (1988). *A secure base: Parent-child attachment and healthy human development.* New York, NY: Basic Books.

Bush, G., Luu, P., & Posner, M. I. (2000). Cognitive and emotional influences in anterior cingulate cortex. *Trends in Cognitive Sciences, 4*(6), 215-222.

Center on the Developing Child at Harvard University (2011). *Building the brain's 'Air Traffic Control' system: How early experiences shape the development of executive function: Working paper No. 11.* Op 24 juli 2015 geraadpleegd op www.developingchild.harvard.edu.

Chen, X.-J., Wang, Y., Liu, L.-L., Cui, J.-F., Gan, M.-Y., Shum, D. H., & Chan, R. C. (2015). The effect of implementation intention on prospective memory: A systematic and meta-analytic review. *Psychiatry Research, 226*(1), 14-22.

Drevets, W. C., & Raichle, M. E. (1998). Reciprocal suppression of regional cerebral blood flow during emotional versus higher cognitive processes: Implications for interactions between emotion and cognition. *Cognition and Emotion, 12*(3), 353-385.

Goldsmith, D. F., & Rogoff, B. (1997). Mothers' and toddlers' coordinated joint focus of attention: Variations with maternal dysphoric symptoms. *Developmental Psychology, 33*(1), 113-119.

Gollwitzer, P. M., & Sheeran, P. (2006). Implementation intentions and goal achievement: A meta-analysis of effects and processes. *Advances in Experimental Social Psychology, 38*, 69-119.

Grusec, J. E., Goodnow, J. J., & Kuczynski, L. (2000). New directions in analyses of parenting contributions to children's acquisition of values. *Child Development, 71*(1), 205-211.

Harlow, H.F. (1958). The Nature of Love. *American Psychologist*, 13, 573-685.

Hofmann, W., Schmeichel, B. J., & Baddeley, A. D. (2012). Executive functions and self-regulation. *Trends in Cognitive Sciences, 16*(3), 174-180.

Kane, M. J., Brown, L. H., McVay, J. C., Silvia, P. J., Myin-Germeys, I., & Kwapil, T. R. (2007). For whom the mind wanders, and when an experience-sampling study of working memory and executive control in daily life. *Psychological Science, 18*(7), 614-621.

Klingberg, T. (2010). Training and plasticity of working memory. *Trends in Cognitive Sciences, 14*(7), 317-324.

Kochanska, G., & Aksan, N. (2006). Children's conscience and self-regulation. *Journal of Personality, 74*(6), 1587-1618.

Kochanska, G., & Knaack, A. (2003). Effortful control as a personality characteristic of young children: Antecedents, correlates, and consequences. *Journal of Personality, 71*(6), 1087-1112.

Kochanska, G., Murray, K., & Coy, K. C. (1997). Inhibitory control as a contributor to conscience in childhood: From toddler to early school age. *Child Development, 68*(2), 263-277.

Kochanska, G., Murray, K., Jacques, T. Y., Koenig, A. L., & Vandegeest, K. A. (1996). Inhibitory control in young children and its role in emerging internalization. *Child Development, 67*(2), 490-507.

Kuhl, J., & Kazén, M. (1999). Volitional facilitation of difficult intentions: Joint activation of intention memory and positive affect removes Stroop interference. *Journal of Experimental Psychology: General, 128*(3), 382-399.

Landsinger, K. L., & Corts, D. (2002). Effects of stress on prospective memory. *Journal of Undergraduate Study and Independent Research, 3*, 24-29.

Lengua, L. J., Honorado, E., & Bush, N. R. (2007). Contextual risk and parenting as predictors of effortful control and social competence in preschool children. *Journal of Applied Developmental Psychology, 28*(1), 40-55.

Liu, D., Diorio, J., Tannenbaum, B., Caldji, C., Francis, D., Freedman, A., ... Meaney, M. J. (1997). Maternal care, hippocampal glucocorticoid receptors, and hypothalamic-pituitary-adrenal responses to stress. *Science, 277*(5332), 1659-1662.

Macan, T., Gibson, J. M., & Cunningham, J. (2010). Will you remember to read this article later when you have time? The relationship between prospective memory and time management. *Personality and Individual Differences, 48*(6), 725-730.

McDaniel, M. A., Einstein, G. O., Graham, T., & Rall, E. (2004). Delaying execution of intentions: Overcoming the costs of interruptions. *Applied Cognitive Psychology, 18*(5), 533-547.

McGowan, P. O., Sasaki, A., D'Alessio, A. C., Dymov, S., Labonté, B., Szyf, M., ... Meaney, M. J. (2009). Epigenetic regulation of the glucocorticoid receptor in human brain associates with childhood abuse. *Nature Neuroscience, 12*(3), 342-348.

Nouchi, R., Taki, Y., Takeuchi, H., Hashizume, H., Nozawa, T., Kambara, T., ... Nouchi, H. (2013). Brain training game boosts executive functions, working memory and processing speed in the young adults: A randomized controlled trial. *PLoS One, 8*(2), e55518.

O'Donnell, K., Gaudreau, H., Colalillo, S., Steiner, M., Atkinson, L., Moss, E., ... Lydon, J. (2014). The maternal adversity, vulnerability and neurodevelopment project: Theory and methodology. *Canadian Journal of Psychiatry, 59*(9), 497-508.

Plotsky, P. M., & Meaney, M. J. (1993). Early, postnatal experience alters hypothalamic corticotropin-releasing factor (CRF) mRNA, median eminence CRF content and stress-induced release in adult rats. *Molecular Brain Research, 18*(3), 195-200.

Redick, T. S., Shipstead, Z., Harrison, T. L., Hicks, K. L., Fried, D. E., Hambrick, D. Z., ... Engle, R. W. (2013). No evidence of intelligence improvement after working memory training: A randomized, placebo-controlled study. *Journal of Experimental Psychology: General, 142*(2), 359-379.

Rodriguez, M. L., Ayduk, O., Aber, J. L., Mischel, W., Sethi, A., & Shoda, Y. (2005). A contextual approach to the development of self-regulatory competencies: The role of maternal unresponsivity and toddlers' negative affect in stressful situations. *Social Development, 14*(1), 136-157.

Rudebeck, S., Bor, D., Ormond, A., O'Reilly, J., & Lee, A. (2011). A potential spatial working memory training task to improve both episodic memory and fluid intelligence. *PLoS One, 7*(11), e50431.

Sethi, A., Mischel, W., Aber, J., Shoda, Y., & Rodriguez, M. (2000). The role of strategic attention deployment in development of self-regulation: Predicting preschoolers' delay of gratification from mother-toddler interactions. *Developmental Psychology, 36*(6), 767-777.

Shinaver, C. S., Entwistle, P. C., & Soderqvist, S. (2014). Cogmed WM training: Reviewing the reviews. *Applied Neuropsychology: Child, 3*(3), 163-172.

Shipstead, Z., Redick, T., & Engle, R. (2012). Is working memory training effective? *Psychological Bulletin, 138*(4), 628-654.

Shiv, B., & Nowlis, S. M. (2004). The effect of distractions while tasting a food sample: The interplay of informational and affective components in subsequent choice. *Journal of Consumer Research, 31*(3), 599-608.

Takeuchi, H., Taki, Y., Nouchi, R., Hashizume, H., Sekiguchi, A., Kotozaki, Y., ... Kawashima, R. (2013). Effects of working memory training on functional connectivity and cerebral blood flow during rest. *Cortex, 49*(8), 2106-2125.

Thompson, T. W., Waskom, M. L., Garel, K.-L. A., Cardenas-Iniguez, C., Reynolds, G. O., Winter, R., ... Alvarez, G. A. (2013). Failure of working memory training to enhance cognition or intelligence. *PLoS One, 8*(5), e63614.

Tough, P. (2013). *How children succeed: Grit, curiosity and the hidden power of character.* Londen: Random House Books.

Turecki, G., & Meaney, M. J. (2014). Effects of the social environment and stress on glucocorticoid receptor gene methylation: A systematic review. *Biological Psychiatry.*

Ursache, A., Noble, K. G., & Blair, C. (2015). Socioeconomic status, subjective social status, and perceived stress: Associations with stress physiology and executive functioning. *Behavioral Medicine, 41*(3), 145-154.

Hoofdstuk 11 Time – Gun jezelf tijd

Diamond, A. (2013). Executive functions. *Annual Review of Psychology, 64*, 135-168.

Dweck, C. S. (2008). *Mindset: The new psychology of success.* New York, NY: Ballantine Books.

Friedman, R., & Elliot, A. J. (2008). The effect of arm crossing on persistence and performance. *European Journal of Social Psychology, 38*(3), 449-461.

Inzlicht, M., Bartholow, B. D., & Hirsh, J. B. (2015). Emotional foundations of cognitive control. *Trends in Cognitive Sciences, 19*(3), 126-132.

Schroder, H. S., Moran, T. P., Donnellan, M. B., & Moser, J. S. (2014). Mindset induction effects on cognitive control: A neurobehavioral investigation. *Biological Psychology, 103*, 27-37.

Hoofdstuk 12 Het effect: Meet de resultaten van het EFFECT-programma

Duckworth, A. L., Peterson, C., Matthews, M. D., & Kelly, D. R. (2007). Grit: Perseverance and passion for long-term goals. *Journal of Personality and Social Psychology*, *92*(6), 1087-1101.

Sitskoorn, M. M. (2006). *Het maakbare brein: Gebruik je hersens en word wie je wilt zijn.* Amsterdam: Bert Bakker.

Sitskoorn, M. M. (2010). *Passies van het brein: Waarom zondigen zo verleidelijk is.* Amsterdam: Bert Bakker.

Bronnen

Scan de QR-code voor websites, video's en apps.

Hoofdstuk 1 Een doel voor ogen

http://www.archimedes-lab.org/weekly_optical.html
https://www.goodreads.com/author/quotes/9399.Jeanette_Winterson
http://www.goodreads.com/quotes/141245-if-you-want-to-live-a-happy-life-tie-it

Hoofdstuk 2 De VUCA-wereld

http://en.wikipedia.org/wiki/Red_Queen_hypothesis
http://en.wikipedia.org/wiki/Volatility,_uncertainty,_complexity_and_ambiguity
http://gereports.eu/post/99052496229/whats-next-the-six-technologies-that-will-shape
http://www.inc.com/erik-sherman/12-disruptive-technologies-you-need-to-know-about.html
http://www.kennisnet.nl/themas/21st-century-skills/vaardigheden/benodigde-vaardigheden-voor-de-21ste-eeuw/
http://www.kvk.nl/advies-en-informatie/innoveren/internet-of-things/?gclid=CJ_th6KJtMMCFaHJtAodUQUAIQ
http://www.marketingfacts.nl/berichten/pim-trendrapport-2014-welkom-in-het-tijdperk-van-de-homo-socius
http://newscenter.berkeley.edu/2013/06/20/the-red-queen-was-right-life-must-continually-evolve-to-avoid-extinction/
http://opite.pbworks.com/w/file/fetch/61995295/White%20Paper%2021stCS_Final_ENG_def2.pdf
http://vara.nl/Vrijheid-gelijkheid-broeders.10996.0.html

Hoofdstuk 3 Het CEO-brein

http:/www.cognitivefun.net/
http://en.wikiquote.org/wiki/Isaac_Asimov
http://www.goodreads.com/quotes/110684-it-is-change-continuing-change-inevitable-change-that-is-the
http://en.wikipedia.org/wiki/Mirror_test
http://www.mathsisfun.com/games/towerofhanoi.html
http://www.trimbos.nl/onderwerpen/psychische-gezondheid/antisociale-persoonlijkheidheidsstoornis/symptomen
http:/zap.psy.utwente.nl/

Hoofdstuk 4 Het recept voor succes

http://www.brainyquote.com/quotes/quotes/v/viktorefr160380.html
http://character.org/
https://sasupenn.qualtrics.com/SE/?SID=SV_06f6QSOS2pZW9qR
https://sites.sas.upenn.edu/duckworth/pages/research

Hoofdstuk 5 Valkuilen

https://www.coach.me/
http://www.davidrock.net/files/NLJ_SCARFUS.pdf
http://www.nasonline.org/publications/biographical-memoirs/memoir-pdfs/olds-james.pdf
https://play.google.com/store/apps/details?id=uk.amimetic.habitspro
http://www.quotationspage.com/quote/42360.html
https://sasupenn.qualtrics.com/SE/?SID=SV_06f6QSOS2pZW9qR
https://www.youtube.com/watch?v=KhoXFVQsIxw

Hoofdstuk 6 Enriched Environment – Verrijk je omgeving

http://www.boston.com/bostonglobe/ideas/graphics/011109_hacking_your_brain/
https://www.goodreads.com/author/quotes/1203736.Oliver_Wendell_Holmes_Sr_

Hoofdstuk 7 Flow Focus – Geef richting aan de plasticiteit van je hersenen

http://www.apa.org/news/press/releases/2008/10/stress-in-america.pdf
http://www.bezielen.nl/de-tien-beste-apps-voor-meditatie-en-mindfulness/
http://www.brainyquote.com/quotes/quotes/a/alberteins104873.html
http://buddhify.com/
http://www.digitalezorggids.nl/blog/de-12-beste-meditatie-en-mindfulness-apps-van-2014
https://en.wikipedia.org/wiki/Flow_(psychology)
https://en.wikipedia.org/wiki/Heart_rate_variability
https://www.headspace.com/headspace-meditation-app
http://www.iculture.nl/gids/mindfulness-apps-iphone-ipad/
http://www.mentalworkout.com/store/programs/mindfulness-meditation/
http://www.theregister.co.uk/2009/08/26/multitasking_study/
https://www.vgz.nl/mindfulness-coach-app
https://www.youtube.com/watch?v=92i5m3tV5XY

Hoofdstuk 8 Fixed Sleep Pattern – Ontdek de kracht van slapen

http://www.artofmanliness.com/2012/08/08/12-concentration-exercises-from-1918/
www.azumio.com
http://www.zoominfo.com/p/Allan-Rechtschaffen/456564911
http://www.dokterdokter.nl/gezond-leven/psyche/10-redenen-om-meer-te-slapen/
http://educatie.ntr.nl/beterslapen/index.jsp?nr=574728
http://www.kempenhaeghe.nl/upload/_1117_pageitems_613_slaapwaakkalender%20volwassenen%20-%20voor%20web.pdf
https://www.nhg.org
https://www.nhg.org/sites/default/files/content/nhg_org/uploads/standaard/download/slaapdagboek.pdf
https://play.google.com/store/apps/details?id=nl.uu.science.sleepcare&hl=nl
https://www.radboudumc.nl/Zorg/Afdelingen/nkcv/Pages/default.aspx
http://sleep.org/
www.sleepcycle.com
http://sleepfoundation.org/how-sleep-works/how-much-sleep-do-we-really-need
http://sleepfoundation.org/sites/default/files/STREPchanges_1.png
http://sleephealthjournal.org/
http://www.thuisarts.nl
http://www.thuisarts.nl/sites/default/files/slaapdagboek.pdf
http://www.vermoeidheid.nl/vermoeidheid/tips-voor-een-goede-nachtrust.asp

Hoofdstuk 9 Exercise – Vorm en versterk je hersenen

http://allesporten.nl/
http://www.azumio.com/s/argus/index.html
http://www.azumio.com/s/fitnessbuddy/index.html
http://inspanningloont.nl/kenniscentrum/content.php?main_tag=Trainingszones&article=formule-van-karvonen
http://www.doeaansport.nl/soorten-sport.php
http://www.fysiotherapiewetenschap.com/bestanden/38.pdf
http://www.fysiovragenlijst.nl/docs/pdf/Rand%2036%20-%20Short%20Form%20_SF_%2036.pdf
http://internal.psychology.illinois.edu/~alleras/videos.htm
https://itunes.apple.com/app/trainingpeaks/id408047715?mt=8
http://www.joggycoach.com/home.html
http://www.myfitnesspal.com/mobile/iphone
http://www.nisb.nl/doen/interventies/overzicht-erkend-sport-en-beweegaanbod.html
https://runkeeper.com/running-app
http://www.zel.nl/wp-content/uploads/2014/11/Pace_vragenlijst_NISB.pdf

Hoofdstuk 10 Connect Today and Tomorrow – Maak de toekomst vandaag

www.acestudy.org
http://www.brainyquote.com/quotes/keywords/today.html
http://www.cogmed.com/working-memory-challenge
http://cognitivefun.net/test/4
http://www.gocognitive.net/demo/working-memory-capacity
https://itunes.apple.com/nl/app/iowa-gambling-task/id807409936?mt=8
http://www.lumosity.com/
https://play.google.com/store/apps/details?id=com.zsimolabs.iowa&hl=en
https://support.apple.com/nl-nl/HT202335
https://www.youtube.com/watch?v=39A3z3S6aY0, of gewoon verder lezen.
http://zap.psy.utwente.nl/zaps/zaps/zaps/sternbergsearch.res/frames.html

Hoofdstuk 11 Time – Gun jezelf tijd

http://www.bbc.com/future/story/20120827-how-to-make-time-stand-still
https://www.beeminder.com/overview
http://www.citatenverzameling.com/trefwoorden-werk.html
http://www.dosomethingdifferent.nl/
http://www.goalsontrack.com/
https://www.omnigroup.com/omnifocus?pk_campaign=tmga
http://www.sociidot.com/
http://www.stridesapp.com/
https://www.superbetter.com/
http://www.unstuck.com/

Hoofdstuk 12 Het effect: Meet de resultaten van het EFFECT-programma

http://www.cogmed.com/working-memory-challenge
http:/www.cognitivefun.net/
http://cognitivefun.net/test/4
http://www.gocognitive.net/demo/working-memory-capacity
http://www.goodreads.com/quotes/44719-it-is-good-to-have-an-end-to-journey-toward
http://www.mathsisfun.com/games/towerofhanoi.html
https://sasupenn.qualtrics.com/SE/?SID=SV_06f6QSOS2pZW9qR
https://sites.sas.upenn.edu/duckworth/pages/research
http:/zap.psy.utwente.nl/

Dankwoord

Op de eerste plaats wil ik alle patiënten, proefpersonen en onderzoekers bedanken die door hun medewerking en inzet, de kennis en inzichten over hersenen en gedrag, die ik in dit boek beschrijf, mogelijk hebben gemaakt. Voorts wil ik het team van Vakmedianet bedanken voor het meedenken tijdens het gehele proces en voor het mogelijk maken van de verschillende ideeën die zich tijdens het schrijven ontwikkelden. Hun inzet heeft mij geïnspireerd om door te gaan en nieuwe paden te bewandelen. In het bijzonder wil ik Gerri Reimert en Freek Talsma noemen die al in dit project geloofden toen het nog slechts vage contouren had.

Verder wil ik Joost Sitskoorn en Maarten van den Heuvel bedanken voor het becommentariëren van het manuscript van dit boek (of liever gezegd weer een boek). Ik kan altijd op hun inzichten en kennis rekenen en in vrijheid met hen sparren over uiteenlopende ideeën en onderwerpen. Ik beschouw dit als een groot goed. Karin Gehring, Martijn Stuiver en Ivan Niklicek wil ik bedanken voor bijdragen vanuit hun expertises aan verschillende hoofdstukken. Sophie van der Linden en Jimme Bruijn ben ik zeer erkentelijk voor hun hulp ten aanzien van de artikelen en referenties. Desiree Kruijt was een steun en toeverlaat tijdens verschillende fasen van het gehele project.

Ik heb dit boek opgedragen aan mijn moeder. Zij heeft, om in meer wetenschappelijke termen te spreken, de juiste fundamenten gelegd voor en enorm bijgedragen aan mijn frontaalkwabontwikkeling. In het dagelijkse leven kwam dat neer op eindeloos veel liefde en structuur in een sociale omgeving waar stimulering van ontwikkeling op allerlei vlakken en oog voor je naasten normaal waren. Ik ben haar hier heel dankbaar voor.

Over de auteur

MARGRIET SITSKOORN is hoogleraar Klinische Neuropsychologie aan Tilburg University. Haar onderzoek richt zich op de relatie tussen hersenen en gedrag, en spitst zich toe op hoe gedrag en omgeving invloed op de hersenen uitoefenen en hoe men op deze manier de emoties, vaardigheden en het gedrag van gezonde mensen en patiënten kan beïnvloeden. Zij is director van het Topperformance Lab van het Departement Cognitive Neuropsychology van Tilburg University en lid van de Raad van Kennis van de Topsport Community.

Sitskoorn is een veelgevraagd spreekster en adviseur. Naast haar wetenschappelijke werk schrijft zij columns voor verschillende bladen, is zij een graag geziene gast bij tv-programma's zoals de IQ Quiz. Eerder verschenen van haar hand de bestsellers *Het maakbare brein, Passies van het brein* en *Ik wil iets van jou, jij wilt iets van mij*.

Irene Sitskoorn | fotografie